INVESTIR EN 2011

Les Éditions Transcontinental
1100, boul. René-Lévesque Ouest, 24ᵉ étage
Montréal (Québec) H3B 4X9
Téléphone: 514 392-9000 ou 1 800 361-5479
www.livres.transcontinental.ca

Pour connaître nos autres titres, consultez le **www.livres.transcontinental.ca**. Pour bénéficier de nos tarifs spéciaux s'appliquant aux bibliothèques d'entreprise ou aux achats en gros, informez-vous au **1 866 800-2500**.

Catalogage avant publication de Bibliothèque et Archives nationales du Québec
et Bibliothèque et Archives Canada
Marcoux, Michel
Investir en 2011
(Collection Affaires plus)

ISBN 978-2-89472-479-8

1. Investissements. 2. Gestion de portefeuille. 3. Fonds communs de placement. 4. Fonds d'actions.
I. Lebrun, Alexandre. II. Titre. III. Collection: Collection Affaires plus.

HG4521.M37 2011   332.67'8   C2010-942606-1

Révision et correction: Sophie Archambault, Martin Benoit, Jacinthe Lesage, Julie Rochon
Photos de M. Marcoux et de A. Lebrun: Paul Labelle photographe © 2011
Mise en pages: Diane Marquette
Conception graphique de la couverture: Studio Andrée Robillard
Impression: Transcontinental Gagné

Imprimé au Canada
© Les Éditions Transcontinental, 2011
Dépôt légal – Bibliothèque et Archives nationales du Québec, 1ᵉʳ trimestre 2011
Bibliothèque et Archives Canada
2ᵉ impression, mars 2011

Nous reconnaissons l'aide financière du gouvernement du Canada par l'entremise du Fonds du livre du Canada pour nos activités d'édition. Nous remercions également la SODEC de son appui financier (programmes Aide à l'Édition et Aide à la promotion).

Les Éditions Transcontinental sont membres de l'Association nationale des éditeurs de livres.

Michel Marcoux
avec **Alexandre Lebrun**

INVESTIR EN 2011

Les Éditions
Transcontinental

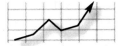

REMERCIEMENTS

Il est toujours difficile de déterminer ce qui allume notre curiosité ou la motivation qui nous anime. Une chose cependant a toujours été claire pour moi : ce guide, qui est l'héritier de mon annuel *Les 100 meilleurs fonds,* est inspiré par vous, mes clients, mes lecteurs, mes auditeurs. Par vos questions et vos commentaires, vous alimentez mon jardin d'idées.

Pour vous remercier, je devrais vous remettre mes droits d'auteur, ce qui serait peu commode. Comme je l'ai fait dans le passé, je les remettrai plutôt à une organisation à but non lucratif. La cause des jeunes me touchant tout particulièrement, c'est un organisme s'y rattachant que je choisis encore cette année. La Maison des jeunes de Sutton/Lac-Brome recevra donc mes droits d'auteur de cette première édition. Vous pouvez consulter le site de cet organisme au http://mdjlacbrome.blogspot.com/.

Je tiens à remercier mes amis Jean Martel, conseiller en placements à la Financière Banque Nationale, et Martin Dupras, actuaire, président de ConFor financiers et président de l'IQPF, qui m'ont aidé à rédiger certains chapitres.

Je remercie également mes collègues, qui travaillent avec moi au quotidien, Annie, Maritza, Bruno et Patrick.

Merci enfin à mon coauteur, Alexandre Lebrun, qui a su comme chaque année embellir mon travail et donner plus de finesse à ma plume.

Les lecteurs doivent savoir que les portefeuilles et les produits financiers présentés dans ce livre ne sont pas nécessairement adaptés à leurs besoins. Ils devraient donc, avant d'acquérir un produit financier ou de composer un portefeuille, consulter un conseiller financier qui saura évaluer leurs besoins particuliers. Les idées et commentaires ne représentent pas nécessairement ceux des organismes ou des firmes auxquels sont rattachés mes collaborateurs.

Je vous invite, comme toujours, à m'envoyer vos commentaires et questions à michel.marcoux@avantages.com.

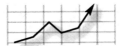

TABLE DES MATIÈRES

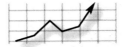

INTRODUCTION

Pendant plus d'une décennie, la publication annuelle du livre *Les 100 meilleurs fonds* est venue répondre aux préoccupations des investisseurs dans un secteur d'investissement dynamique et porteur. Depuis quelques années, toutefois, le nombre de produits financiers se multiplie pour tous les types de placements : fonds négociés en Bourse à gestion active ou non, produits structurés, produits indiciels qui reproduisent des parties d'indices, actions, etc. L'investisseur a de plus en plus de difficulté à s'y retrouver.

Devant cette évolution des possibilités de placement et des besoins des investisseurs, j'ai décidé d'élargir la portée de mon livre aux fonds négociés en Bourse (FNB) ainsi qu'à d'autres produits financiers. La deuxième partie de ce nouvel ouvrage présente ainsi ma sélection de huit FNB qui vous permettront de vous constituer un portefeuille équilibré.

Vous remarquerez toutefois que les fonds communs de placement et les sujets qui s'y rattachent conservent une large place dans ce livre. Cette prédominance s'explique par leur importance dans l'univers des placements et leur grande accessibilité. Je n'ai jamais caché le fait que je suis un partisan des fonds communs de placement. Ce n'est pas un hasard si je concentre depuis de nombreuses années mes activités sur ce marché. C'est l'accessibilité de ce marché, qui conserve tout de même une offre des plus diversifiées, qui m'a orienté vers ce secteur et j'y demeure fidèle. Mes économies personnelles y sont investies. Mais, tout comme il y a plusieurs possibilités pour se rendre du point A au point B, les chemins du succès dans le domaine des placements sont nombreux. Chacun doit trouver ce qui lui convient, selon son expertise, ses connaissances personnelles et surtout le temps qu'il alloue annuellement à la gestion de ses finances. Ce livre tient compte de cette réalité.

Un autre élément qui différencie *Investir en 2011* de l'annuel *Les 100 meilleurs fonds,* c'est la plus grande importance accordée à la question de la fiscalité. En comprenant mieux les caractéristiques fiscales du CELI, du REER, du REEE, du FEER, des fonds de travailleurs, des fonds de série T et des différents types de revenus de placement, l'investisseur peut s'enrichir d'une façon considérable.

Ce guide répondra donc à plusieurs de vos interrogations. Il vous fournira des points de repère. Pour réussir dans le domaine de l'investissement, il ne faut pas être un expert. Il faut toutefois avoir des connaissances de base pour échanger avec son conseiller.

Le panorama en 2011

L'économie mondiale ne cesse d'évoluer, et tout se bouscule. Au moment où j'écris ces lignes, les investisseurs commencent à peine à se remettre de la baisse vertigineuse du marché en 2008, l'Europe inquiète toujours autant les analystes, les États-Unis émergent à peine d'une récession qui a mis K.-O. de nombreuses institutions financières d'envergure mondiale, et les prophètes se divisent, comme toujours, en deux camps : celui des optimistes et celui des pessimistes.

Malgré cette série d'événements imprévisibles, le marché canadien a progressé de 30 % en 2009, et de 14,45 % en 2010.

Selon les dernières études de la firme Dalbar, les investisseurs ont de la difficulté à obtenir des rendements qui dépassent 25 % des rendements inscrits par les indices de référence, ce qui n'a malheureusement rien de bien nouveau. Les investisseurs achètent et vendent au pire moment et multiplient les transactions coûteuses et inutiles.

Je n'ai rien d'un futurologue ou d'un prophète, mais je peux prédire une chose : peu importe votre stratégie de placement, si elle est bien planifiée et surtout si vous vous y tenez, vous en serez récompensé à long terme.

Investir en 2011, je l'espère, vous donnera des repères utiles. Si vous ne pouviez retenir de cette lecture que **3 conseils** et les mettre en pratique votre vie durant, j'aurai atteint un but important.

1. *Trouvez une stratégie qui vous convient et gardez-la, et ce, peu importe les aléas du marché boursier.* La patience est une grande vertu dans le monde des placements.

2. *Retenez ceci: personne ne peut prédire l'avenir, ni vous ni aucun professionnel des placements.* Le sachant, ne perdez plus votre temps à en parler ou à y penser.

3. *Votre conseiller financier est votre meilleur allié.* Le monde des placements est de plus en plus complexe, tout comme ce que l'on retrouve en 2011 sous le capot d'une automobile par rapport à il y a à peine 25 ou 30 ans. Certains d'entre vous continuent à s'y retrouver, mais la tâche est de plus en plus ardue. Les conseils d'un spécialiste sont irremplaçables et vous seront d'une grande utilité dans vos moments d'euphorie ou de déprime. Pourquoi vous en passer? Ils demeurent votre meilleur investissement.

Un choix de société

Selon de nombreuses études, les investisseurs peinent à réaliser des rendements décents. Ces investisseurs courent ainsi à la catastrophe et leur retraite est en péril. Nous n'aurons d'autres choix, comme société, que de les aider en leur assurant un revenu minimal.

Pendant ce temps, les conseillers financiers, qui font le lien entre l'industrie et les investisseurs, passent une grande partie de leurs journées à remplir des documents dits «administratifs» au lieu de faire ce qu'ils font le mieux, ce pourquoi ils ont été formés: conseiller les investisseurs.

Première partie

Chapitre 1
LE MONDE DU PLACEMENT

L'industrie du placement occupe une place importante, voire capitale, dans notre économie. Elle est le moteur même de notre société, et il en a toujours été ainsi. Au fil du temps, cette industrie a évolué, tout comme les produits offerts, mais l'essentiel demeure.

Le portefeuille de placement joue un rôle déterminant dans la qualité de vie à la retraite. Si le désengagement des divers ordres de gouvernement est bel et bien une réalité, un portefeuille est d'abord et avant tout le résultat d'efforts individuels. C'est ce qu'on appelle l'épargne.

Certaines personnes ont accès à des outils mis à leur disposition par leur employeur et contribuent, volontairement ou non, à une caisse de retraite. Il sera plus facile pour ces personnes de se constituer une épargne importante. Mais quels que soient le conseiller et les produits financiers choisis, c'est le taux d'épargne qui demeure le premier facteur de réussite. Les produits et vos compétences ne feront qu'améliorer les résultats obtenus.

Le deuxième facteur qui détermine l'importance de l'accumulation du capital dans le portefeuille est le choix des produits financiers qui le composent et le rapport risque-rendement de chacun de ces produits financiers. Si un certificat de dépôt garanti est un produit intéressant, parce qu'il offre une garantie de capital à son acquéreur, il n'inscrit toutefois pas toujours un rendement des plus intéressants. Par exemple, au 31 mai 2010, le rendement annualisé d'un CPG de 5 ans était de 3,8 % sur 15 ans. Pour cette même période, un investisseur qui aurait investi dans les actions canadiennes aurait obtenu un rendement annualisé de 8,9 %. La différence est de taille. Mais pour pouvoir profiter d'un rendement annuel supérieur de 5,1 % à celui d'un

CPG (différence entre le rendement annualisé de l'indice S&P/TSX de la Bourse de Toronto et celui des CPG moyens de 5 ans), l'investisseur doit être prêt à accepter un risque (ou une volatilité) beaucoup plus important.

Si on compare les rendements des deux produits financiers, le choix est très facile: on cherche le meilleur rendement possible. Il ne devrait y avoir aucun doute dans votre esprit: il est plus rentable d'investir dans des titres de participation (ou actions) que dans un produit garanti. Mais qu'en est-il du risque?

Le risque est un concept abstrait, selon une étude des économistes Véronique Robichaud et Gérald Leblanc de l'Université Laval: «Bien entendu, le client en question n'a qu'une vague idée, si toutefois il en a une, de la relation rendement-risque et qu'en acceptant de prendre certains risques calculés, le rendement du portefeuille peut augmenter de manière appréciable». Il est donc souvent très difficile de déterminer, à partir de quelques questions plus ou moins pertinentes que doivent vous poser le représentant de votre institution financière ou votre conseiller financier, votre tolérance au risque et, plus encore, de constituer un portefeuille qui correspond à votre conception de la relation entre le risque et le rendement.

L'une des erreurs fréquentes quand vient le temps d'analyser les risques est de ne se concentrer que sur les produits individuels, alors qu'il faudrait plutôt analyser l'ensemble du risque du portefeuille et déterminer l'écart-type (mesure de risque) ainsi que la corrélation des produits qui le composent. Cette analyse ne peut se faire, comme les autorités mobilières semblent le proposer, par une simple cote de risque de chacun des fonds et le calcul d'une moyenne pondérée. Mathématiquement, cette approche ne tient pas la route et est scientifiquement erronée.

Mais pire encore, plusieurs investisseurs préfèrent investir sans l'aide d'un conseiller, ce qui est loin de favoriser une approche objective. De nombreuses études, dont celle de la firme Dalbar, l'ont bien démontré: les investisseurs qui consultent un conseiller financier obtiennent de meilleurs rendements que ceux qui gèrent eux-mêmes leurs placements. Mais ça, c'est une autre histoire.

L'investisseur doit en priorité se préoccuper de la qualité de son sommeil. Une bonne répartition de ses actifs lui permettra d'atteindre cet objectif tout en profitant de la croissance de l'économie.

Les actions et les titres de créance

L'une des formes d'investissement les plus connues ou du moins l'une des plus populaires est l'acquisition d'actions (titres d'entreprises). Ce type de placements bien connu est à la fois simple et pratique. Il s'agit d'acquérir par l'intermédiaire d'un courtier, avec ou sans l'aide d'un conseiller, des titres d'entreprises connues ou non. Avec Internet, c'est très facile. Peut-être même trop.

Vous pouvez aussi utiliser les services d'un conseiller financier qui saura vous guider et vous faire profiter de son expertise et de ses connaissances, ce qui est moins hasardeux. Acquérir un titre, c'est devenir propriétaire d'une entreprise. Évidemment, l'achat d'une centaine d'actions d'une entreprise ne vous donne pas une grande importance comme «propriétaire» de cette entreprise, puisque pour la grande majorité des entreprises publiques, il y a des millions d'actions en circulation. Mais un fait demeure, vous êtes quand même propriétaire de cette entreprise.

Il arrive trop souvent que les investisseurs achètent le titre d'une entreprise sur les conseils d'un ami ou d'un membre de leur famille, ou encore d'après la manchette d'un journal spécialisé, ce qui est loin d'être une bonne stratégie. Bien des gens considèrent que comme leur investissement ne représente que quelques milliers de dollars, les conséquences de leurs choix sur la valeur totale de leur portefeuille ne seront pas très importantes en cas de baisse d'un titre. Or, quel que soit le placement, la démarche de l'investisseur doit être sérieuse et la recherche, exhaustive. Je rappelle qu'un conseiller financier peut faire ce travail pour vous.

La plupart des grands investisseurs, dont le célèbre Warren Buffett, estiment que la décision d'acquérir une seule action doit être prise avec le même sérieux que s'il s'agissait d'acheter la totalité de l'entreprise. D'où l'importance de faire un bon travail de recherche au préalable ou d'avoir recours à l'expertise d'autrui. Il n'est pas sans intérêt de rappeler ici que ce n'est pas toujours le «beau-frère» qui est le plus compétent dans ce domaine. L'investisseur doit donc faire un travail de recherche préalable, puis prendre une décision éclairée, et ce, quelle que soit l'importance de l'investissement.

Les frais associés à ce type de placements demeurent relativement faibles. Comme ils varient en fonction de la fréquence des opérations, l'investisseur peut les réduire en utilisant les services d'un courtier exécutant et en faisant preuve de modération. L'aide d'un conseiller financier fait monter la note, mais aussi la probabilité de gains. Le plus grand obstacle pour un investisseur qui souhaite investir directement dans des titres est la nécessité d'avoir un portefeuille bien garni. Selon de nombreuses études, si on veut respecter les règles de répartition de l'actif et du risque et ne pas « mettre tous ses œufs dans le même panier », il faut avoir au moins 250 000 $ à investir pour pouvoir se doter d'un portefeuille d'actions, ce qui n'est pas à la portée de l'investisseur moyen.

L'un des secteurs de l'investissement les plus importants, plus encore que celui des actions, est celui des titres de créance, qui inclut les obligations, les CPG et les acceptations bancaires. Ces titres, qui peuvent prendre des formes très variées, se distinguent par leur échéance et la solvabilité de leur émetteur. On parle aussi de titres de participation (ou actions) et de titres à revenu fixe.

Une obligation est un document (papier ou électronique) émis par une entité morale (comme une banque, une entreprise ou un gouvernement) dans lequel celle-ci reconnaît devoir un capital déterminé à un prêteur (celui qui achète le titre de créance). L'émetteur reconnaît qu'il doit rembourser un montant donné, à une échéance déterminée et à un taux fixé d'avance.

Deux facteurs sont à considérer. Tout d'abord, l'échéance, soit le moment où l'emprunteur (émetteur) doit rembourser le montant dû. Ensuite, la solvabilité de l'émetteur, ce qui demande beaucoup d'habileté. Le taux d'intérêt d'une obligation est toujours fixé en fonction du risque assumé par l'acheteur. Plus le risque est important, plus le taux d'intérêt est élevé; moins l'émetteur est à risque (ou meilleure est sa cote de crédit), plus faible sera l'intérêt ou la récompense à l'investisseur.

Le taux d'intérêt d'une obligation du gouvernement fédéral est beaucoup plus faible que celui d'une obligation émise par une entreprise privée. Lorsque l'émetteur est un gouvernement au Canada, l'évaluation du risque est simple, mais le rendement est souvent dérisoire par rapport au taux d'inflation. La plus-value est donc finalement très faible. Les taux les plus attrayants sont offerts par les entreprises. C'est ce qu'on appelle les obligations à rendements élevés. L'évaluation des risques que présentent ces obligations est toutefois d'une telle complexité que seuls les experts peuvent s'y retrouver et obtenir un rendement intéressant avec un risque acceptable. Comme pour les actions, la prudence est ici de mise. Les détenteurs d'obligations de grands constructeurs d'automobiles américains, qui se sont retrouvés avec des obligations n'ayant plus aucune valeur, ne sont pas près de l'oublier.

Le marché des titres de créance est très important. En 2009, le marché mondial des obligations était évalué à 82,2 billions de dollars américains, comparativement à 37 billions de dollars américains pour celui des actions.

Les fonds communs de placement

Les fonds communs de placement sont les produits de placement les plus vendus au Canada. Ils sont aussi les plus accessibles. À la fin de mai 2010, le total de l'actif géré par cette industrie s'élevait à plus de 600 milliards de dollars au pays.

Mais qu'est-ce qu'un fonds commun de placement? C'est l'ensemble des placements d'un regroupement d'investisseurs qui donnent à un gestionnaire professionnel le mandat de gérer leurs économies. En retour, les investisseurs rémunèrent le gestionnaire. C'est ce qu'on appelle les frais de gestion. Le regroupement d'investisseurs est constitué en personne morale, fiducie ou société. L'actif géré peut être très important, mais il ne l'est pas nécessairement. Au 30 juin 2010, c'est le fonds de la Banque Royale RBC Canadien de dividendes qui avait l'actif géré le plus important, soit plus de 10 milliards de dollars. Les plus petits fonds peuvent avoir un actif de moins de un million de dollars.

Le plus grand avantage de ce produit financier est qu'il offre aux investisseurs sans expérience et sans connaissances des placements la possibilité d'avoir un portefeuille géré par les meilleurs gestionnaires du monde, et ce, à un coût proportionnel à leur investissement. Les fonds communs peuvent être classés en deux grandes catégories: les fonds d'actions et les fonds d'obligations. Il existe aussi de nombreuses sous-catégories qui peuvent répondre à tous les besoins des investisseurs canadiens. En mai 2010, on comptait près de 6 000 fonds, offerts en différentes versions.

L'importance des frais de gestion est depuis toujours fortement critiquée. Pourtant, l'accès aux meilleurs gestionnaires pour un investissement d'à peine 500 $ est un privilège qui en vaut amplement le prix. Tout comme les plus grands compteurs de la Ligue nationale de hockey, les bons gestionnaires doivent être bien payés.

L'incapacité de plusieurs gestionnaires d'obtenir des rendements supérieurs à ceux des indices de référence fait aussi l'objet de vives critiques. Il est important de souligner que, si de tels rendements ne sont pas à la portée de tous, ils ne devraient pas nécessairement être un objectif à atteindre. Les risques à prendre pour y arriver ne conviennent pas à tous les investisseurs.

Les investisseurs qui obtiennent de piètres rendements font souvent un mauvais usage de leurs fonds. C'est une erreur fréquente avec les produits financiers. Idéalement, un fonds, tout comme la plupart des produits financiers, devrait être conservé longtemps. Malheureusement, les fonds, et même les titres individuels, le sont de moins en moins. Les ventes et les achats de titres se multiplient, ce qui augmente les frais de gestion. Qui plus est, ces opérations se font trop souvent au mauvais moment. D'où les piètres rendements obtenus par les investisseurs. De nombreuses études, dont celle de la firme Dalbar, arrivent à cette conclusion. Malheureusement, cette constatation s'applique à de nombreux investisseurs et produits financiers, avec le même résultat : des rendements de plus en plus médiocres.

La principale caractéristique des fonds communs de placement est leur grande accessibilité. Un investissement minimal de 500 $, ou de 50 $ par mois, donne accès aux meilleurs gestionnaires de la planète. Pour les portefeuilles très importants, les frais de gestion ne sont pas toujours concurrentiels, mais les promoteurs offrent maintenant des solutions pour résoudre ce problème, comme des programmes d'investissement dont les frais de gestion diminuent avec l'importance du placement.

Les fonds négociés en Bourse

Les fonds négociés en Bourse (FNB) sont relativement nouveaux dans le monde du placement et leur popularité ne date que de quelques années au Québec. On peut les comparer aux fonds indiciels. Les plus grands fournisseurs, Claymore et Barclays et Horizons BetaPro, se livrent une chaude lutte, mais de nombreux autres joueurs présentent de nouveaux produits régulièrement. Il y a cinq ans à peine, seulement quelques FNB étaient offerts aux investisseurs, mais ils se sont depuis multipliés et on peut dire aujourd'hui, comme pour les fonds communs, qu'il y en a presque trop.

La principale caractéristique du FNB est qu'il reproduit un indice, à la hausse comme à la baisse. Sa volatilité est la même que celle de l'indice de référence et il permet de suivre un indice à peu de frais. Il s'agit d'un produit simple et efficace, mais qui ne convient pas à tous les investisseurs, compte tenu surtout de sa grande volatilité. À la fin du troisième trimestre de 2010, l'actif géré de l'industrie des FNB s'élevait à 33 milliards de dollars canadiens. C'est un produit qui connaît une forte croissance.

Le grand attrait des FNB réside dans les frais minimes exigés. C'est du moins ce que l'on peut croire à première vue. Comme ils ne font pas l'objet d'une gestion active, leurs frais de gestion se situent de 0,17 % à 0,50 % environ. Dans le cas des fonds indiciels, on parle plutôt de frais de gestion de 0,70 % à 1,25 %.

La différence entre les frais de gestion des fonds indiciels et des FNB vient du fait que ces derniers ne prélèvent pas de commission de suivi, contrairement à l'ensemble des fonds communs de placement. Mais les conseillers qui les offrent ne travaillent pas bénévolement. Ils facturent des honoraires, de 1 % à 2 %, qui s'ajoutent aux frais de gestion et qui réduisent d'autant les économies réelles dont croient profiter les investisseurs.

Des frais sont exigés pour l'acquisition et la négociation de FNB. Ils sont de l'ordre de 10 $ à 30 $ pour chaque transaction. Évidemment, plus les transactions sont nombreuses, plus la facture devient salée. Pour réduire ces frais, la stratégie idéale consiste donc à limiter le nombre de transactions.

Une autre caractéristique distingue les FNB des fonds communs de placement : la présence d'un cours vendeur et d'un cours acheteur (l'acheteur acquiert toujours le FNB à un prix supérieur à celui qu'il pourrait obtenir en le vendant sur le marché, ce qui n'est pas le cas pour un fonds commun). Cette caractéristique peut entraîner des frais supplémentaires au moment de la transaction. Là aussi, des frais s'additionnent aux frais de gestion.

Bref, si on compare les FNB avec les fonds indiciels (leurs comparables) et si on tient compte de tous les coûts, l'argument des frais avantageux en faveur des FNB ne tient pas toujours la route.

Le rendement des FNB se rapproche de celui des indices de référence. Il ne pourra toutefois jamais le dépasser en raison des frais de gestion et des frais de transactions inhérents à ce type de placement. Certains gestionnaires, en revanche, réussissent à obtenir fréquemment des résultats supérieurs à ceux des indices.

Le rendement n'est cependant pas le seul facteur à considérer quand vient le temps de choisir un produit de placement. Le risque doit également être évalué avec soin. Dans le cas de certains indices, il peut même être très élevé. L'investisseur doit s'assurer que ces produits lui conviennent.

Un des risques que présentent les FNB est la composition du fonds, qui reproduit exactement l'indice de référence. Il faut se rappeler que le titre Nortel a déjà représenté plus de 30 % de l'indice. C'est un risque accru pour l'investisseur. Aujourd'hui, certains produits limitent ce type de risque en intervenant sur la composition du fonds, ce qui dénature toutefois le produit.

À chaque achat, l'investisseur doit faire l'acquisition d'au moins un lot, qui représente 100 unités. Par exemple, pour investir dans le fonds Ishare CDN Composite Index, il faut débourser pas moins de 1 600 $. Pour un portefeuille dont la répartition est conforme aux normes de risque établies, l'investisseur doit donc prévoir un investissement minimal de 25 000 $ à 30 000 $. Ce n'est évidemment pas à la portée de toutes les bourses.

Comme le fonds commun de placement, le FNB présente des avantages et des inconvénients. On ne peut pas dire que l'un est meilleur que l'autre. Il revient à l'investisseur, assisté de son conseiller, de décider du meilleur produit selon ses besoins particuliers. De nombreux conseillers financiers qui utilisent ces produits pour leurs clients obtiennent un succès indéniable. Mais l'investisseur doit se rappeler que, dans le monde des placements, il n'existe pas de produit miracle.

Les autres produits financiers

Le journal *Les Affaires* rapportait en février 2008 que « les objets de collection battent des records de popularité ». Nous connaissons tous quelqu'un qui collectionne divers objets. Évidemment, je doute que le marché des collectionneurs puisse procurer à moyen ou à long terme à tous ces « investisseurs » une quelconque fortune, la majorité d'entre eux cherchant d'abord et avant tout le plaisir. Mais certains secteurs offrent de plus grandes possibilités de gains que d'autres. Par ailleurs, Internet a permis d'augmenter ces possibilités en améliorant le rayonnement et la liquidité du marché des objets de collection. Je connais par exemple un collectionneur de jouets anciens qui, grâce à Internet et notamment à certains sites spécialisés ou même simplement au site « eBay », achète et vend fréquemment des objets et en obtient, dans bien des cas, des profits fort enviables.

Comme pour tout produit financier, certains secteurs obtiennent de meilleurs résultats que d'autres. Vos probabilités de gains semblent plus élevées si vous collectionnez les œuvres d'art ou les violons anciens que si vous vous passionnez pour les cartons d'allumettes où le marché semble moins liquide. Toujours selon l'édition de février 2008 du journal *Les Affaires*, de 2002 à 2007, la valeur des pièces de monnaie a augmenté de 43 %, celle des timbres, de 88 %, celle des vins de grand cru, de 131 %, et celle des violons anciens, de 192 %. Sur la même période, le Dow Jones n'a quant à lui progressé que de 37 %.

Il n'est pas toujours aisé de suivre le cours de certains objets de collection, mais les plus connus, comme les timbres, le vin et les œuvres d'art, ont des indices qui permettent de connaître facilement leur évolution. Évidemment, il n'est pas à la portée de tous les investisseurs de faire l'acquisition d'un Stradivarius ou de mettre la main sur une caisse de Pétrus d'une grande année, mais la collection de cartes de sport ou de timbres est plus accessible. Même avec un portefeuille bien garni, je ne conseille toutefois à personne de se lancer dans ce type d'investissement aveuglément, sans connaissances de base. Et si certains secteurs peuvent sembler fort prometteurs, sans les recommandations d'un bon conseiller, le risque de courir à de grandes pertes peut réduire à néant vos possibilités de gains. Il n'y a rien de pire qu'un grand vin d'une mauvaise année ou qui a été mal conservé. De nombreux observateurs ne considèrent pas ces objets comme des produits financiers. Et sauf pour quelques rares connaisseurs, je crois aussi que nous ne devrions acheter un tableau ou une sculpture que parce que l'œuvre nous plaît et non dans un objectif d'investissement.

L'immobilier

L'immobilier a obtenu d'excellents résultats au Canada au cours des dernières années du point de vue de l'investissement, générant des rendements extraordinaires qui s'expliquent principalement par une croissance des prix sans précédent. Aux États-Unis, le même secteur vient de subir un krach historique. Or, la croissance de l'immobilier au pays laisse présager des lendemains qui pourraient s'avérer très difficiles pour de nombreux investisseurs. La hausse des prix a été telle que maints observateurs parlent de «bulle» immobilière.

Beaucoup d'investisseurs ont fait une erreur qui pourrait être catastrophique: ils ont fait l'acquisition d'immeubles locatifs en pensant que la valeur de leurs biens allait continuer à augmenter, sans prendre en considération la valeur économique de leur investissement. Ce genre de situation devient rapidement un gouffre sans fond dès que les revenus de l'investissement baissent ou qu'un des postes de la colonne des dépenses augmente, même légèrement. Or, c'est probablement le poste des dépenses qui changera le plus rapidement: le service de la dette pourrait augmenter en raison d'une faible hausse des taux d'intérêt ou d'une majoration importante du rôle d'évaluation des immeubles sous l'effet de la hausse de leur valeur marchande.

Au moment où j'écris ces lignes, on parle de hausse probable de 25 % à 40 % des comptes de taxes scolaires et municipales dans la région de Montréal. Inutile de rappeler que le service de la dette et celui des taxes sont généralement les deux dépenses les plus importantes dans le marché des plex. Sans vouloir jouer au prophète de malheur, je signale que le marché actuel demeure très fragile et qu'un simple déséquilibre pourrait s'avérer catastrophique pour de nombreux investisseurs immobiliers.

Comme la valeur marchande des biens immobiliers n'a cessé d'augmenter durant la chute des cours boursiers qui a marqué les années 2008 et 2009, il m'est bien difficile de convaincre qui que ce soit du danger potentiel que présente ce secteur. Mais voyons à plus long terme ce que les statistiques révèlent.

La famille de fonds Invesco Trimark a comparé le rendement de deux de ses fonds les plus populaires, Trimark et Trimark canadien, avec le rendement procuré par l'achat d'une maison familiale luxueuse à deux étages dans différentes villes du Canada. Pour une comparaison plus juste, l'étude s'étend sur une période de plus de 25 ans, soit du 30 septembre 1981 au 31 décembre 2008. Les données sur l'immobilier proviennent de la firme Royal LePage.

L'achat d'une résidence dans le secteur de la ville de Mont-Royal en septembre 1981 coûtait à son propriétaire une somme de 220 000 $. Si nous ajustons cette valeur en fonction de l'inflation, cela correspond à un prix de 492 474 $ au 31 décembre 2008. La valeur marchande de cette résidence au 31 décembre 2008 est pour sa part de 585 000 $, ce qui correspond à un profit total de 365 000 $, soit un rendement de 166 % sur 25 ans.

L'étude a examiné les données de villes situées dans toutes les provinces du Canada. Dans la capitale terre-neuvienne, Saint John's, où l'acquisition aurait été la moins chère en septembre 1981, la valeur d'une maison comparable était de 96 000 $, pour une valeur de 377 000 $ au 31 décembre 2008. À Vancouver, le prix d'acquisition aurait été de 305 000 $ en septembre 1981, pour une valeur de revente de 1 440 000 $ au 31 décembre 2008. Cela représente une croissance de 292 % à Saint John's et de 372 % à Vancouver.

Invesco Trimark a ensuite comparé l'investissement d'un montant équivalent à celui consacré à l'acquisition d'une résidence en septembre 1981, soit 220 000 $, dans des parts des fonds Trimark et Trimark canadien à la même date. Au 31 décembre 2008, la valeur des parts dans Trimark canadien s'élevait à 2 393 823 $, pour un profit de 2 173 823 $, ou 988 %, tandis que la valeur des parts dans Trimark atteignait 4 489 030 $, ce qui représente une plus-value de 4 269 030 $, soit un rendement total de 1 940 % sur 25 ans.

Période de comparaison

Bien des investisseurs font l'erreur de comparer différents produits d'investissement sur de trop courtes périodes, ce qui ne leur permet pas d'établir un véritable parallèle. Une période de comparaison devrait être d'au moins 10 ans, soit la moyenne d'un cycle économique. Mais pour une comparaison beaucoup plus représentative et fiable, il faut idéalement utiliser une période de 20 ans.

Le gain réalisé par un placement dans l'un des deux fonds Trimark sur plus de 27 ans est de loin supérieur à celui qu'on aura réalisé en investissant la même somme dans l'achat d'immeubles. De plus, l'acquisition de parts d'un fonds commun de placement n'exige aucun travail d'entretien, de peinture, de réparation de réservoir à eau chaude qui fuit, etc., comme les biens immobiliers. Avec un fonds, il n'y a pas non plus de recours à exercer auprès de la Régie du logement pour régler un problème avec un locataire «difficile», ce que vous pourriez avoir à faire si vous étiez propriétaire d'immeubles locatifs. En fait, avec un fonds commun de placement, consulter votre état de compte à l'occasion sera le seul effort que vous aurez à fournir.

Les données mises de l'avant dans cette étude sont incontestables, mais il n'en demeure pas moins que l'achat de parts de fonds communs de placement ne règle en rien à court terme les besoins de logement.

La politique de placement – un outil essentiel

Nombreux sont les investisseurs qui n'atteignent jamais les résultats souhaités. Cela s'explique en grande partie par le fait qu'ils n'ont jamais pris le temps d'établir leurs objectifs de placement et de les mettre sur papier. L'aide d'un conseiller est bien sûr très précieuse puisque la plupart d'entre eux prennent le temps nécessaire pour préparer cette politique pour leurs clients.

Le mieux est que toute l'information soit réunie dans un même document, mais la politique de placement d'un investisseur devrait à tout le moins comprendre une brève description de différents éléments comme sa situation, ses besoins financiers présents et futurs, sa tolérance au risque, son horizon de placement et son portefeuille modèle. L'information concernant la plupart de ces éléments se trouve dans le formulaire d'ouverture de compte. Beaucoup de conseillers financiers présentent le portefeuille modèle dans un document à part parce qu'il est souvent produit à l'aide d'un logiciel différent. L'important est d'en avoir un.

Selon moi, le facteur le plus important, bien qu'ils soient tous essentiels, est l'horizon de placement. C'est une donnée déterminante dans l'élaboration d'un portefeuille pour un client parce qu'elle est la seule à ne pouvoir changer ou s'adapter.

Prenons l'exemple de la tolérance au risque. C'est une donnée importante, mais elle peut évoluer avec le temps, selon ce que vous venez de vivre et votre expérience des placements. Je m'explique : si nous étions aujourd'hui en 2009 et que vous veniez de vivre la période de turbulence de 2008 et de 2009, vous auriez, comme la plupart des investisseurs, une tolérance au risque plus faible qu'à la fin des années 1990, juste avant le krach boursier du début des années 2000. Ça ne devrait pas être le cas, mais l'être humain est ainsi fait. À titre de conseiller financier, j'adapte donc mes conseils en fonction des réponses de mes clients-investisseurs en tenant compte des expériences vécues et de la phase du cycle économique dans laquelle nous nous trouvons.

Prenons maintenant l'horizon de placement. Supposons que vous avez 50 ans et que vous prévoyez prendre votre retraite à 60 ans. Vous avez une période d'accumulation de 10 ans. Si vous êtes une femme, votre période de retraite devrait être d'environ 25 ans, l'espérance de vie étant de 85 ans selon les statistiques. Je devrais donc tenir compte d'un horizon de placement de 35 ans. Si vous êtes un homme de 70 ans, statistiquement, il devrait vous rester environ 13 ans à vivre.

Depuis plusieurs années, il était de bonne pratique d'utiliser la formule 100 moins l'âge de l'investisseur pour déterminer le pourcentage d'obligations et d'actions que devait contenir un portefeuille. Par exemple, pour un investisseur de 60 ans, nous aurions utilisé la formule 100 -60 (l'âge de l'investisseur) = 40. Le portefeuille de cet investisseur aurait dû contenir 40 % en actions et 60 % en obligations. Or, cette formule date de près de 40 ans et est complètement dépassée. D'abord parce que les investisseurs vivent beaucoup plus vieux qu'il y a 40 ans ; ensuite, parce que leur expérience et leurs connaissances des placements sont de loin supérieures à ce qu'elles étaient il y a 40 ans.

Une telle formule pourrait encore fonctionner, mais je conseille d'utiliser le nombre 125 au lieu de 100. Le résultat correspond au pourcentage d'actions que devrait contenir le portefeuille. Je recommande par contre de garder en obligations à court terme ou en fonds hypothécaires l'équivalent d'au moins 24 mois des besoins financiers de l'investisseur au moment de la retraite. Ainsi, en cas de baisse de marché, il ne sera pas dans l'obligation de liquider une partie de ses placements en actions et de subir des pertes importantes.

Le portefeuille modèle devrait inclure un tableau ou une description de ce que devrait contenir le portefeuille. Il peut présenter un pourcentage de catégories d'actifs, titres ou fonds communs de placement. L'avantage d'un tel modèle est qu'il permet aussi de rééquilibrer régulièrement le portefeuille pour s'assurer que l'objectif à l'égard du risque ne varie pas. Ainsi, vous ne vous laisserez pas emporter par un trop grand enthousiasme en cas de hausse de marché ou par une trop grande déprime en cas de baisse.

Le conseiller : oui ou non ?

L'investisseur a l'embarras du choix quand vient le temps d'investir ses épargnes. On trouve une profusion de produits offerts et les cas d'investisseurs qui ont connu des succès intéressants dans divers secteurs sont nombreux. Plusieurs de ces secteurs comportent des avantages certains, mais des mises en garde sont nécessaires.

Tout d'abord, il vous faut trouver le professionnel ou le conseiller qui saura vous prémunir contre de mauvais investissements ou vous mettre à l'abri d'erreurs coûteuses. Dans tous les cas, ses conseils sont d'une très grande valeur. Évidemment, il est plus facile de dénicher un conseiller financier, dont la profession est régie par des règles et des organismes reconnus, qu'un conseiller en arts ou en collections de pièces de monnaie rares. C'est d'ailleurs l'un des avantages incontestables des valeurs mobilières.

La liquidité du produit financier est aussi à considérer. Vendre une part d'un fonds commun de placement ou un titre coté à la Bourse de Toronto est facile et le marché est très liquide. Vendre un Stradivarius ou une bouteille de vin rare peut s'avérer plus long et complexe. En valeurs mobilières, compte tenu de l'importance des marchés en cause, les études sont nombreuses et les risques assumés, bien que toujours présents, plus prévisibles. Mais qu'on soit propriétaire de titres d'une grande banque ou d'une œuvre d'art, si on subit une baisse de marché de plus de 40 %, le résultat et la perte sont les mêmes. C'est la liquidité du produit et la rapidité avec laquelle le marché peut se relever qui font la différence.

De nombreuses études ont démontré que les investisseurs accompagnés d'un conseiller financier obtiennent de meilleurs rendements que ceux qui agissent seuls. Il y a bien sûr des exceptions, mais rien ne vaut les recommandations neutres d'un conseiller financier. Vous pouvez décider de construire vous-même un chalet sans connaissances particulières, mais un bon architecte saura vous épargner de nombreuses erreurs, tout comme un garagiste qui entretient votre voiture et vous protège des réparations qui pourraient s'avérer plus onéreuses sans ses précieux soins.

Le choix du conseiller

Comment choisir son conseiller financier? La question est pertinente: après tout, la gestion d'un portefeuille n'est pas banale. Il n'y a pas de règles précises à respecter, mais un certain nombre de vérifications d'usage s'imposent. Vous devez procéder comme vous le faites pour choisir votre médecin ou votre dentiste. Vous devez éplucher les références et les petites annonces. Mais il n'y a pas de miracle: vous devrez consacrer du temps et peut-être de nombreuses rencontres à la recherche de votre perle rare.

Vous devez déterminer ce que vous cherchez et quels sont vos critères. Certains conseillers ne sont spécialisés que dans les placements, d'autres le sont dans la planification financière, qui regroupe de nombreux champs d'activité. D'autres encore ont une expertise dans la sécurité financière. Enfin, certaines firmes n'offrent que le service de prises d'ordres: il s'agit de courtiers exécutants. Dans ce cas, l'investisseur est responsable de toutes ses décisions.

Pourquoi consulter un conseiller financier?

L'évolution de vos placements et du marché demande un suivi constant. Malgré vos connaissances sur les placements et votre bonne volonté, avez-vous le temps d'assurer ce suivi? Avez-vous toutes les connaissances nécessaires? On ne s'improvise pas ingénieur, dentiste ou électricien. Pourquoi prendriez-vous des risques démesurés avec l'épargne de toute une vie?

En principe, un conseiller agit de façon indépendante: en êtes-vous capable? Rappelons-nous que les médecins ne peuvent intervenir auprès de membres de leur famille, justement parce qu'ils n'ont pas l'indépendance nécessaire pour accomplir les actes appropriés. La même prudence est de mise pour votre portefeuille.

De nombreuses études ont démontré que les investisseurs qui utilisent les services d'un conseiller financier obtiennent de meilleurs rendements que ceux qui gèrent leur propre portefeuille. La raison est fort simple : le conseiller peut tempérer les émotions qui sont à l'origine de nombreuses erreurs commises par les investisseurs. En fait, selon l'une de ces études, qui porte sur une période de plus de 11,5 ans, les investisseurs faisant appel à un conseiller gardent leurs placements plus longtemps et réalisent des rendements cumulatifs de 17 % supérieurs à ce qu'obtiennent les investisseurs qui n'utilisent pas les services d'un conseiller. Pourquoi alors s'en passer ?

Où trouver la perle rare ?

Les publications spécialisées, Internet et même les Pages Jaunes (eh oui !) peuvent enrichir votre première banque de données. Si la recommandation d'un ami ou d'un parent est souvent une façon de dénicher la perle rare, il ne faut pas oublier que vos besoins ne sont pas nécessairement les mêmes que les leurs. L'importance de votre portefeuille et vos connaissances en placement sont des éléments qu'il est essentiel de prendre en considération. Chaque investisseur a son profil personnel et ses besoins propres.

Les séances d'information sur le placement sont souvent une bonne solution pour entrer en contact avec un conseiller financier : certains organisent régulièrement de telles séances. D'après mon expérience, elles fournissent une excellente occasion de comprendre la philosophie de placement d'un conseiller financier et sa façon de collaborer avec sa clientèle.

Comment arrêter votre choix ?

Idéalement, avant d'arrêter votre choix, vous devriez rencontrer le conseiller financier avec qui vous voulez faire affaire. Si cela n'est pas possible, vous pouvez évaluer la rapidité avec laquelle il répond aux demandes et sa disponibilité en établissant un premier contact par téléphone ou par courriel. De nombreux conseillers financiers travaillent avec une équipe d'assistants. Cette pratique n'est pas mauvaise. Au contraire, elle témoigne d'un certain succès et d'un bon sens de l'organisation.

Arrêter son choix n'est jamais facile. J'ose avancer que, pour certains investisseurs, ce choix s'apparente à un coup de foudre ou à une réaction chimique que je ne saurais expliquer, mais qui confirme que la décision est définitive. Si tel est le cas pour vous, suivez votre instinct; votre choix pourrait bien être le bon.

La reconnaissance professionnelle

Avant toute chose, vous devez faire quelques vérifications d'usage. Tout conseiller en placements est rattaché à un cabinet de services financiers. Vous devez donc vous assurer que le cabinet et le conseiller financier que vous voulez choisir sont bel et bien reconnus par les organismes de réglementation du Québec. À cet égard, le plus facile consiste à consulter le site Internet de l'Autorité des marchés financiers (www.lautorite.qc.ca), ou à utiliser son service téléphonique.

Vous devez aussi ternir compte du nombre d'années d'expérience de votre perle rare dans l'industrie. Mais il faut être réaliste : un conseiller financier d'expérience n'a souvent que peu de temps à consacrer à un investisseur qui n'a que quelques milliers de dollars à investir. Par ailleurs, le nombre d'années passées dans le même cabinet est un signe de stabilité.

Le travail du conseiller avec son client

Une fois votre choix arrêté, le travail de votre conseiller commence. Il doit d'abord évaluer votre situation en procédant à une étude de cas, puis établir avec vous vos objectifs : le moment où vous comptez prendre votre retraite, votre taux d'épargne, etc. Le tout doit être déterminé en fonction de votre tolérance au risque, d'où l'importance du rapport risque-rendement.

C'est une étape essentielle qui requiert beaucoup de transparence. Vous devez éviter de surévaluer votre tolérance au risque. Au fil du temps, vous prendrez de l'expérience comme investisseur et cette tolérance pourra varier. Par la suite, votre conseiller devra procéder à la constitution de votre portefeuille. Il lui restera ensuite à le gérer et à le superviser en effectuant des rééquilibrages ou rajustements à l'occasion.

L'attitude de l'investisseur

L'investisseur doit en tout temps demeurer responsable. Cette responsabilité se traduit non seulement par la transparence, mais aussi, paradoxalement, par le fait de laisser au conseiller le temps d'accomplir son travail. La mise en place d'un portefeuille peut prendre du temps, de 12 à 18 mois selon le contexte économique. Soyez patient et, surtout, n'exercez pas de pressions inutiles sur votre conseiller. Surpasser les rendements du marché peut être un objectif louable, mais préserver votre capital l'est encore plus. Le travail de votre conseiller est une affaire de longue haleine. Il est inutile de l'évaluer en fonction des rendements obtenus les premiers mois. Toutefois, vous devez lui poser des questions : c'est votre responsabilité.

Les zones grises

Le client entre dans une zone grise quand il comprend mal le mandat qu'il confie à son conseiller. Prenons l'exemple d'un investisseur qui s'est fixé un horizon de placement à long terme (15, 20 ou 25 ans) et qui a choisi un portefeuille avec un objectif de croissance à risque moyen. Six mois plus tard, ses placements ayant subi une baisse, il s'inquiète, révoque le mandat de son conseiller et liquide les différentes positions de son portefeuille.

Si le conseiller financier a choisi des produits financiers qui auraient permis à l'investisseur de profiter d'une croissance modérée par rapport aux indices de référence sur une période de 15 ans et plus, la décision du client est tout à fait déplorable. Il aurait dû être en mesure d'accepter des baisses normales. Selon le contexte économique, ces baisses peuvent durer quelques mois, voire quelques années. Elles ne signifient pas que le conseiller a mal fait son travail. L'investisseur doit toujours évaluer les résultats obtenus en fonction du mandat confié et des aléas du marché.

La zone de confort

Ce dont il est question ici, c'est la tolérance au risque. C'est l'une des plus grandes difficultés auxquelles l'investisseur doit faire face. Le conseiller financier rigoureux y accorde autant d'importance qu'à la recherche de produits financiers, bien que les deux éléments entrent en concurrence. En effet, la volatilité des produits financiers a un effet sur la tolérance au risque. Et malgré toute la bonne volonté des conseillers, il leur est difficile de bien faire comprendre aux investisseurs la corrélation qui existe entre le risque et le rendement d'un portefeuille.

La tolérance au risque se mêle au désir, bien humain, de gagner le plus d'argent possible. Le problème n'est souvent pas de trouver le produit qui répond à ce désir, mais plutôt de trouver celui qui tient compte à la fois des états d'âme de l'investisseur et de son désir de rendement. Il y a lieu de rappeler qu'en général les investisseurs ont tendance à surévaluer leur tolérance au risque.

Comment savoir si vous avez dépassé votre tolérance au risque et aux fluctuations de vos placements? Vous le saurez si votre qualité de vie est touchée. Une personne qui s'inquiète trop souvent de ses placements devrait y apporter des corrections sans tarder. Son conseiller, si elle en a un, demeure une personne-ressource importante, mais c'est toujours à elle qu'il revient de prendre la décision et il lui incombe d'informer son conseiller de ce qu'elle pense et de ses craintes.

La cohérence

J'insiste sur l'importance, pour l'investisseur, de toujours rester cohérent et fidèle à ses critères de départ. Il est donc essentiel que les objectifs financiers soient décrits au moment de l'ouverture du compte.

Le cas de l'investisseur qui se donne un horizon de placement de 15 ans et qui décide de tout liquider après 6 mois ou 1 an doit constituer l'exception à la règle. Si le travail préliminaire a été bien fait, cet investisseur devra accepter les pertes subies.

La morale, s'il en est une, c'est qu'il faut faire preuve d'honnêteté envers soi-même et envers son conseiller et, surtout, qu'il faut bien maîtriser ses émotions.

Les différents titres

Cette section a été écrite en collaboration avec Martin Dupras,
actuaire, président de Con-For financiers et président de l'IQPF.

L'industrie du placement est importante et elle est un moteur de l'activité économique d'un pays. Il est toutefois difficile pour les non-initiés de savoir qui fait quoi et pourquoi. De trop nombreux intervenants sont mal identifiés et trop de titres, de rôles et de responsabilités sont mal définis. L'objectif de cette section n'est pas de démystifier l'ensemble de l'industrie et les rôles de chacun, mais de présenter un bref aperçu des principaux intervenants qui pourraient vous aider à mieux cerner vos besoins.

Conseiller de plein exercice: Le conseiller financier de plein exercice est un représentant que l'on retrouve principalement dans les grandes firmes de courtage. Il existe bien quelques indépendants, mais ils sont de plus en plus rares. Comme toutes les grandes banques, la Financière Banque Nationale et CIBC Wood Gundy disposent d'une armée de représentants dits «de plein exercice», qui ont les compétences nécessaires pour vous conseiller et vendre tous les produits financiers disponibles.

Conseiller en assurance vie: Souvent appelé conseiller en sécurité financière, c'est un professionnel qui peut offrir tous les produits financiers qui comportent un volet d'assurance (assurances vie, universelles ou temporaires, rentes, fonds distincts, etc.). Les produits qu'il propose sont très variés, mais aussi très spécialisés. D'où l'importance de trouver le bon conseiller en sécurité financière, lequel saura dénicher le produit adapté à vos besoins particuliers.

Conseiller en épargne collective ou représentant en fonds communs de placement: C'est un spécialiste du conseil et de la vente de fonds communs de placement ou de produits en épargne collective. Les produits qu'il offre sont conçus, pour la plupart, par de grandes firmes de gestion, telles que Fidelity, Mackenzie ou CI, ou encore par de grandes institutions financières comme nos banques et compagnies d'assurances.

Le cas particulier du planificateur financier

L'industrie des services financiers regroupe un nombre impressionnant de professionnels ayant des profils et des expertises variés. Qu'il s'agisse de conseillers en sécurité financière, de courtiers de plein exercice, de comptables ou de notaires, par exemple, ils offrent une gamme impressionnante de services et de produits financiers.

Parmi tous ces professionnels, il en est un qui se distingue par le rôle central qu'il peut jouer dans la situation financière des particuliers: le planificateur financier. Ce professionnel des finances personnelles est un généraliste qui peut analyser les différents aspects techniques, interreliés et souvent complexes, de la situation financière d'un particulier, puis élaborer un plan d'action personnalisé et recommander, au besoin, son client à des spécialistes. Son rôle est souvent comparé à celui d'un chef d'orchestre.

Les planificateurs financiers proviennent de domaines divers. Chacun a donc, à la base, une solide expertise dans un domaine particulier. La valeur ajoutée apportée par un planificateur réside dans le fait qu'au-delà de son champ d'expertise de base, il a reçu et continue de recevoir, de façon récurrente, une formation dans les **7 domaines d'expertise** que couvre la planification financière :

1. Les besoins d'assurance

2. Les aspects juridiques

3. Les éléments financiers

4. La fiscalité

5. Les placements

6. La retraite

7. Les éléments successoraux

Sa formation et la nature de ses interventions confèrent au planificateur financier une position et une vision unique, voire holistique, de la situation financière de son client. Il est en mesure de voir et surtout d'évaluer l'impact global qu'une décision financière pourrait avoir sur tous les aspects financiers de la vie d'un particulier.

Le planificateur financier a donc les compétences nécessaires pour faire une analyse pointue de tous les éléments qui entrent dans une saine gestion des finances personnelles. En raison de son expertise et de sa formation, il est en mesure de contribuer aux moments clés de la vie des particuliers.

Le titre de planificateur financier

L'Institut québécois de planification financière (IQPF) est le seul organisme au Québec qui a le pouvoir de décerner le diplôme de planificateur financier et d'établir les règles de formation continue de ses diplômés. Aussi, seuls les diplômés de l'Institut québécois de planification financière sont autorisés à porter le titre de planificateur financier. L'utilisation de ce titre, ainsi que de toutes les déclinaisons possibles, est encadrée par la loi.

La mission que s'est donnée cet organisme est la suivante :

«Assurer la protection du public en matière de finances personnelles en veillant à la formation des planificateurs financiers.»

Enfin, l'IQPF maintient sur son site (www.iqpf.org) un répertoire de tous les planificateurs financiers en règle.

Les services auxquels on peut s'attendre d'un planificateur financier

Les planificateurs financiers peuvent avoir des profils très variés. Ils peuvent être rémunérés à salaire, à honoraires ou à la commission, selon l'entente que vous aurez avec eux. N'hésitez pas à leur demander comment ils préfèrent être rémunérés et pour quelles raisons.

Par ailleurs, un planificateur financier peut vous fournir des conseils très spécialisés sur un aspect précis de vos finances personnelles ou aller jusqu'à vous proposer une analyse exhaustive de toutes les facettes de votre situation financière. Vos besoins, votre intérêt, vos priorités ainsi que le budget dont vous disposez sont autant d'éléments qui doivent dicter le type de services qui peuvent vous être proposés.

Où trouver un planificateur financier ?

On trouve ces professionnels dans un grand nombre de cadres de travail. Beaucoup d'entre eux travaillent au sein de grandes institutions financières (banques, caisses, assureurs, etc.). D'autres, dans des cabinets de services financiers, de grands bureaux de courtage ou des firmes de notaires ou d'avocats. C'est leur cadre de travail et, le cas échéant, les permis de distribution qu'ils détiennent, qui définissent le type de produits financiers qu'ils peuvent proposer. Mentionnons enfin qu'une plus faible proportion de planificateurs financiers ne travaille qu'à honoraires et ne distribue pas de produits financiers.

Ces professionnels peuvent assurément vous aider à établir vos objectifs financiers et favoriser l'atteinte de ceux-ci en améliorant votre situation financière.

D'autres titres existent (CFA, gestionnaire, etc.), mais nous avons choisi de nous concentrer sur les plus importants. Il faut aussi souligner que de plus en plus de professionnels de l'industrie détiennent plusieurs titres et reconnaissances. D'autres ont opté pour la spécialisation. Ce qui compte, c'est que vous trouviez celui qui vous convient.

Les frais associés aux placements

Lorsque vient le temps d'investir dans un fonds, l'investisseur se voit généralement offrir le choix entre deux types de frais : les frais d'acquisition et les frais de rachat. Il s'agit de frais de courtage qui servent à rémunérer les conseillers financiers avec qui vous faites affaire.

Les frais d'acquisition

Si on vous vend un fonds avec frais d'acquisition, on prendra immédiatement un pourcentage sur votre mise. Ce n'est qu'une fois la commission prélevée que vous achèterez des parts. Par exemple, si vous disposez de 50 000 $ et que les frais d'acquisition sont de 4 %, il vous reste 48 000 $ à investir (50 000 $ × 4 %).

Ainsi, si vous investissez 50 000 $ et que le prix de chaque part est de 10 $, vous n'obtiendrez pas 5 000 parts (50 000/10), mais bien 4 800 parts (48 000/10). Le coût par part est donc le suivant : 50 000/4 800 = 10,42 $.

À long terme, ces frais peuvent entraîner une réduction non négligeable du rendement. Poussons notre exemple plus loin. Supposons que le fonds génère un rendement de 10 % par année sur 10 ans. À la fin de la période, la valeur du placement, avec frais d'acquisition de 4 %, sera de 125 000 $. Sans ces frais, elle aurait été de près de 130 000 $. Sachez cependant que les frais d'acquisition sont négociables. Ils peuvent être nuls ou monter jusqu'à 8 %. C'est à vous que revient la tâche de convaincre votre courtier de ramener ces frais à zéro.

Il faut également noter que certains courtiers offrent systématiquement des fonds ne comportant aucuns frais d'acquisition, et ce, sans que vous ayez à négocier. En fait, c'est la meilleure façon d'acquérir des parts de fonds. Pour assurer leur rémunération, ces courtiers misent sur la commission de suivi, prélevée à même le ratio des frais de gestion. Mieux encore, ils fournissent des services de conseils aux investisseurs. J'expliquerai plus en détail les frais de gestion et les commissions de suivi plus loin dans le présent chapitre.

Les frais de rachat

De nos jours, les intermédiaires financiers vendent la grande majorité de leurs fonds avec des frais de rachat. Il y a deux points à retenir. D'abord, l'investisseur n'a pas à payer de frais de courtage dans l'immédiat; ensuite, la compagnie de fonds verse directement au courtier une commission représentant généralement 5 % de l'investissement. Quand on vous impose des frais de rachat, c'est le montant total déboursé qui est investi. Ainsi, si vous investissez 50 000 $ et que le prix des parts est de 10 $, vous obtenez 5 000 parts. Il s'agit donc d'un avantage pour l'investisseur qui veut détenir ses parts à long terme, l'argent investi travaillant entièrement dans son intérêt.

L'investisseur paie des frais à la société de fonds dans le cas où les parts sont liquidées avant une certaine période. Le pourcentage de frais payés est cependant dégressif, c'est-à-dire qu'il diminue d'année en année. Ces frais s'appliquent généralement sur une période de sept ans et ils ne sont pas négociables. Dans le cas de certains produits, comme ceux vendus sous forme de billets, l'échéance peut être encore plus longue.

EXEMPLE DE L'ÉVOLUTION DES FRAIS DE RACHAT

1re année	5,5 %
2e année	5,5 %
3e année	4,5 %
4e année	4,0 %
5e année	3,5 %
6e année	2,5 %
7e année	1,5 %
8e année	0 %

Il faut signaler que les frais de rachat s'appliquent généralement à la valeur marchande de l'investissement au moment de la vente du fonds et non à sa valeur initiale (50 000 $ dans mon exemple). C'est le type de renseignement qu'on trouve dans le prospectus.

L'investisseur qui opte pour les frais de rachat garde également la possibilité de transférer son investissement à l'intérieur de la même famille de fonds sans être pénalisé. Il peut par exemple transférer ses avoirs d'un fonds d'actions à un fonds du marché monétaire sans rien débourser. De ce fait, une personne qui envisage d'investir dans un fonds comportant des frais de rachat doit s'assurer de sélectionner une société qui offre une grande variété de fonds de qualité.

Il est important de souligner que certaines sociétés de fonds exigent des frais de gestion plus élevés pour l'acquisition de fonds avec frais de rachat. Ces frais additionnels servent à couvrir les montants qu'elles doivent débourser pour verser la rémunération initiale du conseiller.

Une moins grande flexibilité

Il est totalement faux de prétendre qu'il n'y a pas de frais à payer lorsqu'on choisit un fonds avec frais de rachat. Par contre, ce type de frais offre une moins grande flexibilité puisque, si vous voulez liquider vos parts avant sept ans, et ce, pour quelque raison que ce soit, vous aurez une pénalité à payer. Pour cette raison, même si la majorité des fonds sont vendus sous cette forme, il est très rarement recommandé d'acheter les versions avec frais de rachat. Ces frais ne sont par ailleurs généralement pas négociables.

Les frais d'acquisition et de rachat servent à la rémunération du conseiller financier qui vous a vendu vos fonds. Les banques et certains courtiers ne facturent pas ce type de frais : à vous de bien choisir votre conseiller.

Les frais de rachat – Comment s'en sortir ?

Les sociétés de fonds permettent le rachat annuel d'une partie des parts, généralement 10 %, dans une structure avec frais de rachat, et ce, sans pénalité. On veut ainsi permettre à certaines personnes, comme aux retraités détenant un FERR, de retirer un certain montant de leurs placements chaque année sans frais.

En général, le premier bloc de 10 % de ces parts dites «gratuites» (*free units*) est calculé sur le montant des parts achetées initialement, tandis que les blocs suivants sont déterminés d'après la valeur marchande des parts au cours de l'année civile précédente.

Il peut être utile de racheter, chaque année, les 10 % de parts gratuites auxquels on a droit et d'investir cette somme dans des fonds dont les frais d'acquisition sont nuls. On peut ainsi liquider la partie transférée qui a été accumulée sans être pénalisé par l'application de frais de rachat. Certaines sociétés de fonds refusent toutefois d'effectuer le transfert des parts gratuites vers les fonds avec frais d'acquisition.

Les fonds sans frais de courtage

Les banques canadiennes et certaines firmes de courtage offrent des fonds sans frais de courtage. À cet égard, les banques se sont d'ailleurs grandement améliorées au cours des dernières années, rattrapant le retard qu'elles avaient pris dans ce secteur. Quelques firmes de courtage offrent aussi une excellente gamme de fonds, et ce, sans frais d'acquisition ni de rachat.

Une chose est sûre : quel que soit votre patrimoine, vous pouvez éviter les frais de courtage. Et c'est la meilleure façon d'acquérir des fonds.

Le ratio des frais de gestion

Les rendements affichés dans les journaux sont des rendements nets. On soustrait donc systématiquement les frais de gestion du rendement brut. Si votre fonds a obtenu un rendement de 10,5 % l'année dernière et que les frais de gestion totalisaient 2,5 %, le rendement affiché sera alors de 8 %.

Le prospectus d'un fonds doit vous renseigner sur les frais de gestion. L'expression utilisée est «ratio des frais de gestion». Un ratio de 2 % signifie par exemple que, pour chaque dollar d'actif, les frais de gestion sont de 0,02 $. Il va sans dire que, pour un rendement brut donné, le rendement diminue à mesure que le ratio grimpe.

Faut-il pour autant choisir systématiquement un fonds avec un faible ratio ? Pas nécessairement. La sagesse populaire nous enseigne qu'en général il faut payer pour obtenir de la qualité, ce qui se vérifie. Malheureusement, il arrive aussi qu'on paie cher pour une qualité inférieure. Il faut apprendre à repérer et à éviter les fonds à frais de gestion élevés qui ne semblent pas se distinguer année après année.

Par ailleurs, on entend souvent dire que la moyenne des ratios de frais de gestion des fonds est plus basse sur le marché américain qu'au Canada. Cette situation s'explique de deux façons. D'abord, la taille du marché américain permet des économies d'échelle qui font baisser les frais de gestion. Ensuite, la concurrence y est féroce, ce qui empêche les sociétés de fonds de facturer des frais aussi élevés que chez nous.

Le ratio des frais de gestion varie en fonction des produits. C'est du côté des produits dont la gestion est la moins active qu'on trouve les ratios les plus faibles. Par exemple, un fonds du marché monétaire nécessite un moins grand travail de recherche, de gestion et de suivi qu'un fonds d'actions canadiennes.

COMPARAISON DES RATIOS DE FRAIS DE GESTION

TYPE DE FONDS	MOYENNE DES RATIOS DE FRAIS DE GESTION
Marché monétaire canadien	0,58 %
Obligations canadiennes	1,43 %
Équilibré canadien	2,18 %
Actions canadiennes	2,09 %

Source : PALTrak, au 31 août 2010.

Les composantes du ratio des frais de gestion

Le ratio des frais de gestion (RFG) comprend trois éléments principaux : les frais de gestion, les frais d'exploitation et la TPS. Les frais de gestion servent à rémunérer la société de gestion de fonds qui prend les décisions relatives à l'acquisition et à la vente des titres.

Le conseiller en placements qui vend le fonds et qui fournit des conseils touche également une certaine partie des frais de gestion, sous forme de commission de suivi. Le montant de cette commission varie d'un type de fonds à l'autre et d'une société de fonds à l'autre. La commission de suivi se situe généralement entre 0,25 % et 1 %.

Les frais d'exploitation, pour leur part, englobent les dépenses liées à la tenue des registres, aux états de compte expédiés ainsi qu'aux frais administratifs et juridiques. La TPS, on n'y échappe pas, est quant à elle appliquée aux frais de gestion et à d'autres coûts d'exploitation.

Le RFG n'est donc pas seulement une indication des profits réalisés par la société de gestion de fonds. Il inclut aussi un ensemble de services auquel l'investisseur a droit.

Bien des investisseurs semblent penser que le RFG tend à grimper chaque année. Pourtant, les données à ce sujet n'indiquent pas une tendance haussière. Pour les plus grandes catégories de fonds, on constate au contraire une tendance à la baisse au cours des dernières années. Parmi les fonds d'actions canadiennes, le RFG est par exemple passé de 2,47 % en 1997 à 2,21 % en 2002 et à 2,09 % en 2010. Même constat pour les fonds équilibrés, dont le RFG est passé de 2,36 % en 1997 à 2,25 % en 2002 et à 2,18 % en 2010.

Pour ce qui est de la hausse du RFG de l'ensemble des fonds de placement observée au cours des 10 dernières années, elle s'explique notamment par l'augmentation du nombre de fonds clones. Ces produits, qui exigent des frais plus élevés, se veulent des répliques de fonds existants. Ils peuvent être entièrement inclus dans un REER. C'est une solution pratique, mais un peu plus coûteuse.

Il faut aussi tenir compte de la grande augmentation du nombre de fonds sectoriels (pour les secteurs de la technologie et de la santé, par exemple), qui exigent généralement des frais plus élevés que les fonds non sectoriels.

Les autres frais

En plus des frais de courtage, qu'il est possible d'éviter, et des frais de gestion, inévitables, l'investisseur peut avoir à faire face à d'autres types de frais. J'en présente ici un bref aperçu.

Les pénalités pour les transactions à court terme: vendre un fonds trop rapidement, généralement dans les 90 jours suivant son achat, peut entraîner une pénalité, habituellement de 2 %. Les sociétés de fonds appliquent ces frais pour empêcher les transactions trop nombreuses qui nuiraient à l'ensemble des détenteurs.

Les frais d'ouverture de compte : certains courtiers peuvent appliquer des frais initiaux à l'ouverture d'un compte.

Les frais de fermeture de compte : la fermeture d'un compte chez un courtier entraîne généralement des frais.

Les frais de transfert : le transfert de fonds, à l'intérieur de la même famille de fonds ou non, peut aussi donner lieu à des frais. L'établissement de ces frais, qui peuvent atteindre 2 %, est laissé à l'appréciation du courtier.

À retenir :

- Il est possible d'acheter des fonds avec frais d'acquisition, frais de rachat ou même sans frais. Il faut savoir bien choisir le type de fonds qui nous convient et le conseiller qui pourra nous guider dans notre choix.

- Le rendement affiché dans les publicités et les dépliants d'information est le rendement net pour l'investisseur, après déduction des frais. Comme la publication des rendements est réglementée, l'investisseur peut s'y fier.

- Les frais de gestion exigés sont importants, mais quand vient le temps de choisir un fonds, l'investisseur doit voir plus loin : la qualité du service doit être prise en compte en priorité.

Les frais associés à l'achat d'actions

Il va sans dire que, si vous optez pour l'acquisition d'actions plutôt que de fonds, vous n'échapperez pas pour autant aux frais. Leur structure est toutefois quelque peu différente. De manière générale, l'investisseur paie des frais au moment de l'acquisition de produits financiers et à la revente. Par exemple, si vous faites l'acquisition d'un lot (100 actions) d'un titre d'une entreprise, vous devez payer immédiatement des frais d'acquisition, appelés frais de courtage. Par la suite, quand vous céderez vos titres, vous devrez encore payer des frais de transactions à votre courtier.

Ces frais de transactions s'appliquent autant chez un courtier de plein exercice que chez un courtier exécutant, où vous devez procéder à l'achat et à la vente de vos titres au moyen d'un logiciel installé directement sur votre ordinateur. Bien sûr, si la transaction est effectuée chez un courtier exécutant, sans l'aide d'un conseiller financier, les frais de transactions sont beaucoup moins élevés. Il y a d'ailleurs au Québec une grande concurrence entre quelques courtiers exécutants appartenant aux grandes banques. Mais vous ne pouvez alors compter que sur vous-même. Aucun conseil n'est inclus dans les frais, sauf l'accès à des études qui n'ont rien de comparable au suivi que peut vous offrir un bon conseiller financier.

Au cours des dernières années, l'industrie a pris un virage très important. Les conseillers financiers sont de plus en plus nombreux à ne plus facturer à la transaction, préférant percevoir des honoraires de gestion en fonction de l'importance du portefeuille de leurs clients, et ce, peu importe le nombre de transactions effectuées durant l'année. Les grandes firmes insistent d'ailleurs auprès des conseillers financiers pour qu'ils adoptent cette méthode. Pour le conseiller et sa firme, cette façon de faire assure une plus grande stabilité des revenus. L'investisseur, lui, y gagnera ou y perdra en fonction du nombre de transactions qu'il effectue chaque année. Chaque cas est différent.

Les obligations

Quand il est question d'acheter des titres de participation, l'investisseur peut s'y retrouver facilement, mais quand il est question des obligations, la complexité est souvent au rendez-vous. Même dans le cas de l'acquisition directe d'obligations, il est difficile, sinon impossible, de connaître, au moment de l'achat, le montant de la commission versée au courtier. J'ai moi-même été en mesure de constater, il y a quelques années, qu'un client avait déboursé une commission totale de pas moins de 16 % pour une obligation achetée auprès d'une firme de courtage reconnue.

Les cas d'abus sont plus fréquents qu'on ne le pense. L'investisseur doit donc tenir compte du fait qu'il lui est presque impossible, quand il fait l'acquisition d'une obligation, de connaître le total des frais de courtage, qui varie généralement entre 0,5 % et 5 %. Vive la transparence !

Selon la stratégie adoptée, différents facteurs entrent en jeu. Si un investisseur prévoit acheter et garder son obligation jusqu'à l'échéance, le rendement procuré par un titre acheté directement peut être convenable. Il faut toutefois chercher un courtier qui prélève des commissions raisonnables. En général, les meilleurs taux se trouvent du côté des courtiers exécutants (Disnat ou Courtage direct Banque Nationale, par exemple), mais ce n'est pas garanti.

Vous pouvez alors vous attendre à payer une commission totale inférieure à 1 %. Il ne faut toutefois pas oublier qu'une bonne vérification s'impose toujours : certains courtiers exécutants ne font que réduire vos profits au moment de l'achat et de la vente d'obligations.

Vous devez cependant être conscient du fait que, si vous optez pour une stratégie de gestion active et d'achat direct, vos frais augmenteront. Par exemple, si vous avez un portefeuille de 50 000 $ composé de cinq obligations et que vous voulez en vendre une par année pour réinvestir à un taux plus élevé, les frais de commission augmentent. Vous pourriez avoir à débourser des frais annuels de près de 1 %, même s'il s'agit d'une stratégie toute simple.

Quel est le meilleur moment pour investir ?

La réponse pourrait être plus courte que la question : le plus tôt possible. Point à la ligne. Trop d'investisseurs reportent sans cesse leur décision d'épargner au mois suivant ou à la date limite de contribution à un REER, en février. Malheureusement, ces « futurs » investisseurs risquent de se retrouver à la fin de leur vie active sans économies. La situation est beaucoup plus fréquente qu'on ne le croit. À mon sens, c'est même un fléau social, puisque l'État et l'ensemble de la société n'auront pas d'autre choix que de prendre en charge ces retraités sans le sou.

Par ailleurs, certaines personnes croient être en mesure de prévoir l'évolution du marché, un peu comme un futurologue ou une diseuse de bonne aventure. On peut en effet essayer de prévoir les tendances du marché à court et à moyen terme, voire à long terme. Les grandes sociétés de gestion de portefeuille emploient des spécialistes qui passent leurs journées à faire des prévisions sur les tendances du marché et de l'économie. Ces derniers utilisent des techniques économétriques très perfectionnées. Mais qu'en est-il de leurs performances ? Chaque année, au bureau, nous nous amusons à afficher des coupures de journaux tirés des grands quotidiens, ainsi que des prévisions des économistes en chef des plus grandes banques canadiennes et d'autres intervenants de l'industrie.

À ce chapitre, l'année 2009 restera gravée dans ma mémoire. À la suite de la débandade subie en 2008, le découragement était grand chez les investisseurs, tout comme chez les intervenants de l'industrie. Les économistes les plus pessimistes prévoyaient alors une baisse de 15 % de l'indice composé S&P/TSX de la Bourse de Toronto pour l'année 2009, tandis que les plus optimistes s'attendaient à une hausse de 15 %. Ainsi, dans un même groupe d'économistes, travaillant pour de grandes banques canadiennes et disposant de la même information, des mêmes logiciels d'analyse et des mêmes données historiques, on se retrouvait avec un écart de 30 % entre le camp des optimistes et celui des pessimistes. C'est considérable. Comment peut-on expliquer de tels écarts ? Il est important de mentionner que ces prévisions ont été faites dans la première semaine du mois de janvier 2009.

Finalement, qu'est-il arrivé ? L'année 2009, qui suivait une année catastrophique, s'est terminée avec une hausse de plus de 30 % pour l'indice S&P/TSX. C'était presque un record. L'écart entre le rendement réel et le rendement prévu est époustouflant : 45 % d'écart par rapport au camp des pessimistes et 15 % par rapport aux plus optimistes. Depuis, mes doutes sur les prévisions sont devenus des certitudes : personne ne peut prévoir quoi que ce soit au sujet du rendement d'un indice boursier.

Imaginons maintenant l'investisseur qui consacre à peine quelques heures par semaine ou par mois à ses placements, dans son sous-sol. Quelles sont ses chances, ou plutôt ses capacités, de prévoir quoi que ce soit ?

Faire des prévisions à court, à moyen ou à long terme n'est tout simplement pas à votre portée. C'est non seulement un exercice futile, mais aussi dangereux. Comme investisseur, vous prendrez des décisions en fonction de ces prévisions. Or, dans la majorité des cas, elles se révéleront fausses. C'est là un des plus grands pièges à éviter. Aucun investisseur ne peut obtenir de succès en tentant d'ajuster son portefeuille ou ses décisions à de fausses prémisses. Cette méthode, connue sous le nom « synchronisation du marché » (*market timing*), est forcément perdante.

Cette mise en garde ne signifie pas qu'il ne faut pas apporter, à l'occasion, quelques corrections ou réajustements à son portefeuille ; mais il ne faut jamais les faire en fonction des prévisions. Les statistiques nous indiquent que le marché boursier progresse 66 % du temps. C'est donc dire que, sur trois séances, le marché connaît deux séances de hausse, mais aussi une de baisse (33 % du temps). Je rappelle que ces statistiques ne s'appliquent que sur de très, très longues périodes.

De nombreuses études montrent aussi que, si on retire ses placements du marché boursier ne serait-ce que quelques journées par année, les probabilités de gains tombent presque à zéro. Prenons comme exemple la période de 1988 à 1996. Si vous aviez conservé des placements sur le marché américain tous les jours de ces 8 années, vous auriez obtenu un rendement annualisé de 12,90 %. Par contre, si vous aviez raté les 20 meilleurs jours de cette période, votre rendement serait tombé à 9,30 %. Si vous aviez raté les 30 meilleurs jours, vous n'auriez eu un rendement que de 4,20 %. Enfin, si vous aviez manqué les 40 meilleurs jours du marché, votre rendement aurait chuté à 2,10 %. C'est catastrophique !

La conclusion est bien simple : vous devez vous concentrer sur l'épargne, investir le plus tôt possible et laisser votre portefeuille croître. Les achats par versements périodiques ne sont pas plus profitables que les autres, mais ils constituent un moyen efficace pour épargner régulièrement. C'est la meilleure décision que vous puissiez prendre.

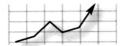

Chapitre 2
VOS PLACEMENTS ET LE RISQUE

L'emprunt dans un objectif d'investissement (effet de levier)

L'emprunt dans un objectif d'investissement, c'est-à-dire investir avec de l'argent emprunté (on parle également d'effet de levier), est une stratégie semblable à celle utilisée dans le cadre d'un emprunt hypothécaire, où l'on investit dans un bien mobilier à partir d'argent qui ne nous appartient pas. Dans le cas du prêt pour investissement, une personne se procure des titres ou des parts de fonds communs de placement autrement que par ses liquidités.

Habituellement, les gens utilisent l'argent qu'ils ont réussi à mettre de côté pour investir. Il s'agit généralement de petites sommes qui sont investies à intervalles plus ou moins réguliers. Dans le cas du recours à l'effet de levier, l'investissement se fait d'un seul coup et avec un montant plus important.

Il s'agit d'une stratégie qu'on peut utiliser à l'extérieur comme à l'intérieur d'un régime enregistré (REER, CELI ou autres). Son but ultime est d'augmenter la valeur du patrimoine.

On utilise le terme «effet de levier» parce cette stratégie amplifie les gains et les pertes de l'investisseur. Quand le marché monte, il voit son portefeuille fructifier à un niveau qu'il n'aurait pas pu atteindre sans le prêt. Si le marché descend, par contre, il se retrouve avec une perte qu'il n'aurait jamais subie autrement.

Prenons un exemple. Nathalie emprunte 10 000 $ pour investir dans les parts d'un fonds commun de placement. Un an plus tard, la valeur de son placement atteint 12 000 $. Elle se retrouve donc avec un gain brut de 2 000 $.

Évidemment, elle devra verser des intérêts sur son prêt. Si ces intérêts s'élèvent à 500 $, le gain réalisé est de 1500 $, somme à laquelle il faudra soustraire l'impôt à payer.

Dans cet exemple, Nathalie s'enrichit donc de 1 500 $ (moins l'impôt) à partir d'un montant qu'elle n'avait pas. Il va sans dire qu'il s'agit là d'une stratégie particulièrement attrayante lorsque le marché est à la hausse. Nombreux sont les investisseurs qui ont alors le réflexe de penser qu'il s'agit d'une façon facile de faire de l'argent.

Mais l'effet de levier peut s'avérer coûteux lorsque le marché prend la direction inverse. Supposons que Pierre emprunte 10 000 $ pour investir et qu'un an plus tard, la Bourse ayant inscrit un recul important, son placement ne vaut que 8 000 $. Pierre subit donc une perte de 2 000 $, à laquelle il faut ajouter les intérêts de 500 $ à rembourser sur son prêt. Dans ce scénario, la perte totale est de 2 500 $.

Le risque associé au recours à l'effet de levier est donc plus élevé que celui que prend un investisseur qui n'utilise que les liquidités dont il dispose. Une personne qui se sert de l'effet de levier doit payer des intérêts et rembourser le capital emprunté, et ce, peu importe la direction du marché et sa situation financière. Sans l'effet de levier, elle subit bien sûr la perte de son placement, mais elle n'a pas de prêt à rembourser ni d'intérêts à payer.

Une stratégie payante ?

L'emprunt dans un objectif d'investissement peut être une stratégie payante, mais à certaines conditions seulement. Comme je l'ai déjà expliqué, il faut éviter une baisse de la valeur du placement quand on utilise l'effet de levier. Pour diminuer le risque de baisse, il faut conserver son placement à long terme, idéalement au moins 10 ans. En effet, plus le placement est conservé longtemps, moins le risque de perte est grand.

Prenons un exemple. Supposons qu'un investisseur puisse se procurer un placement qui reproduit de façon exacte le rendement du S&P/TSX (un indice d'actions canadiennes). Si on prend les 25 dernières années, un investisseur qui aurait acheté un placement répliquant l'indice, peu importe le mois de l'achat, et qui l'aurait conservé 10 ans aurait obtenu à coup sûr un rendement positif. En aucun cas, il ne se serait retrouvé avec un rendement négatif. Dans le pire des cas, il aurait obtenu un rendement annualisé de 4,61 % (achat en février 1999 et vente en février 2009). Dans le meilleur des cas, si le placement avait été acquis en août 1990 et vendu en août 2000, le rendement annualisé aurait été de 15,59 %.

Supposons maintenant que le placement répliquant l'indice n'ait été conservé que deux ans. La probabilité de rendements négatifs est alors beaucoup plus grande. Sur les 25 dernières années, l'indice a inscrit 49 périodes de rendements négatifs sur 2 ans. La pire période (d'août 2000 à août 2002, associée à l'éclatement de la bulle technologique) correspond à un rendement annuel composé de -22,15 %. La meilleure (d'août 1998 à août 2000, associée à la bulle technologique) correspond pour sa part à un rendement annualisé 44,70 %.

Une longue période de détention permet de diminuer le risque en réduisant la probabilité de rendement négatif et l'importance des reculs que l'on pourrait subir. Par ailleurs, il est impératif d'avoir un portefeuille équilibré. Pour éviter bien des mauvaises surprises, l'investisseur devrait composer son portefeuille en y incluant des produits boursiers et obligataires. Il devrait également miser sur la combinaison de produits peu ou non corrélés.

Enfin, quand son portefeuille est créé, l'investisseur doit s'assurer de ne pas s'éloigner de ses objectifs initiaux. Il arrive trop souvent que les investisseurs vendent au moment où le marché s'approche d'un creux et achètent quand il s'approche d'un sommet, ce qui produit des résultats désastreux. Je conseille plutôt de procéder à des rééquilibrages périodiques, qui devraient habituellement se limiter à une fois par année.

Les probabilités

Dans le domaine des probabilités, il faut se rappeler que les résultats peuvent varier selon différents paramètres, comme le taux d'intérêt créditeur, l'effet de levier utilisé et le rendement.

Prenons le cas de François, qui a utilisé l'effet de levier sur 10 ans (de février 1999 à février 2009), pour investir directement dans le S&P/TSX (on suppose ici qu'il n'y a aucuns frais de gestion ni d'autres frais). Avec un capital de 10 000 $ au départ, François obtient un rendement 4,61 % à la fin de la période. Son capital s'élève alors à 15 693 $. Mais le coût annualisé de son emprunt, pendant la même période, a été de 5 %, ce qui représente des intérêts de 6 288 $. François se retrouve donc avec une perte de 595 $, et ce, malgré le rendement positif enregistré par son placement. Le but de l'effet de levier consiste donc à produire un rendement plus élevé que le coût d'emprunt.

Moshe A. Milevsky, un professeur de l'Université York, s'est intéressé aux probabilités de pertes et de gains associées à l'effet de levier. Considérons un ratio de levier financier de 2 : 1. Par exemple, vous faites une mise de fonds de 10 000 $ et vous empruntez 10 000 $ pour un placement total de 20 000 $. Si l'emprunt est fait à un taux de 7 %, la probabilité de gain est de 46,7 %, tandis que la probabilité de perte est de 35,1 %.

La probabilité d'un gain est donc plus élevée que celle d'une perte. Intéressant n'est-ce pas ? Dans le contexte de l'emprunt, la probabilité de perte semble assez élevée, mais elle ne l'est pas beaucoup plus que dans une situation où il n'y a pas d'emprunt, la probabilité de perte étant alors de 31 % à court terme.

L'emprunt n'augmente donc pas les probabilités de perte de façon démesurée. Toujours selon M. Milevsky, dans un contexte d'emprunt, la probabilité d'une baisse du capital de 25 % après un an est de 21,2 %.

Dans un cas sur cinq, donc, un investisseur perd le quart de son capital sur un an. Mais je rappelle ici que les pertes et les risques diminuent, jusqu'à devenir presque nuls, à mesure que le temps de conservation d'un produit financier augmente. Le plus grand risque pour un investisseur ayant recours au levier financier est que la valeur de son capital diminue et que son prêteur l'oblige à liquider son portefeuille pour se faire rembourser, et ce, au moment où le marché et la valeur du portefeuille sont à leur plus bas niveau. Dans ce genre de situation, les pertes peuvent être considérables.

Le rôle d'un conseiller

L'intérêt de recourir à un emprunt pour investissement varie d'un épargnant à l'autre. Je recommande toujours de faire appel à un conseiller financier. Votre conseiller financier et vous analyserez votre taux d'endettement, les taux d'intérêt en vigueur, votre revenu, votre tolérance au risque et d'autres éléments afin de déterminer si ce genre de stratégie vous convient.

Le plus important est que vous puissiez dormir sur vos deux oreilles. L'effet de levier comporte un risque accru par rapport à l'investissement traditionnel. Nombreux sont ceux qui ne peuvent pas tolérer l'idée que leur placement puisse baisser et qu'en plus ils doivent rembourser un prêt et les intérêts qui y sont associés. Dans certains cas, quand un placement descend en dessous d'une certaine valeur et qu'il y a un appel de marge, l'investisseur peut être tenu de verser une somme additionnelle. Il faut pouvoir l'accepter.

Les avantages d'investir une somme unique

Nous avons expliqué que l'effet de levier permet d'investir un montant d'un seul coup. Cette façon de faire permet de profiter au maximum du rendement composé, contrairement à la méthode traditionnelle qui consiste à investir périodiquement de petits montants (chaque semaine, mois ou année).

Prenons l'exemple d'un investisseur qui a un objectif de placement de 25 ans et qui effectue un dépôt une fois par année. Seul son premier dépôt profitera pleinement du rendement composé sur 25 ans. Les autres dépôts profiteront du rendement composé, mais sur de plus courtes périodes: le deuxième dépôt fructifiera pendant 24 ans, le troisième pendant 23 ans, etc. Dans le cas d'un investissement important effectué une seule fois, tout le montant fructifie pendant 25 ans.

Pour comprendre la différence des répercussions du rendement composé sur les deux stratégies (placement d'un seul coup et placement traditionnel), prenons le cas d'un placement de 25 000 $ et d'un rendement composé de 6 %. L'investisseur qui investit d'un seul coup 25 000 $ se retrouvera avec la somme de 107 297 $ à la fin de la période de 25 ans. Celui qui investit 1 000 $ par année pendant 25 ans se retrouvera quant à lui avec 54 865 $ au terme de la période.

Le prêt REER

Les avantages du REER sont indéniables. Étant déductibles d'impôt, les cotisations donnent droit à une économie d'impôt à un taux équivalant au taux marginal d'imposition. C'est d'autant plus intéressant qu'au Québec, le taux marginal d'imposition pour un particulier peut s'élever à près de 50 %. L'autre grand avantage vient du fait que tous les placements détenus dans un REER fructifient à l'abri de l'impôt. L'investisseur n'a donc pas à mettre de côté des produits peu efficaces sur le plan fiscal, comme cela peut être le cas pour des placements hors REER.

Le prêt REER se présente comme étant un bon moyen de profiter de tous les avantages du REER, dont le remboursement d'impôt potentiel. Ce remboursement d'impôt permet d'honorer des dettes dont les taux d'intérêt sont plus élevés que ceux du prêt REER.

Mais l'investisseur ne doit en aucun cas utiliser ce prêt pour investir dans son REER si la période de remboursement est trop longue, à moins de conditions très particulières. À mon avis, sur une période de deux ans, il peut être intéressant d'emprunter pour un REER. Certains utilisent ce moyen pour rembourser des dettes de consommation. À court terme, cela peut sembler se justifier, mais à moyen et à long terme, je crois que ces personnes devraient revoir leur budget.

D'autres aspects à considérer

- Le taux d'intérêt et les conditions du prêt varient selon les institutions financières.

- Pour les placements hors REER, les intérêts sur le prêt sont déductibles d'impôt.

- Dans plusieurs cas, l'investisseur peut opter pour des placements sans appel de marge, moyennant des frais supplémentaires.

- L'effet de levier fait augmenter le ratio d'endettement de l'épargnant. Ce changement pourrait avoir des répercussions sur sa capacité à emprunter à d'autres fins.

L'assurance vie

L'assurance vie peut répondre à des besoins très différents selon la situation et les objectifs de chacun. Il faut considérer un ensemble de facteurs : état civil, famille, âge, profession, etc. Les besoins d'assurances doivent donc être réévalués périodiquement. Un conseiller financier qui détient un permis en sécurité financière peut s'en occuper.

L'un des avantages incontestables de l'assurance vie demeure qu'au décès de l'assuré le produit de la police est libre d'impôt. Cette caractéristique explique qu'on intègre l'assurance vie dans la planification financière. Par exemple, un investisseur qui a accumulé un patrimoine dans son REER pourrait souscrire une assurance vie pour qu'à son décès cette assurance couvre l'impôt à payer au moment du transfert du REER à ses héritiers.

Il existe de nombreux produits d'assurance et une multitude de stratégies, souvent très intéressantes, mais qui demandent l'aide d'un expert en sécurité financière et parfois d'un bon avocat-fiscaliste qui pourront les adapter à vos besoins. Les possibilités offertes par ce type d'assurance sont importantes. Pour beaucoup de propriétaires d'entreprise, le fait d'avoir recours aux conseils d'un représentant d'expérience pourrait leur faire épargner des milliers de dollars.

L'objectif du présent livre n'est pas d'explorer les nombreuses stratégies, plus complexes les unes que les autres, mais plutôt de faire un survol rapide des produits les plus vendus, qui sont souvent mal compris par les investisseurs.

Ma seule mise en garde concernant l'assurance vie et tout ce qui touche à la sécurité financière est la suivante : avant de signer, demandez-vous si vous en avez besoin. Si la réponse est « oui », il y a de bons produits pour vous. Sinon, abstenez-vous.

Mais il est aussi possible que vous ignoriez vos besoins. Prenons l'exemple d'une personne qui est propriétaire d'un immeuble locatif depuis longtemps. Si, à son décès, son conjoint devient propriétaire de l'immeuble, il n'aura pas d'impôt à payer en raison d'une disposition de transfert en franchise d'impôt. Par contre, au moment du décès du conjoint, si l'immeuble devient la propriété des enfants, ces derniers devront acquitter une facture fiscale qui pourrait être très élevée, peut-être même plus que le coût d'acquisition, si l'immeuble date de 20, de 30 ou même de 40 ans. Dans bien des cas, les héritiers devront hypothéquer ou vendre l'immeuble pour acquitter l'impôt à payer.

Par ailleurs, si le propriétaire était assuré au moment de son décès, le versement du produit de l'assurance, en franchise d'impôt, pourrait permettre aux héritiers de rembourser sans problème les sommes dues aux différents gouvernements. Il est important de savoir qu'il n'existe pas d'impôt sur les successions au Canada. Toutefois, aux fins de la fiscalité, la personne décédée est présumée avoir disposé de ses biens une seconde avant sa mort. La réalité est un peu plus complexe, mais pour des besoins de simplification, retenez qu'un héritage signifie souvent de l'impôt à payer. On l'appelle impôt au décès.

Il existe deux grandes catégories d'assurance vie : l'assurance vie temporaire et l'assurance vie entière.

L'assurance vie temporaire

L'assurance vie temporaire est considérée comme une assurance vie de base dont la protection est établie pour une période précise. Elle est moins dispendieuse que l'assurance vie universelle et a une durée déterminée, généralement, de 1, de 5, de 10 ou de 20 ans, renouvelable jusqu'à 80 ans. En principe, sauf au moment de la souscription initiale, il n'y a pas de nouveaux examens médicaux à passer, mais une augmentation de prime est tout à fait normale, compte tenu du risque qui augmente aussi. Le coût de la prime est en parfaite corrélation avec l'âge de l'assuré. Une personne assurée en bonne santé qui se voit imposer une augmentation par son assureur peut décider de présenter une proposition à une autre compagnie d'assurance.

Le concept de l'assurance vie temporaire est simple : si le décès survient durant la période couverte par l'assurance, le paiement des prestations est effectué. Quant à la prime, elle ne change pas au cours de la période établie. Dans le cas d'une assurance vie temporaire de 10 ans, par exemple, la prime est fixe tout au long de ces 10 années. Après 10 ans, une nouvelle prime est fixée si l'assuré souhaite souscrire une autre assurance vie de 10 ans. Logiquement, comme la personne assurée est plus âgée, la nouvelle prime devrait être plus élevée. Ce n'est pourtant pas si simple. Étant donné que l'espérance de vie ne cesse d'augmenter et que les soins médicaux contribuent à augmenter la durée de vie, même pour les personnes frappées par une maladie très grave, il est parfois possible de bénéficier d'une baisse des primes avec l'âge. C'est ce qui m'est arrivé.

Comme son nom l'indique, l'assurance vie temporaire convient très bien pour combler des besoins temporaires. Il peut par exemple s'agir de compenser la perte d'un revenu pour rembourser un prêt hypothécaire, étudiant, personnel ou commercial.

Une assurance prêt hypothécaire permet par exemple de rembourser, en partie ou en totalité, le prêt hypothécaire au moment du décès. On peut ainsi s'assurer de ne pas laisser cette dette au conjoint et aux enfants.

Comme il s'agit d'une assurance temporaire, vous devriez, à chaque renouvellement, vous demander si vous en avez encore besoin. Il se peut que vous ayez remboursé votre prêt hypothécaire et vos autres dettes ou que vous n'ayez plus de personnes à votre charge et que votre épargne soit suffisante pour votre retraite. Dans un tel cas, l'assurance ne serait peut-être plus nécessaire.

L'assurance vie entière

L'assurance vie entière est une assurance permanente. Elle offre une garantie qui demeure en vigueur durant toute la vie de l'assuré, peu importe l'évolution de son état de santé. Le capital est versé au moment du décès et peut même l'être lorsque l'assuré atteint l'âge vénérable de 100 ans.

Cette assurance peut combiner les volets assurance et épargne. On parle alors d'assurance vie universelle, soit une assurance permanente qui permet aussi d'épargner. Ce type de produit comporte des caractéristiques intéressantes, mais il est très complexe pour le commun des mortels. Il est donc très important de dénicher un conseiller ayant beaucoup d'expérience. Il aura vu neiger, mais surtout, comme il aura vécu plusieurs cycles économiques, il connaîtra mieux que d'autres les effets des baisses et des hausses du marché sur le volet «épargne».

Dans certains cas, vous devez gérer le volet de placements vous-même, mais dans d'autres, c'est la compagnie d'assurance qui s'en charge. Dans ce cas, le portefeuille est généralement équilibré et peu sensible aux fluctuations du marché boursier.

Avec ce type d'assurance, l'assuré qui désire avoir plus de contrôle sur ses placements peut aussi décider de la façon dont ses primes sont investies ou même retirer des fonds. Dans les deux cas, il y a des avantages et des inconvénients. Seul un conseiller peut vous aider à trouver le produit adapté à vos besoins.

Comme le REER, l'assurance vie universelle permet d'accumuler et de faire fructifier du capital tout en reportant l'impôt à payer.

J'ai de nombreux clients qui n'ont plus besoin d'assurance vie. Dans leur cas, le paiement de leur prime d'assurance constitue une dépense qui n'a plus sa raison d'être, mais représente une proportion importante de leur budget annuel. Comme ils ont payé des primes durant 30, 40, voire 50 ans, ils hésitent souvent à mettre fin à leurs paiements, leur décès étant peut-être pour bientôt. Le sentiment d'avoir payé toute une vie pour rien les contrarie. Compte tenu du fait que ce sont les héritiers qui vont en profiter, une solution pourrait être d'offrir à ces derniers de payer la prime.

Le monde de l'assurance vie est une spécialité en soi. Je remarque, dans ma profession, beaucoup de conseillers qui ont plusieurs spécialités et plus d'un titre. Dans certains cas, ce sont des experts et des conseillers de premier ordre. Toutefois, j'ai rarement rencontré des conseillers qui sont tout aussi compétents dans le secteur de l'assurance que dans celui des placements. Je recommande donc toujours de prendre un conseiller en placements pour ses épargnes et un conseiller en sécurité financière. Dans ces deux secteurs, il y a des milliers de produits, tous aussi valables les uns que les autres, mais qui ne sont pas tous adaptés à vos besoins.

Il arrive souvent qu'un conseiller en placements travaille en collaboration avec un conseiller en sécurité financière, et vice versa. C'est, à mon avis, la meilleure solution. Cependant, si votre situation est simple et que vous souhaitez souscrire une assurance vie temporaire, faire appel à un conseiller en sécurité financière qualifié et reconnu, c'est plus que suffisant.

Les fonds distincts

Un fonds distinct est un produit d'assurance offert sous la forme d'un fonds commun de placement. Il s'agit donc d'un produit hybride qui allie placement et assurance.

Il existe une grande variété de choix de fonds distincts. Tout comme pour les fonds communs de placement traditionnels, l'investisseur peut opter pour un fonds distinct composé d'actions, d'obligations ou d'autres types de titres. Ce sont habituellement des fonds gérés de façon prudente.

Pour ce qui est du choix proposé, les fonds distincts n'ont rien à envier aux fonds traditionnels. Des familles de fonds telles qu'Astra, CI, Invesco Trimark, IA, Mackenzie, Manuvie, RBC, Standard Life et TD offrent des milliers de fonds distincts.

Le volet assurance

Les fonds distincts offrent une protection en cas de décès ainsi qu'une garantie à l'échéance. Ainsi, au décès du titulaire, les héritiers obtiennent une somme pouvant varier de 75 % à 100 % du capital investi, selon le produit. La garantie à l'échéance, quant à elle, correspond généralement à une période de 10 ans. Le détenteur est alors assuré d'obtenir de 75 % à 100 % du capital investi à la fin de la période, et ce, peu importe la valeur courante du placement.

Certains fonds distincts offrent encore une garantie de 100 % à l'échéance, mais ils se font maintenant plutôt rares. Nombreuses sont les compagnies d'assurance qui ne l'offrent plus, la remplaçant par la garantie de 75 %, soit le minimum exigé par la loi. Cette situation s'explique par le repli important qui a été enregistré par le marché en 2008 et qui a engendré des coûts élevés pour les compagnies d'assurance.

Une autre caractéristique des fonds distincts est qu'ils peuvent être versés directement au bénéficiaire au moment du décès. Non offerte pour les fonds traditionnels, cette caractéristique permet d'éviter des frais l'homologation.

La limite d'âge

Pour se procurer un fonds distinct, il n'est pas nécessaire de passer un examen médical ni de répondre à des questions sur sa santé. On ne doit toutefois pas dépasser un certain âge (la limite variant selon diverses modalités). En raison de cette restriction, les personnes très âgées, qui auraient pourtant intérêt à investir dans des fonds distincts, n'y ont pas accès.

Par exemple, dans le cas des fonds distincts de Mackenzie qui offrent une protection de 75 % à l'échéance et au décès, l'âge limite est de 89 ans. Il est de 69 ans si le fonds distinct est détenu dans un REER ou dans un CRI. Pour les fonds qui offrent une garantie totale (de 100 %), l'âge limite est de 69 ans. Et même dans ce cas, la protection en cas de décès ne devient totale que progressivement. La première année, elle est de 75 %, puis elle est majorée de 5 % par année pour atteindre 100 % après 5 ans.

En résumé, les personnes de plus de 69 ans qui veulent bénéficier d'une protection de 100 % n'ont tout simplement pas accès aux fonds distincts.

La possibilité de bloquer les gains

Certains fonds distincts permettent de bloquer les gains avant l'échéance. Cette option est toutefois de moins en moins offerte. Elle permet de profiter de la hausse de la valeur du fonds tout en reportant son échéance. L'investisseur peut ainsi être sûr que la valeur de son investissement ne pourra être inférieure à la somme correspondant aux gains bloqués. En retour, il s'engage à conserver son placement pour une nouvelle période, qui peut être de 7 à 10 ans par exemple.

L'insaisissabilité

Les fonds distincts se distinguaient auparavant des fonds traditionnels par leur insaisissabilité. Mais en vertu des modifications apportées à la Loi fédérale sur la faillite et l'insolvabilité, les placements détenus dans un REER ou dans un FERR ne peuvent être saisis dans le cas d'une faillite personnelle. Maintenant, seules les cotisations des 12 derniers mois peuvent être saisies pour ces deux régimes.

Les fonds distincts, qui sont des fonds de placement émis par les assureurs, ont joué un rôle clé dans la planification financière des entrepreneurs et des professionnels, car ils étaient parmi les seuls produits financiers insaisissables en cas de faillite.

Les frais de gestion

Étant donné leur volet «assurance», les fonds distincts comportent des frais plus élevés que les fonds communs de placement. Par exemple, les frais de gestion moyens pour les fonds d'actions canadiennes s'établissent à 2,09 %, alors qu'ils s'élèvent à 2,72 % pour les fonds distincts d'actions canadiennes. Il s'agit d'une différence non négligeable de 63 points de pourcentage. Pour la catégorie des fonds équilibrés, la différence est de 58 points de pourcentage. Au fil des ans, cet écart peut représenter un important manque à gagner.

On peut se demander si les frais de gestion plus élevés des fonds distincts sont justifiés compte tenu de leurs différents avantages. J'estime que non.

Si on détient un portefeuille équilibré, ce qui devrait être le cas pour la vaste majorité des investisseurs, on ne court presque aucun risque de rendement négatif à long terme, c'est-à-dire sur plus de 10 ans. Or, 10 ans, c'est justement la période de garantie à l'échéance des fonds distincts. On peut donc dire que l'investisseur moyen sera, la majorité du temps, mieux servi par un portefeuille équilibré et une assurance vie que par un fonds distinct. Prenons l'exemple des 10 dernières années : au 30 août 2010, sur les 129 fonds équilibrés canadiens qui ont un historique de plus de 10 ans, un seul a connu un rendement négatif, et ce, malgré la baisse record du marché en 2008. Le rendement annualisé médian des fonds équilibrés canadiens pour la même période était de 4,5 %.

Il va sans dire que, même si l'acquisition de fonds distincts n'est pas rentable financièrement et qu'elle est inutile compte tenu des coûts engendrés, ces fonds conviennent à certains investisseurs. Je pense notamment à l'une de mes clientes, Chantale, pour qui le risque et la volatilité des marchés sont des sources importantes de stress, au point d'altérer la qualité de son sommeil. Même si leurs coûts sont élevés, les fonds distincts permettent à Chantale de profiter de la croissance du marché boursier, sans pour autant diminuer sa qualité de vie.

Par ailleurs, l'entêtement des autorités réglementaires à faire une distinction entre les permis de vente de fonds distincts et de fonds en épargne collective cause un tort beaucoup plus important aux investisseurs. En effet, bien des jeunes conseillers font leurs premiers pas dans l'industrie des services financiers en commençant par obtenir un permis en assurance vie. Or, avec ce permis, ils ne peuvent pas offrir à leurs clients de produits d'épargne collective. Même si un simple fonds était LE meilleur produit financier pour leur client, ils n'auraient d'autre choix que de lui offrir un fonds distinct. C'est donc l'investisseur qui devra payer les frais supplémentaires engendrés par le volet « assurance » du produit, même s'il n'en a pas besoin et que son rendement en sera d'autant diminué. Le débat faisait déjà rage au début de ma carrière, soit il y a plus de 20 ans! C'est long et inadmissible, et les frais inutilement déboursés par les investisseurs sont beaucoup plus importants chaque année que les pertes subies dans l'affaire Norbourg.

L'inflation et vos placements

Lorsqu'il est question de placements, il est primordial de considérer l'inflation. Mais qu'est-ce que l'inflation? Il s'agit tout simplement du rythme de l'augmentation du prix des biens et services. Par exemple, une augmentation de 2 % de l'inflation signifie qu'il en coûte 2 % de plus pour se procurer un panier de biens et de services.

L'objectif de la Banque du Canada est de maintenir l'IPC (indice des prix à la consommation) à un taux stable et prévisible de 2 % par année. Il s'agit là du point médian de la fourchette cible de 1 % à 3 % visée. Depuis les années 1990 et 2000, la Banque du Canada réussit généralement à maintenir l'IPC dans cette fourchette.

Si la Banque du Canada réussit à maintenir des taux d'inflation bas depuis quelques années, cela n'a pas toujours été le cas. Dans les années 1970 et 1980, l'inflation pouvait dépasser les 10 %. En fait, les prix à la consommation ont progressé au rythme annuel moyen de 7,9 % au cours des années 1970 et de 5,7 % durant les années 1980.

Pourquoi faut-il prendre l'inflation en considération dans vos placements? Tout simplement parce qu'elle vient gruger une partie des rendements. Prenons l'exemple du rendement de 1,50 % que procure un CPG d'un an. Si l'inflation est de 2,5 %, le rendement réel (le rendement moins l'inflation) de l'investisseur sera de -1 %. C'est donc dire que l'investisseur voit alors son pouvoir d'achat baisser, et ce, malgré les gains réalisés par son placement.

L'inflation doit donc être prise en compte dans les choix de placement parce qu'il s'agit d'un risque, tout comme les risques associés au taux de change, au taux d'intérêt, au marché, etc. En optant pour un produit très sûr, c'est-à-dire un produit dont le rendement est prévisible et positif à court terme, l'investisseur croit à tort qu'il s'agit nécessairement d'un placement sans risque.

Comment obtenir des rendements supérieurs à l'inflation ?

Comment peut-on s'assurer d'obtenir un rendement réel positif? En investissant dans des catégories d'actifs pouvant surpasser l'inflation. À long terme, les marchés boursiers et obligataires ont pu obtenir des rendements supérieurs à l'inflation. Malgré la «piètre» performance des actions au cours des 10 dernières années (rendement annualisé de 3,5 % pour le S&P/TSX et de -0,8 % pour le S&P 500), le marché boursier a de tout temps été en mesure d'offrir une excellente protection contre l'inflation, et ce, à long terme. Par exemple, sur 20 ans, le S&P/TSX et le S&P 500 obtiennent des rendements annualisés respectifs de 8,6 % et de 8,1 %, comparativement à la hausse annualisée de 2 % de l'IPC canadien.

INDICE DES PRIX À LA CONSOMMATION AU CANADA
(DE 1999 À 2009) EN%

2009	1,0
2008	2,0
2007	2,5
2006	1,4
2005	2,0
2004	2,4
2003	1,6
2002	4,4
2001	0,5
2000	3,2
1999	2,2

Les investisseurs peuvent également considérer l'acquisition de certains produits financiers offrant une couverture contre l'inflation. C'est le cas des obligations à rendement réel. Il s'agit d'obligations dont la valeur nominale et le coupon sont rajustés en fonction du taux d'inflation. Il s'ensuit des rendements liés positivement à l'inflation, mais moins corrélés aux autres catégories d'actifs.

Dans ce contexte, l'investisseur doit poursuivre deux objectifs primordiaux avant même de parler de rendement. Dans un premier temps, il doit s'assurer de conserver son capital, toute perte réalisée étant néfaste pour un investisseur. Dans un deuxième temps, il doit obtenir, avec son portefeuille, un rendement au moins égal à l'inflation. La réalisation de ces deux objectifs ne l'enrichit pas nécessairement, mais elle préserve au moins son pouvoir d'achat.

Les placements garantis

Certains investisseurs recherchent à tout prix des placements garantis, c'est-à-dire des placements avec lesquels il ne peut y avoir aucun rendement négatif ni de perte de capital. Mais il faut savoir que cette sécurité a un prix : les rendements des placements garantis sont moins élevés à long terme que ceux d'un portefeuille équilibré.

Étant donné le faible rendement des placements garantis, surtout dans le contexte actuel de bas taux d'intérêt, il est possible que le rendement réel (le rendement du placement moins l'inflation) soit inférieur à 0 %. C'est donc dire qu'il est possible d'obtenir un rendement négatif, même en optant pour ce genre de placement. Même si l'investisseur a l'impression que son capital est à l'abri d'une perte, ce n'est qu'une illusion qui fait d'abord et avant tout la richesse de ceux qui émettent ces produits.

Certains placements garantis peuvent néanmoins être utilisés pour mettre à l'abri les liquidités nécessaires à des achats à court terme ou à des dépenses d'urgence. Le reste du portefeuille d'un investisseur visant la croissance à long terme peut être investi dans des produits offrant une meilleure croissance.

Les comptes d'épargne à intérêts élevés

Les comptes d'épargne à intérêts élevés ont gagné en popularité au cours des dernières années. Il s'agit de produits qui offrent la possibilité de toucher des revenus d'intérêt supérieurs à ceux d'un compte d'épargne traditionnel. De plus, leur grande liquidité (l'investisseur à la possibilité de faire des transactions rapidement) et leur aspect sécuritaire les rendent très attrayants.

Pour ce qui est de la sécurité, les comptes d'épargne à intérêts élevés sont couverts par la protection de la Société d'assurance-dépôts du Canada (SADC). Il est intéressant de noter à ce propos que cette protection a pour but de rassurer les investisseurs les plus craintifs et qu'elle a été très rarement mise à contribution.

La SADC est une société d'État fédérale qui offre une protection des avoirs placés dans une banque ou une autre institution financière. Cette protection s'applique à certains types de placements, comme les comptes à intérêts élevés, jusqu'à concurrence de 100 000 $ en cas de faillite de l'institution financière. La protection ne couvre cependant pas les cas de fraudes ou de vols qui pourraient se produire. Mentionnons également que les comptes en monnaie étrangère ne sont pas protégés par la SADC.

Même si le rendement offert est supérieur à celui des comptes bancaires traditionnels, le rendement des comptes d'épargne à intérêts élevés n'est pas très élevé pour le moment. À l'automne 2010, la plupart de ces comptes, offerts en dollars canadiens, offraient un rendement d'environ 1,5 %. En considérant l'inflation et l'impôt à payer (qui peut approcher des 50 % pour ce type de revenus), on peut dire que c'est la pauvreté garantie à plus ou moins long terme pour ceux qui détiennent ce genre de placements.

Les obligations d'épargne

Les obligations d'épargne sont des titres émis et garantis par les gouvernements. Les gouvernements du Canada et du Québec offrent ce genre d'obligations dont la création remonte à la Première Guerre mondiale. Les «Certificats d'épargne de guerre» et les «Obligations de la Victoire» avaient alors été introduits pour financer l'effort de guerre.

Chaque année, les gouvernements du Canada et du Québec émettent sporadiquement des obligations d'épargne. Il est possible de s'en procurer directement auprès du gouvernement ou par l'intermédiaire de certaines institutions financières. Les montants minimaux sont peu élevés.

Ce sont des produits avec une échéance fixe. Les modalités diffèrent d'une obligation à l'autre. Certaines offrent un taux d'intérêt qui augmente année après année, tandis que d'autres sont assorties d'un taux stable. Par ailleurs, certaines obligations ne sont remboursables qu'à certains moments précis, tandis que d'autres le sont en tout temps.

Tout comme pour les autres types de produits présentés dans ce chapitre, les obligations d'épargne ne devraient en général être considérées qu'à des fins de placements à court terme en raison des piètres rendements qu'elles génèrent. En effet, dans un contexte où les taux d'intérêt sont peu élevés, les obligations d'épargne n'ont rien de bon à offrir. Au moment d'écrire ces lignes, les obligations d'épargne du Canada affichaient un rendement annualisé de 1,39 % sur 3 ans. Sur les 20 dernières années, elles ont offert un rendement annualisé de 3,9 %.

Les billets à capital garanti

Les billets à capital garanti (ou protégé) ont été popularisés après la débâcle boursière de 2001 et 2002. Il en existe maintenant un grand choix. Pour simplifier, disons qu'un billet à capital protégé repose sur l'évolution d'un titre sous-jacent auquel on a greffé une garantie de rendement minimal à l'échéance. Les titres sous-jacents peuvent être très variés. Il peut s'agir de fonds communs, de fonds indiciels, de paniers d'actions, de fonds de couverture, etc. Quant à l'échéance, elle change en fonction du billet et peut s'étaler sur plusieurs années.

Une institution financière pourrait ainsi émettre un billet reposant sur le rendement de 20 actions canadiennes de premier ordre (*blue chips*) avec une garantie de rendement minimal de 0 % dans 8 ans. Dans ce cas, l'investisseur bénéficiera de la croissance du panier d'actions tout en ayant l'assurance d'obtenir un rendement minimal de 0 % dans 8 ans.

Les billets à capital garanti peuvent paraître très attrayants à première vue, mais il faut savoir que la protection qu'ils offrent a un prix. Certains billets sont assortis d'un rendement maximal. Dans ce cas, il ne serait pas possible pour l'investisseur de profiter pleinement des gains enregistrés par l'actif sous-jacent. Par ailleurs, l'investisseur ne peut profiter de la garantie s'il cède ses billets avant l'échéance.

Un autre inconvénient de ces billets est qu'ils peuvent passer en «mode garantie» si l'actif sous-jacent descend sous un certain niveau. Le «mode garantie» est l'expression utilisée pour indiquer que le prix du billet cesse d'évoluer et que l'investisseur obtiendra à l'échéance le rendement minimal prévu. Je reprends mon exemple: si le billet reposant sur 20 actions canadiennes de premier ordre passait en «mode garantie» après 2 ans, cela signifierait que les investisseurs ne profiteraient pas de la croissance boursière pendant une période de 6 ans. Les billets à capital garanti présentent donc de gros défauts, mais ils peuvent avoir leur place dans le portefeuille de certains investisseurs.

Les fonds du marché monétaire

Ces fonds sont composés de titres sûrs, tels que des bons du Trésor, des certificats de dépôt et des obligations à très court terme. Il s'agit donc d'un produit stable qui assure des rendements positifs. Les fonds du marché monétaire dégagent toutefois des rendements peu élevés dans un contexte de bas taux d'intérêt.

En principe, les valeurs des parts de ces fonds sont fixes: elles ne changent pas de mois en mois, en raison des distributions. Le prix des parts est généralement fixé à 10 $. Toutefois, certains fonds générant des gains en capital plutôt que des intérêts voient le prix des parts fluctuer. Les fonds du marché monétaire qui versent des gains en capital peuvent représenter un avantage pour l'investisseur, les gains en capital profitant d'un traitement fiscal plus avantageux que les revenus d'intérêt. Ces fonds sont très liquides. Il est également possible d'y investir avec un montant peu élevé.

Dans cette catégorie, il est important d'éviter les fonds à frais de gestion élevés, car ceux-ci peuvent sérieusement nuire au rendement.

Les certificats de placement garanti (CPG)

Les certificats de placement garanti (CPG) profitent de la protection de la SADC. Ce sont des produits financiers émis par les banques et autres grandes institutions financières. Leur durée varie généralement de un à cinq ans. La personne qui s'engage à conserver son placement pour la période prévue obtiendra un revenu d'intérêt fixe. Si elle décide de retirer son placement avant la fin de la durée du CPG, elle sera pénalisée et ne touchera pas la totalité des intérêts auxquels elle aurait autrement eu droit.

Plus l'échéance des CPG est rapprochée, moins le rendement obtenu est élevé. Actuellement, les CPG, qu'ils soient de courte ou de longue durée, n'offrent pas de rendements intéressants. Étant donné leur manque de flexibilité, ils sont souvent avantageusement remplacés par d'autres types de placements garantis.

La protection de l'investisseur contre les fraudes et les abus

Avant de confier ses avoirs à quiconque, la première démarche de l'investisseur devrait être de s'assurer que son représentant et la firme pour laquelle il travaille sont inscrits auprès de l'Autorité des marchés financiers (AMF). L'AMF est l'organisme qui réglemente et encadre tout le secteur financier du Québec. Qu'il s'agisse de placements ou d'assurance, tous les représentants et leur firme doivent être reconnus par l'AMF.

Le rôle de l'AMF est de s'assurer que les firmes qui offrent des valeurs mobilières se conforment aux obligations réglementaires. L'organisme fait également des inspections auprès des différentes institutions et sévit lorsque les lois des valeurs mobilières ne sont pas respectées.

Sur le site de l'AMF (www.lautorite.qc.ca), il est possible d'accéder à un registre complet concernant les personnes et les entreprises autorisées à exercer. Il est aussi possible d'appeler directement à l'AMF (1 877 525-0337) pour obtenir ces renseignements.

Ces vérifications vous permettront de savoir si l'AMF a délivré un droit de pratique à votre représentant et à son cabinet. Ainsi, si vous êtes victime d'une fraude commise par une personne ou une entreprise détenant un tel droit, vous pourriez être dédommagé par le Fonds d'indemnisation des services financiers (FISF), auquel contribuent les représentants inscrits auprès de l'AMF.

Malheureusement, les victimes de personnes non inscrites auprès de l'AMF ne peuvent pas être remboursées par le Fonds d'indemnisation. C'est le cas des victimes d'Earl Jones, par exemple, qui ne détenait aucun titre et n'avait aucune formation ou qualification lui permettant d'exercer une profession dans le milieu des services financiers.

Chaque année, de nombreuses personnes se font escroquer par ce genre d'individu sans scrupules. En fait, au Québec, la plupart des fraudes financières sont commises par des personnes ou des entreprises non reconnues par l'AMF. Pourtant, une simple vérification aurait permis d'éviter de douloureuses pertes financières.

Le Fonds d'indemnisation des services financiers (FISF)

Le site de l'AMF fournit l'information suivante : «Le Fonds d'indemnisation peut indemniser les victimes de fraude, de manœuvres dolosives (opérations malhonnêtes) ou de détournement de fonds survenus lorsqu'elles font affaire avec les personnes et les entreprises autorisées à exercer en vertu de la Loi sur la distribution de produits et services financiers ou en épargne collective et en plans de bourses d'études. [...] Un consommateur peut ainsi être indemnisé pour un montant maximal de 200 000 $ par réclamation [...].» (Source : http://www.lautorite.qc.ca/fr/demande-indemnisation.html%5d.)

L'assurance-dépôts

La Société d'assurance-dépôts du Canada (SADC) est une institution fédérale créée en 1967. Son but est de protéger les épargnants canadiens au cas où leur banque ferait faillite. Dans le cas d'une faillite, la SADC assure jusqu'à 100 000 $ d'épargne par déposant et par institution membre de la SADC.

Voici les dépôts protégés par la SADC : comptes d'épargne et comptes de chèques ; certificats de placement garanti et autres dépôts à terme dont l'échéance initiale est de cinq ans ou moins ; mandats, chèques certifiés, chèques de voyage et traites bancaires émis par une institution membre de la SADC ; comptes d'impôts fonciers sur des biens hypothéqués. (Information tirée du site http://www.sadc.ca/f/protegeoupas/protegeoupas.html)

La réglementation applicable aux familles de fonds

Les familles de fonds canadiennes sont assujetties à une réglementation qui a pour but de protéger l'avoir des épargnants. Celle-ci exige que l'argent investi soit détenu par une grande institution financière, soit une banque à charte ou une société de fiducie. Ainsi, même si une famille de fonds faisait faillite (ce qui est très peu probable), l'argent investi serait toujours en la possession du dépositaire.

Il n'est pas sans intérêt de rappeler ici que l'industrie canadienne des fonds existe depuis plus de 75 ans et que très peu de fraudes ont été commises au cours de cette période. Au pays, cette industrie emploie des dizaines de milliers de personnes et gère un actif de près de 600 milliards de dollars, ce qui est énorme.

Les gestionnaires de fonds doivent avoir une formation pertinente ainsi qu'une certaine expérience dans la gestion de portefeuille. La plupart des gestionnaires détiennent le titre de CFA (*chartered financial analyst*), c'est-à-dire qu'ils sont des analystes financiers agréés. Les détenteurs de ce titre prestigieux doivent se conformer à un code d'éthique.

La Chambre de la sécurité financière

La Chambre de la sécurité financière (CSF) est un organisme d'autoréglementation. Elle remplit plusieurs rôles, dont le premier est de superviser le travail de ses 32 000 membres, lesquels exercent dans divers domaines du secteur des services financiers. Elle s'assure en particulier que ses membres ont non seulement réussi leur formation, mais qu'ils se tiennent à jour en suivant des programmes de perfectionnement.

La CSF traite aussi toutes les plaintes formulées contre ses membres. Quand elle reçoit une plainte, elle fait une enquête et sanctionne la personne concernée selon la gravité du geste posé. Les sanctions prévues vont de la simple réprimande à la radiation permanente.

La saine méfiance

Comment démasquer un charlatan ? La promesse de rendements mirobolants devrait éveiller des soupçons. Quand c'est trop beau pour être vrai, il faut redoubler de prudence. Sachez que des rendements garantis de 20 %, de 15 %, de 10 % ou de 8 %, ça n'existe tout simplement pas. Si on vous présente des produits dont la structure est tellement complexe qu'elle en devient incompréhensible, cela devrait également vous mettre la puce à l'oreille.

La loi interdit à un intervenant de l'industrie de garantir un rendement pour un portefeuille ou un produit financier donné, sauf dans le cas des certificats de dépôt. Par contre, certains produits ou programmes d'investissement assurent à divers degrés le capital ou le rendement. Ces produits comportent toujours des échéances et des périodes de détention minimales, et ils sont toujours garantis par une institution financière reconnue, telle qu'une banque ou une compagnie d'assurance. Si c'est un intervenant qui vous garantit un rendement minimal (en se fondant sur son expérience ou d'autres données), sachez qu'il agit dans l'illégalité. Il est important de le dénoncer à l'AMF.

Les grandes institutions ou les petits cabinets : y a-t-il une différence ?

On n'est pas mieux protégé en faisant affaire avec une grande institution financière plutôt qu'avec un petit cabinet. Au Québec, en cas de fraude, l'investisseur peut être dédommagé par le Fonds d'indemnisation des services financiers, et ce, peu importe la taille du cabinet ou de l'institution financière en cause. Les grandes institutions financières peuvent offrir certains avantages, mais cela n'est pas vrai dans tous les cas.

Par exemple, les grandes institutions utilisent souvent une variante illégale de la vente croisée (*cross-selling*), qui consiste à offrir à une personne un meilleur taux d'intérêt créditeur à condition qu'elle lui transfère un REER ou un placement détenu ailleurs. Cette pratique est aussi déplorable que courante. L'institution à laquelle vous avez confié la gestion de vos avoirs n'a aucune incidence sur votre cote de crédit. En conséquence, peu importe où se trouvent vos placements, le taux qu'on vous offre ne devrait pas varier.

Il arrive trop souvent que les grandes institutions financières ne proposent à leurs clients que des produits maison, qui ne sont pas toujours les meilleurs ni les plus adaptés aux besoins de l'acheteur. Les banques canadiennes offrent généralement une gamme de produits fort intéressante, mais selon moi, si elles ne vendent que ces produits, elles courent le risque de se trouver en situation de conflit d'intérêts. J'estime que ce risque est trop élevé. C'est une pratique qui n'avantage pas tous les investisseurs et qui peut même s'avérer nuisible.

La volatilité : quelques concepts de base

La volatilité des marchés retient souvent l'attention des médias. Les manchettes font régulièrement état des hausses et des baisses abruptes des différents indices boursiers ou de certains titres. C'est ainsi qu'on peut lire dans les journaux que le S&P/TSX connaît son pire mois de rendement depuis les 12 derniers mois, que le S&P 500 a connu sa meilleure journée sur cinq ans ou que le titre de Google a atteint un niveau record.

Qu'est-ce qu'on désigne exactement par le terme « volatilité » ? Tout simplement la fluctuation des rendements d'une période à l'autre. Prenons l'exemple du placement A qui enregistre une hausse de 20 % sur une année, suivi d'une baisse de 10 % l'année suivante. Si on considère seulement ces deux années, le placement A sera considéré comme plus volatil que le placement B, qui a enregistré un rendement de 5 % les deux années. Même si le rendement cumulatif des deux placements est similaire (mais non identique) sur deux ans, on peut facilement déduire que le placement A est celui qui affiche une plus grande volatilité.

Il va sans dire qu'on ne peut juger de la volatilité d'un placement à partir de données couvrant une courte période. Il est plus sage d'analyser des données de plusieurs années.

L'écart-type

Dans le domaine des placements, c'est l'écart-type qui sert à évaluer la volatilité. En 1952, dans un article intitulé « Portfolio Selection » publié dans le *Journal of Finance,* Henry Markowitz a été le premier à avancer l'idée qu'il est possible de mesurer le risque en utilisant l'écart-type. Il est l'un des pionniers en matière de recherche sur les mesures de risque.

L'écart-type mesure la dispersion des différents rendements d'un placement par rapport à la moyenne. Pour calculer cet écart, on additionne tout d'abord les différences entre le rendement d'un placement et son rendement moyen pour chacune des périodes considérées. Ce total est ensuite divisé par le nombre de périodes visées. L'écart-type est la racine carrée du résultat de cette division.

Calculer soi-même la volatilité peut être un exercice ardu. On peut trouver les données concernant l'écart-type dans des banques de données spécialisées ou auprès des courtiers.

Il faut souligner que l'écart-type n'est pas une mesure parfaite du risque. Ainsi, l'écart-type d'un fonds dont le rendement s'établit à 10 % pour les 3 premières années et à 45 % pour la 4ᵉ année est plus élevé que celui d'un fonds dont le rendement est de 10 % sur 4 ans. Un investisseur qui se fie surtout à ce type de mesure pourrait donc être davantage tenté par le fonds dont l'écart-type est le moins élevé si la nature de cette volatilité lui est inconnue.

Voyons un autre exemple : un fonds qui obtient toujours un rendement négatif de -5 % aura le même écart-type qu'un autre affichant un rendement constant de +5 %. Ici encore, l'écart-type est loin d'être une mesure de risque satisfaisante.

Néanmoins, même si ce n'est pas une mesure parfaite, l'écart-type donne un aperçu de la volatilité et nous permet de comparer rapidement différents placements sous l'angle de la volatilité.

La volatilité... à long terme

L'investisseur qui désire obtenir un rendement supérieur à l'inflation devra nécessairement accepter la volatilité. Des produits financiers tels que les CPG, les comptes bancaires, les bons du Trésor ou les fonds du marché monétaire comportent un niveau de volatilité minime, mais ne permettent pas d'obtenir un rendement supérieur à l'augmentation du coût de la vie.

En se tournant vers un portefeuille composé d'une combinaison d'actions et d'obligations, l'investisseur s'assure non seulement d'obtenir un rendement supérieur au taux d'inflation à long terme, mais aussi de diminuer le niveau de volatilité de son portefeuille.

La bonne nouvelle, c'est que, sur les marchés boursiers, le risque tend à diminuer à long terme. Pour illustrer cette notion, prenons une compilation de données effectuée par la famille de fonds Fidelity et affichée sur son site au www.fidelity.ca/volatilite. Elle porte sur le rendement de l'indice S&P/TSX sur une période de 52 ans, de 1956 à 2008.

On y apprend que le pire rendement sur un an inscrit par l'indice a été de -39,1 %, pour la période de juin 1981 à juin 1982. Pour une période de 2 ans, le pire rendement enregistré a été de -22,2 % (d'août 2000 à août 2002). Et sur 3 ans, il a été de -11,1 % (d'août 2000 à août 2003).

Plus on allonge la période, moins les reculs sont importants, de sorte que, si on l'allonge à 10 ans, on voit que le pire rendement a été de 3,3 % (pour la période de septembre 1964 à septembre 1974). C'est donc dire que, sur 10 ans, l'indice S&P/TSX n'a jamais connu de rendements négatifs pour la période étudiée par Fidelity.

Les titres ou les fonds peuvent être payants, peu importe la volatilité du marché

Il n'est pas évident de décider d'investir lorsque les différents indices boursiers battent de l'aile. Pourtant, des occasions intéressantes peuvent se présenter, même dans un tel contexte.

Le recul d'un indice signifie simplement que le rendement d'un grand nombre de titres est à la baisse. Cela ne dit rien sur la performance individuelle des titres. Même si l'indice recule, plusieurs titres peuvent donc afficher de très bons rendements.

La famille de fonds Fidelity a compilé des données à ce sujet. On y apprend que pour 2002, année où la moyenne des titres de l'indice S&P/TSX a reculé de 11,3 %, les 10 meilleurs titres ont généré des rendements de 21,5 %. Pour 2008, alors que la moyenne des titres de l'indice affichait une baisse de -8,7 %, les 10 meilleurs titres obtenaient une hausse moyenne de 11,6 %. On peut consulter ces données, et plusieurs autres données pertinentes sur la volatilité, au www.fidelity.ca/volatilite.

Le risque associé au taux de change

Le risque associé aux variations du taux de change est un élément important qu'il faut prendre en considération quand on investit à l'étranger. Quel que soit le type d'actif (actions, obligations ou immobilier), la variation du taux de change peut avoir une incidence, négative ou positive, sur le rendement.

Prenons l'exemple d'un Canadien qui a effectué un placement dans un porte-feuille d'actions américaines en 2003. Cette année-là, la devise américaine a reculé de 18,2 % par rapport au dollar canadien. Si on considère seulement le taux de change, cela signifie que le rendement du portefeuille subit un recul du même ordre. Les actions détenues dans le portefeuille doivent donc géné-rer un rendement d'au moins 18,2 % pour que le rendement soit positif.

Même si vos placements étrangers sont rentables, une fois leur valeur conver-tie en dollars canadiens et les variations du taux de change prises en compte, vous risquez de vous retrouver avec moins d'argent.

RENDEMENT DU S&P 500 EN DOLLARS AMÉRICAINS ET CANADIENS

	RENDEMENT PAR ANNÉE CIVILE (EN %)								
	2009	2008	2007	2006	2005	2004	2003	2002	2001
S&P 500 ($ US)	26,5	-37,0	5,5	15,8	4,9	10,9	28,7	-22,1	-11,9
S&P 500 ($ CA)	8,1	-21,9	-10,5	15,7	1,6	3,3	5,2	-22,7	-6,4

Le tableau ci-dessus permet de bien voir l'importance de l'effet du taux de change sur le rendement. Pour l'année 2007, par exemple, le rendement de l'indice S&P 500 en dollars américains a été de 5,5 %, tandis qu'en dol-lars canadiens il a été de -10,5 %.

Les facteurs influant sur le taux de change

Le dollar canadien, tout comme les autres monnaies, voit sa valeur varier en fonction de l'offre et de la demande. Voici les principaux facteurs qui influent sur la valeur du huard.

Le commerce international

Pour acheter les produits et services du Canada, les étrangers doivent payer en dollars canadiens. Ainsi, lorsque la demande pour ces produits et services est forte, le dollar canadien grimpe. Comme le Canada est un important producteur de matières premières, la demande et le prix de ces matières sur les marchés mondiaux sont considérés comme des facteurs influant fortement sur la valeur du dollar canadien.

Les taux d'intérêt

Lorsque les taux d'intérêt sont plus élevés au Canada que dans d'autres pays, les investisseurs étrangers veulent acquérir des obligations canadiennes, ce qui entraîne une hausse de la demande pour la devise canadienne et une augmentation de la valeur du dollar canadien. L'inverse est également vrai. Si les taux sont moins intéressants au Canada, les investisseurs vont se départir de leurs obligations canadiennes pour acheter des obligations étrangères, ce qui aura un effet négatif sur le huard.

La stabilité politique

La stabilité politique et un gouvernement démocratique solide ont une incidence positive sur la valeur de la monnaie. Les investisseurs recherchent de tels contextes parce que cela diminue le risque associé à leurs placements.

La spéculation

Il existe sur le marché des devises des spéculateurs qui tentent de tirer profit des fluctuations à court terme des devises. Ces spéculateurs sont des joueurs importants qui ont une incidence non négligeable sur l'ensemble des devises.

L'intervention de la banque centrale

La Banque du Canada, notre banque centrale, peut influer dans une certaine mesure sur la valeur de notre devise en achetant ou en vendant des dollars canadiens sur le marché des changes. Le Canada a cependant pour politique de n'intervenir sur ce marché que dans des circonstances exceptionnelles.

La monnaie d'un autre pays

La situation de la devise d'un autre pays peut se traduire par une hausse ou une baisse du dollar canadien.

L'investissement à l'étranger

Le risque de change ajoute un élément de volatilité non négligeable, mais il n'en demeure pas moins que, même s'il comporte un risque supplémentaire, l'investissement hors Canada reste tout à fait légitime.

Investir à l'étranger permet de diversifier son portefeuille parce qu'il n'y a pas de corrélation parfaite entre les titres canadiens et ceux des États-Unis, de l'Europe ou du Japon. De plus, un gestionnaire ayant un mandat d'investissement étranger a accès à une gamme de titres d'entreprises beaucoup plus grande et variée.

Des protections

Des familles de fonds, telles que Fidelity, Mackenzie, RBC et TD, proposent des fonds neutres en devises, c'est-à-dire des fonds qui offrent une protection contre les fluctuations du taux de change. Pour ce faire, les gestionnaires de ces fonds mettent à contribution le marché des contrats à terme.

La couverture du risque de change permet de gérer un élément de risque d'un portefeuille, mais cela ne signifie pas pour autant que l'exposition aux devises étrangères est une mauvaise chose en soi. Certaines familles de fonds estiment qu'une couverture qui protégerait complètement un fonds contre les fluctuations du taux de change n'est pas une solution parfaite puisqu'elle enlève un élément de diversification. Par exemple, le fait qu'un fonds d'actions européennes ne se comporte pas de la même façon que les fonds composés de titres d'ici s'explique, en partie, par le mouvement des taux de change.

Investir dans les titres étrangers demande d'accepter un risque supplémentaire associé aux variations du taux de change. Certaines années, cette stratégie a été très avantageuse pour les investisseurs canadiens, tandis qu'à d'autres moments, elle a été carrément désastreuse.

Le risque associé aux obligations

On entend fréquemment parler du risque que présentent les actions. Les médias font souvent leurs manchettes avec le cas d'une action de société qui s'effondre ou d'un indice boursier qui connaît des difficultés. Mais on entend beaucoup moins parler de l'effondrement de la valeur d'une obligation. Pourtant, les obligations ne sont pas exemptes de risques. Prenons par exemple le cas de la société canadienne BCE, qui a vu la valeur de certaines de ses obligations chuter de plus de 20 % en 2007, et ce, en l'espace de quelques semaines seulement.

Mais avant d'examiner le risque que pose ce type de titres à revenu fixe, regardons de plus près ses caractéristiques. En échange d'un montant initial, les obligations permettent habituellement de toucher certains paiements à des intervalles fixes, et ce, au cours d'une période déterminée. Ces paiements intermédiaires, appelés coupons, sont fixés à l'avance. Un dernier paiement, qui correspond au montant initial versé par le détenteur, est versé lorsque l'obligation arrive à échéance. Comme les actions, les obligations peuvent être achetées et vendues, et leur valeur peut fluctuer à la hausse ou à la baisse, en fonction de l'offre et de la demande.

Le taux d'intérêt

Un facteur important dans la valeur d'une obligation est la variation du taux d'intérêt. Quand il augmente, il fait baisser le prix de l'obligation et entraîne une perte en capital pour le détenteur. Ce phénomène s'explique par le fait qu'en raison de la hausse du taux d'intérêt, les nouvelles obligations seront émises à un taux d'intérêt plus élevé, ce qui rend moins intéressantes les obligations déjà émises (qui verseront des intérêts moins élevés). Une hausse de taux aura donc comme conséquence de diminuer le prix des obligations existantes.

Au contraire, une baisse de taux d'intérêt rend les obligations existantes plus attrayantes que les nouvelles obligations émises à un taux d'intérêt plus bas. Ce gain de popularité poussera à la hausse le prix de ces obligations, ce qui causera un gain en capital. Le risque que comporte une obligation est ainsi intimement lié aux variations du taux d'intérêt.

Par ailleurs, une augmentation du taux d'intérêt permet au détenteur d'une obligation de réinvestir les coupons à un taux plus élevé. Cette situation est donc avantageuse. On désigne ce type de risque par le terme « risque de réinvestissement ».

La durée

Pour mesurer la sensibilité d'une obligation aux variations du taux d'intérêt, on utilise la notion de durée (également appelée « duration »). La durée est l'échéance moyenne actualisée des flux monétaires que procurent les obligations. Pour simplifier, je dirais que la durée est fonction de deux principaux facteurs : l'échéance de l'obligation et la valeur de ses coupons. Plus la durée est longue, plus l'obligation est sensible aux mouvements des taux d'intérêt.

Il faut savoir que plus l'échéance d'une obligation est courte, moins grande est sa durée. Et plus la valeur des coupons est élevée, moins l'obligation est volatile. L'obligation la moins sensible aux variations des taux d'intérêt sera donc celle qui a des coupons élevés et une échéance courte.

Il est possible d'obtenir les données sur la durée des obligations dans les banques d'information spécialisée ou auprès d'un conseiller financier.

Le risque d'insolvabilité

Il peut arriver que l'émetteur d'une obligation soit dans l'impossibilité de payer les coupons associés à son obligation. On parle dans ce cas d'un défaut de paiement. Il pourrait alors être dans l'incapacité de rembourser la valeur nominale. Il y a plus de risque que ce genre de situation se produise avec des émetteurs qui reçoivent une faible note des agences de notation. Les obligations présentant le plus grand risque de crédit sont désignées par le terme « obligations de pacotille » (*junk bond*). Les obligations les plus sûres sont émises par les gouvernements des pays développés.

Pour compenser leur risque de crédit plus élevé, les émetteurs auxquels les agences de notation ont accordé une faible note offrent une prime de risque. On peut mesurer cette prime en comparant le rendement d'une obligation sans risque, par exemple une obligation fédérale (on suppose ici que le gouvernement fédéral ne peut pas faire faillite), avec le rendement d'une obligation de société. On constate que l'écart se creuse durant les récessions. Cela s'explique facilement : l'investisseur exige une prime supplémentaire dans un contexte où plus d'entreprises font faillite ou sont en difficulté.

Les différentes agences, telles que Moody's et Standard & Poors, ont chacune leur système de notation, qui ont tendance à se ressembler. Pour Moodys, le niveau de notation va de AAA (utilisé pour les obligations les plus sûres) à C (pour les obligations dont l'émetteur est en défaut de paiement).

Une volatilité moins grande que celle des actions

Comme je l'ai déjà expliqué, la valeur des obligations peut varier et l'émetteur d'une obligation peut être en défaut. Mais de façon générale, on peut dire que les obligations de qualité, qui ont une note supérieure à celle des obligations de pacotille, affichent une bien moins grande volatilité que les actions.

En optant pour un panier d'obligations de qualité (fonds ou produits répliquant un indice), l'investisseur peut réduire le risque de crédit. En effet, dans un fonds comptant plusieurs dizaines d'obligations, comme c'est le cas généralement pour un fonds d'obligations, les répercussions du défaut de paiement de l'une d'entre elles sont limitées.

L'efficacité fiscale des produits financiers

Lorsque vient le temps d'investir hors d'un régime enregistré (REER, CELI, FERR, REEE, FRV, etc.), il est impératif de prendre en considération l'efficacité fiscale du placement. Dans un régime enregistré, les différents gains réalisés ne sont pas assujettis à l'impôt. Mais à l'extérieur d'un tel régime, l'impôt peut venir gruger une partie importante des rendements.

Les intérêts : à éviter

Le « pire » type de revenus, sous l'angle de la fiscalité, est le revenu d'intérêts. Les intérêts sont les revenus que rapportent les comptes bancaires et les placements à revenu fixe, tels que les obligations, les bons du Trésor et les CPG. Tout comme les revenus d'emploi, les revenus d'intérêt sont pleinement imposables au taux d'imposition marginal.

Le dividende : l'attrait du crédit d'impôt

Un type de revenus beaucoup plus attrayant est le revenu de dividende. Le dividende est la partie du bénéfice net d'une entreprise qui est redistribuée aux actionnaires. Ce ne sont pas toutes les actions qui donnent ce type de revenus, mais seulement celles qui versent un dividende, généralement émises par de grandes entreprises en pleine maturité. À cet égard, il est bon de savoir que, contrairement aux actions ordinaires, les actions privilégiées donnent droit à un revenu de dividende fixe.

Les dividendes sont admissibles à un crédit d'impôt fédéral et provincial, ce qui fait en sorte qu'ils sont beaucoup plus efficaces sur le plan fiscal que les intérêts. Ce crédit d'impôt est accordé parce que les sociétés canadiennes ont déjà payé de l'impôt sur leur bénéfice.

Le gain en capital : un revenu fiscalement avantageux

Le gain en capital provient de la vente d'un titre à un prix supérieur au prix d'achat. C'est généralement ce type de revenus qui est le plus efficace sur le plan fiscal. « Seulement » 50 % du gain doit être inclus dans la déclaration de revenus.

Deux types de gains en capital existent : le gain en capital réalisé et le gain en capital latent. Le gain en capital latent est le gain obtenu avant la vente du titre, tandis que le gain en capital réalisé est enregistré quand le titre est vendu.

L'avantage du gain en capital est en partie attribuable au fait qu'il est imposé au moment où il est réalisé. L'investisseur qui conserve ses titres à long terme peut donc reporter le moment où il est imposé, ce qui peut être très avantageux.

Les revenus étrangers : aucun allègement

Tout comme les revenus d'intérêt, les revenus étrangers sont pleinement imposables au taux d'imposition marginal. À ce chapitre, il convient de signaler que les dividendes des sociétés étrangères ne donnent droit à aucun allègement fiscal. L'imposition des dividendes de sociétés étrangères est donc supérieure à celle des dividendes de sociétés canadiennes.

Les fonds communs de placement

À la vente de parts d'un fonds commun de placement, il y a déclenchement d'un gain en capital si le prix des parts a augmenté en valeur par rapport à leur prix au moment de l'achat.

Il est toutefois bon de savoir que les familles de fonds ont créé la «structure de société», qui permet de reporter l'imposition du gain en capital. Sans entrer dans les détails, j'expliquerai simplement que l'investisseur qui détient des fonds dans une structure de société ne sera imposé que lorsqu'il sortira de cette structure. Il peut ainsi vendre et acheter des parts de fonds dans la structure sans déclencher de gains en capital. Pour plus de détails à ce sujet, consultez le chapitre 5 (p. 131).

Pour ce qui est des distributions des fonds, c'est leur nature qui détermine la façon dont elles sont imposées. Certaines distributions sont composées exclusivement de dividendes, d'intérêts, de gains en capital ou de revenus étrangers, tandis que d'autres sont composées de différents types de revenus. Que les distributions soient versées au comptant ou qu'elles soient réinvesties dans des parts supplémentaires, l'impôt doit être payé.

Il faut souligner que, lorsque les distributions sont réinvesties, elles s'ajoutent au prix de base rajusté (PBR). Le PBR est une mesure comptable qui sert à calculer le gain ou la perte en capital réalisé au moment de la vente des parts. En augmentant le PBR grâce aux distributions, on réduit le gain en capital qui sera enregistré à la vente du fonds. À ce sujet, il est important que l'investisseur fasse le suivi du réinvestissement des distributions et conserve ses relevés. Le PBR détermine l'impôt qui devra être payé sur les gains en capital qui pourraient être réalisés au moment de la vente des parts.

Encore une fois, les familles de fonds ont fait preuve d'ingéniosité pour réduire l'incidence fiscale des distributions en créant les fonds de série T. Pour ce type de produit, la distribution peut être en partie ou en totalité composée de l'argent investi (montant que l'on désigne par le terme «remboursement de capital»). Pour plus de détails sur ces fonds, consultez le chapitre 5 (p. 138).

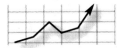

Chapitre 3
LA COMPOSITION D'UN PORTEFEUILLE

Si, dans le cas d'un portefeuille composé en parts égales d'actions et d'obligations, la partie consacrée aux actions prend une proportion plus grande que celle prévue initialement, faut-il vendre des actions et augmenter ainsi la portion consacrée aux obligations pour revenir à l'équilibre désiré?

Pour l'investisseur qui souhaitait une répartition égale entre les actions et les obligations, le résultat du déséquilibre serait un portefeuille moins stable et plus sensible aux aléas du marché boursier. Bref, il aurait un portefeuille plus risqué qui ne conviendrait plus à ses objectifs de départ.

Le rééquilibrage

La solution consiste à rééquilibrer le portefeuille. Dans mon exemple, il faudrait vendre une partie des fonds d'actions pour investir dans des fonds d'obligations. Si l'investisseur dispose de nouvelles sommes, il peut tout simplement investir dans la catégorie d'actifs qui a moins bien réussi.

Une étude intéressante

Les avantages du rééquilibrage paraissent tout à fait évidents. En maintenant la répartition de l'actif convenue initialement, on diminue nécessairement le risque en vendant des titres de la catégorie d'actifs qui a grimpé et qui est donc plus chère. Cette méthode présente aussi un autre avantage: elle permet d'acheter des titres de la catégorie qui a obtenu de moins bons rendements, donc celle qui se trouve à meilleur prix.

Une famille de fonds a été en mesure de démontrer de façon empirique que le rééquilibrage est une stratégie payante. Dans l'édition de novembre 2009 du magazine *Le professionnel,* une publication de la firme Mackenzie réservée aux conseillers en placements, on rapporte les résultats d'une étude sur le rééquilibrage et son application dans le portefeuille de fonds Symétrie.

L'étude porte sur un portefeuille élaboré de la façon suivante: 40% d'obligations, 15% d'actions canadiennes, 10% de petites capitalisations canadiennes, 20% d'actions américaines et 15% d'actions EAEO (Europe, Australie et Extrême-Orient). La période visée par l'étude s'étend de janvier 1970 à juin 2009.

3 stratégies sont comparées:

1. Aucun rééquilibrage

2. Rééquilibrage périodique (rétablissement des pondérations cibles à intervalles fixes, soit mensuellement, trimestriellement, semestriellement ou annuellement)

3. Écarts déclencheurs (rééquilibrage selon différents écarts positifs et négatifs de la pondération ciblée)

Le rééquilibrage, une stratégie efficace

L'étude de Mackenzie démontre que le rééquilibrage du portefeuille est un moyen efficace pour augmenter les rendements. Des trois stratégies comparées, la pire est celle qui consiste à n'appliquer «aucun rééquilibrage».

Selon les calculs, la rentabilité des portefeuilles rééquilibrés (stratégies 2 et 3) représente un gain d'environ 50 à 70 points de base par année. Cette somme peut paraître dérisoire, mais à moyen et à long terme, les gains potentiels sont importants.

Le portefeuille sans rééquilibrage est celui qui affiche la plus grande volatilité par rapport à son indice de référence. On parle ici d'erreur de réplication ou d'écart de suivi (*tracking error*). L'étude montre que le portefeuille, après un certain temps, peut avoir une composition très différente que celle qui avait été établie initialement et présenter un niveau de risque qui ne convient plus à l'investisseur. Par ailleurs, le portefeuille non rééquilibré qui affiche un plus à l'investisseur. Par ailleurs, le portefeuille non rééquilibré qui affiche un écart-type (une autre mesure de volatilité) de 10,1 % voit cet écart réduit à 9,4 % lorsqu'il est rééquilibré selon l'une des deux stratégies étudiées. L'étude indique qu'il n'y a pas de stratégie de rééquilibrage plus avantageuse que l'autre, mais souligne qu'un rééquilibrage trimestriel de 3 % par rapport à la pondération établie initialement semble être « plus que suffisant ».

On constate également que le rééquilibrage n'est pas la stratégie la plus efficace dans toutes les circonstances. Par exemple, dans les années 1990, le marché boursier étant en phase haussière, l'absence de rééquilibrage du portefeuille a généré un rendement supérieur, mais au prix d'une volatilité plus élevée. Quant à la troisième stratégie, celle qui repose sur les écarts, on note qu'elle a mené à d'aussi bons résultats sur le plan de la rentabilité durant cette période, mais en donnant lieu à moins de volatilité. On explique ce résultat par le fait que le portefeuille rééquilibré en fonction des écarts profitait des marchés haussiers, mais que les déclenchements des rééquilibrages venaient réduire l'exposition aux fortes corrections boursières.

Ajoutons qu'on a souvent affirmé que le rééquilibrage était à proscrire pour les portefeuilles hors REER, compte tenu des règles fiscales. Mais vu l'existence des fonds structurés en société (les fonds Catégorie) plutôt qu'en fiducie, cet argument ne tient plus.

La psychologie de l'investisseur

En pratique, rééquilibrer un portefeuille est beaucoup plus difficile qu'on peut le penser. Imaginez : c'est un exercice qui exige qu'on vende les gagnants, fonds ou titres qui ont obtenu les meilleurs rendements, pour acheter des perdants, fonds ou titres qui ont obtenu les moins bons rendements. La grande tentation est souvent d'opter pour la stratégie contraire.

Il peut être difficile, voire impossible, de convaincre un investisseur des avantages de se départir d'une partie de son fonds de ressources naturelles qui a généré un rendement annualisé de plus de 30 % au cours des trois dernières années, pour investir, par exemple, dans un fonds équilibré qui a obtenu un rendement de 5 % sur la même période. Dans ce cas, l'investisseur pourrait croire à tort que les rendements extraordinaires offerts par les ressources naturelles pourront se poursuivre longtemps encore. La réalité est pourtant différente : les catégories d'actifs gagnantes ne conservent jamais bien longtemps leur statut de meneur.

Par ailleurs, l'un des plus grands bienfaits du rééquilibrage vient de son effet psychologique : l'investisseur est rassuré de compter sur un portefeuille qui lui convient, peu importe l'évolution du marché. Cette assurance est d'une grande valeur. Le marché boursier étant de nature volatile, l'investisseur peut dormir l'esprit en paix en sachant qu'il ne comptera jamais une portion démesurée d'une catégorie d'actifs trop risquée. Si son portefeuille a été bien composé au départ, en fonction de ses objectifs de placement et de sa tolérance au risque, le rééquilibrage s'avérera une stratégie gagnante pour l'investisseur.

L'investissement à l'étranger

Dans le contexte actuel, il est difficile de convaincre les investisseurs du bien-fondé de l'investissement dans les titres étrangers (actions ou obligations internationales). L'économie canadienne se comporte relativement bien et a traversé les dernières turbulences économiques avec brio. Notre système bancaire est solide et a de quoi faire l'envie de plusieurs pays. Le marché boursier canadien, malgré la chute de 2008, a pour sa part repris du poil de la bête en 2009 et affiche toujours de solides rendements à long terme.

De plus, les actions américaines ont été durement touchées par la crise de 2008, tout comme l'ont été les actions européennes. Les États-Unis connaissent une reprise économique plutôt lente, ce qui pousse la Banque centrale américaine à faire des pieds et des mains pour stimuler l'économie avec une politique monétaire énergique.

Il est toutefois sage pour l'investisseur de regarder au-delà de ses frontières. Beaucoup d'éléments de sa situation financière (prêt hypothécaire, revenu, emploi et régime de retraite) sont directement touchés par les soubresauts du marché canadien et par notre devise.

Pour limiter le risque de surexposition au marché canadien, une saine diversification peut consister à investir une partie du portefeuille dans des titres de sociétés établies à l'étranger. Cela permet de s'assurer de détenir des titres qui ne sont pas directement liés à notre économie.

Le retour à la moyenne

Il y a un principe dans le domaine des statistiques et des probabilités qui veut que les données qui suivent des événements exceptionnels aient tendance à retourner à leur moyenne. Autrement dit, la plupart des phénomènes hors normes finissent par prendre fin et laisser place, à long terme, à une situation plus normale. Ce principe s'applique également à la finance. À la longue, les rendements d'un secteur ou d'un marché finissent toujours par retourner à leur niveau moyen. Jamais un secteur ou un marché n'a réussi à être dominant année après année. Il arrive toujours des événements qui font en sorte qu'il y a une alternance des gagnants et des perdants.

C'est exactement ce principe du retour à la moyenne qui devrait s'appliquer pour les actions canadiennes qui ont surclassé les actions étrangères. Sur 5 ans, le S&P/TSX affiche un rendement annualisé de 5,1 %, contre -1,6 % pour le MSCI Monde, -0,9 % pour le S&P 500, 1,3 % pour le MSCI Europe et -1,3 % pour le MSCI Japon. Comme aucune région ne peut mener chaque année au chapitre des rendements, d'autres pays finiront par surpasser le Canada.

En d'autres termes, le retour à la moyenne signifie que, même si elles ont produit de piètres rendements au cours des dernières années, les actions étrangères (qui affichent normalement de bonnes performances) recommenceront, plus tard, à donner des résultats appréciables. Si le marché des actions étrangères reproduit un rendement s'approchant de sa moyenne historique, la prochaine décennie sera très profitable pour les investisseurs.

Un plus grand choix

En ce qui a trait à la capitalisation boursière, le Canada représente environ 3 % du marché boursier mondial. Cela signifie que 97 % des occasions de placement se trouvent à l'étranger.

Seulement trois secteurs sont très bien représentés dans le marché boursier canadien : les services financiers, l'énergie et les matières premières. À eux seuls, ces trois secteurs occupent pas moins des 2/3 de l'indice S&P/TSX. D'autres secteurs, tels que ceux des biens de consommation, de la santé, de la fabrication ou des technologies, sont sous-représentés.

De plus, la récente crise financière a créé de nombreuses occasions dans les marchés mondiaux. Malgré la reprise, ceux-ci offrent toujours un choix considérable d'actions se négociant à des valeurs de beaucoup inférieures aux récents sommets.

Des occasions sont également présentes du côté des économies émergentes, qui connaissent des niveaux de croissance surpassant grandement ceux des pays industrialisés. Par exemple, pour 2010, les pays du BRIC (Brésil, Russie, Inde et Chine) devraient connaître des taux de croissance respectifs de 2,5 %, de 1,5 %, de 6,5 % et de 8,5 %. Pour le Canada, on parle plutôt d'une croissance de 1 %.

Cela ne signifie pas nécessairement que les marchés boursiers des pays émergents vont générer des rendements supérieurs. Mais nombreux sont les titres en forte croissance de ces régions qui peuvent être sérieusement considérés.

La montée du huard

En 2010, le dollar canadien s'est rapproché de la parité avec le dollar américain. Et en 2009, il avait fait un bond de 15,9 % par rapport au billet vert. Cette montée de notre devise signifie qu'il est possible de se procurer des actions étrangères à meilleur prix que par le passé. Autrement dit, les actions étrangères sont au rabais.

L'idée d'investir à l'extérieur du Canada n'est pas un concept nouveau. Toutefois, on peut dire que le contexte est particulièrement propice aux placements à l'étranger. Si l'investissement au Canada s'est avéré une stratégie gagnante depuis plusieurs années, les titres étrangers peuvent constituer un atout et s'intégrer dans une stratégie de répartition de l'actif judicieuse.

Les avantages des actions donnant droit à un dividende

L'histoire enseigne qu'à long terme les actions versant un dividende surpassent celles qui n'en versent pas. Une étude effectuée par la famille de fonds Mackenzie indique que les actions productives de dividendes ont rapporté un rendement de 8,3 % par an de décembre 1986 à février 2009, contre seulement 3,9 % pour l'ensemble des titres du S&P/TSX. Pour cette même période, les actions ne versant pas de dividende ont affiché un rendement de -2,8 %. Il va sans dire que le recul boursier de 2008 a eu d'importantes répercussions sur les données à long terme.

Les actions canadiennes productives de dividendes sont nombreuses : on en dénombre près de 1 200 à la Bourse de Toronto. Voici les trois principaux arguments en faveur de ces titres.

Ces titres sont un signe de la santé d'une entreprise

Un titre versant un dividende est le signe de la bonne santé d'une entreprise. Quelle que soit la hauteur du dividende, la capacité d'une entreprise à en verser un et à l'augmenter avec le temps fournit une excellente indication de sa qualité, de sa rentabilité et de sa bonne santé financière. Par le versement d'un dividende, les dirigeants prouvent également qu'ils se soucient des actionnaires.

Ces titres présentent un risque moins élevé

Étant donné que les entreprises qui versent un dividende sont plus solides, plus stables et de meilleure qualité que celles qui n'en versent pas, elles sont aussi moins volatiles et elles peuvent mieux résister en cas de baisse du marché.

Le fait que ces titres génèrent des flux de trésorerie réguliers les rend attrayants, même dans un marché à la baisse, car le dividende continue quand même à être versé. Dans ce genre de marché, les investisseurs tendent à trouver refuge dans les entreprises moins volatiles et présentant des caractéristiques de stabilité et de revenu. J'ajouterais que les entreprises qui versent un dividende se prêtent moins à des falsifications, comme cela peut être le cas avec les autres.

Ces titres constituent une source de revenus

Saviez-vous qu'au fil du temps le revenu de dividende est un des plus importants éléments de la croissance d'un titre ? Pour illustrer cet état de fait, considérons l'indice américain S&P 500 Dividend Aristocrats, un indice suivant l'évolution des entreprises du S&P 500 qui ont été en mesure d'augmenter leur niveau de dividende au cours des 25 dernières années.

RENDEMENT ANNUALISÉ DU S&P 500 DIVIDEND ARISTOCRATS

	Rendement annualisé (en %)*		
	1 an	3 ans	5 ans
S&P 500 Dividend Aristocrats (RT)	17,82	1,35	5,68
S&P 500 Dividend Aristocrats**	14,27	-1,93	2,60
S&P 500	10,46	-5,61	2,20

* Rendement au 22 octobre 2010.

** Au 22 octobre 2010, les 10 principaux titres du Dividend Aristocrats : McGraw-Hill Cos Inc., Walgreen Co, VF Corp., Exxon Mobil Corp., Bemis Co Inc., AFLAC Inc., Coca-Cola Co, Integrys Energy Group Inc., Electric Co, PPG Industries Inc.

Si on ne tient pas compte des dividendes versés, l'indice Dividend Aristocrats dégage tout de même un rendement de près de 40 % depuis son lancement en 1990, ce qui est supérieur à celui du S&P 500. Et si on tient compte des dividendes, il affiche un rendement surclassant de 330 % le S&P 500.

Même à court et à moyen terme, les titres formant le S&P 500 Dividend Aristocrats obtiennent de meilleurs rendements que le S&P 500. Les données suivantes montrent que les rendements du Dividend Aristocrats (RT) (rendement total, incluant les dividendes) et les rendements du Dividend Artistocrats (sans les dividendes) sont supérieurs à ceux du S&P 500 sur des périodes de un, de trois et de cinq ans.

Des titres plus attrayants que jamais

Dans le contexte actuel où les obligations affichent de piètres rendements et où la volatilité boursière reste élevée, les actions versant des dividendes devraient continuer à donner de bons résultats. En investissant dans un portefeuille diversifié d'actions productives de dividendes, l'investisseur s'assure d'avoir une bonne croissance à long terme et de pouvoir dormir sur ses deux oreilles.

L'investissement responsable

Plutôt que d'acheter des fonds, les investisseurs peuvent acquérir directement des titres d'entreprises socialement responsables. Cependant, il n'est pas facile de trouver des informations sur le comportement des entreprises en ce qui a trait aux questions environnementales, sociales et de gouvernance (les questions ESG). De plus, si on ne peut prendre le temps d'étudier les états financiers d'une entreprise, il n'est guère indiqué d'en acheter les titres.

Nous recommandons donc aux néophytes de devenir membres d'un club d'investissement responsable où tous peuvent contribuer à la recherche d'informations (notamment sur les questions ESG), à l'analyse financière et au suivi des actions.

Le Groupe d'investissement éthique (GIE) au Québec a été fondé en 1998 par François Meloche, Marthanne Robson et Ken Thorpe. Le groupe a été créé parce qu'à l'époque les analystes financiers n'offraient à peu près aucun service dans le domaine de l'investissement responsable. Voici comment le GIE présente ses principes sur son site Internet :

- Nous croyons que nos investissements doivent refléter nos valeurs.

- Nous souhaitons faire plus de notre argent que l'investir aveuglément, sans égard aux conséquences.

- Nous souhaitons encourager les entreprises qui partagent nos valeurs.

- En investissant consciemment dans des entreprises qui ont des valeurs sociales et environnementales et qui offrent des produits et services responsables, nous souhaitons promouvoir une activité économique équitable et durable.

- En investissant localement, de façon non conventionnelle ou novatrice, nous mettons des fonds à la portée de personnes qui n'y auraient pas accès autrement.

- Nous croyons, de plus, qu'il est possible d'obtenir un rendement raisonnable avec de tels investissements.

- Nous souhaitons faire connaître notre philosophie grâce à une campagne d'information afin de sensibiliser le public aux conséquences des pratiques d'investissement. »

Comme les clubs d'investissement ne peuvent compter plus de 49 membres, un autre groupe appelé Actions responsables/Responsible Shares a été créé en 2001.

Les clubs tiennent habituellement deux assemblées générales par année, où on élit les membres du conseil d'administration ainsi que les membres de l'exécutif. Les deux groupes sont constitués de deux comités, le premier étant responsable de l'analyse et de l'achat d'actions, et l'autre, de l'investissement communautaire.

L'achat de titres d'entreprises socialement responsables

Les investisseurs aguerris qui désirent choisir eux-mêmes leurs titres pourraient d'abord considérer les entreprises incluses dans des indices formés de titres socialement responsables. L'indice socialement responsable le plus connu au pays est le Jantzi Social Index (JSI). C'est un indice qui suit le rendement de 60 titres canadiens répondant à une panoplie de critères d'ordre social et environnemental. Il regroupe les entreprises canadiennes qui se distinguent dans leur secteur, selon l'évaluation faite par la société Jantzi. On n'y retrouve pas d'entreprises liées au tabac, à l'armement ou à l'énergie nucléaire, celles-ci étant automatiquement exclues au moyen d'un filtre négatif.

La répartition sectorielle de l'indice est neutre par rapport à celle de l'indice S&P/TSX 60 : tous les secteurs sont représentés. En adoptant une méthode privilégiant les chefs de file du secteur, on s'assure que les meilleurs titres dans une perspective sociale et environnementale sont sélectionnés dans chacun des secteurs.

Du côté des actions canadiennes, l'investisseur peut également considérer un autre indice socialement responsable, tel que le CCM BetterworldStock Index, lancé par Cronus Capital Markets (CCM) en juin 2008. L'intérêt de cet indice est qu'il regroupe toutes les entreprises canadiennes évoluant dans les domaines suivants : secteur de l'énergie de substitution (énergie éolienne, solaire, hydroélectrique ou géothermale, biocarburants, hydrogène/piles à combustible, technologie des batteries) ; secteurs liés à l'environnement (construction, conception, recyclage) ; secteur des technologies environnementales (purificateurs et filtres d'air, traitement et filtration de l'eau, décontamination des sols).

CCM a produit une liste d'une centaine de pages où figurent le nom de ces entreprises et une description de chacune d'entre elles. CCM aurait créé son indice afin d'aider les gens qui voulaient investir dans des actions de sociétés du secteur environnemental, mais qui ne trouvaient pas l'information dont ils avaient besoin. Les sociétés incluses dans cet indice sont à faible ou à moyenne capitalisation : il ne s'agit donc pas forcément des mêmes que celles qui sont regroupées dans l'indice Jantzi. Selon l'analyse qu'en a faite CCM, les sociétés qui composent son indice seraient souvent sous-évaluées et constitueraient donc de bons achats.

Du côté des actions internationales, les investisseurs peuvent considérer les titres inclus dans le Dow Jones Sustainability World. Cet indice est composé des sociétés se classant dans le peloton de tête (les premiers 10 %) des 2 500 sociétés les plus importantes de l'indice Dow Jones World, et ce, sur le plan de la performance économique, environnementale et sociale.

D'autres indices socialement responsables

FTSE4Good : Indice regroupant des sociétés qui travaillent pour l'environnement, entretiennent un dialogue avec leurs parties prenantes et soutiennent les principes universels des droits de l'homme.

Innovest : Indice composé de 400 valeurs de grandes firmes américaines sélectionnées pour leurs valeurs socialement responsables.

Calvert CALVIN Social Index : Indice regroupant de grandes capitalisations américaines répondant à des critères ESG.

Domini 400 : Indice formé d'actions américaines socialement responsables.

Ne rien payer trop cher

« Ne rien payer trop cher », voilà ce que suggère Lawrence Chin, gestionnaire de fonds au sein de la prestigieuse équipe de gestion Mackenzie Cundill.

Titulaire d'un CFA, M. Chin est cogestionnaire du Fonds canadien sécurité Mackenzie Cundill depuis juin 2008 et en est le gestionnaire principal depuis avril 2009. Il a été gestionnaire principal de la Catégorie Mackenzie Cundill Américain d'août 2007 à mars 2009.

M. Chin et tous les gestionnaires de Mackenzie Cundill appliquent à la lettre les principes de l'approche valeur. Il s'agit des mêmes principes qu'appliquait Peter Cundill, l'un des meilleurs gestionnaires qu'a connus l'industrie des fonds communs de placement canadiens. Au cours d'une entrevue menée au mois de mai 2007, le légendaire Warren Buffett a même affirmé que Peter Cundill, qui est maintenant à la retraite, avait toutes les qualifications qu'il recherchait chez un candidat pour lui succéder comme gestionnaire de son portefeuille de 100 milliards de dollars. Cette remarque du gourou de la finance est venue confirmer le statut particulier de Peter Cundill.

Sur 10 ans, le Fonds canadien sécurité Mackenzie Cundill obtient un rendement annualisé de 5,1 % comparativement à 2,8 % pour le S&P/TSX. Ces excellents résultats des gestionnaires de Cundill s'expliquent notamment par leur capacité à générer des rendements supérieurs en périodes de recul des marchés. Par exemple, pendant que les marchés s'écroulaient au moment de l'éclatement de la bulle technologique, le fonds réussissait à dégager des rendements positifs.

Dans le numéro de mai 2010 du bulletin *Le professionnel*, de la firme Mackenzie, Lawrence Chin indique n'acheter que des actions dont le cours a baissé. Il faut évidemment de la patience pour appliquer cette stratégie. De bonnes occasions de placement se sont bien sûr présentées après l'éclatement de la bulle technologique et la crise financière de 2008. À ces deux occasions, les cours boursiers ont baissé au-dessous de la valeur des actifs sous-jacents des entreprises.

Maintenant que le marché a repris de la vigueur, le gestionnaire de Cundill indique que beaucoup d'actions ont atteint leur pleine valeur : «La Bourse a remonté et certaines des actions que nous détenons approchent de ce que nous estimons être leur cours objectif. Aussi, nous employons-nous à réduire progressivement ces positions, voire à les liquider. L'année dernière, nous avons bénéficié de circonstances uniques, mais généralement, il est très difficile de trouver de nouvelles sociétés à faire entrer dans le portefeuille. Et, si nous ne trouvons rien, nous restons avec nos liquidités sur les bras.» (*Le professionnel*, mai 2010, p. 7)

LES 15 PRINCIPAUX TITRES DU FONDS CANADIEN
SÉCURITÉ MACKENZIE CUNDILL

Titre	Pays	Secteur	% du fonds
Celestica Inc.	Canada	Fabrication d'équipement électronique	8,70 %
Onex Corp.	Canada	Banque de gestion/garde d'actifs	8,10 %
Chesapeake Energy Corp.	États-Unis	Pétrole et gaz	6,70 %
West Fraser Timber Co. Ltd.	Canada	Produits forestiers	6,60 %
Torstar Corp.	Canada	Édition	6,40 %
Viacom Inc.	États-Unis	Cinéma et divertissement	5,80 %
Dell Inc.	États-Unis	Ordinateurs	5,40 %
Microsoft Corp.	États-Unis	Logiciels d'application	4,70 %
Pfizer Inc.	États-Unis	Produits pharmaceutiques	4,70 %
Foot Locker Inc.	États-Unis	Vêtements, accessoires et produits de luxe	4,20 %

M. Chin explique que le principe de patience lui a été enseigné par Peter Cundill. Quels sont les autres principes importants que lui a légués M. Cundill? « Ne jamais rien payer trop cher », « faire très attention à la solidité du bilan » et « composer des portefeuilles très concentrés ».

Un portefeuille concentré

Dans une industrie où les fonds ont souvent des portefeuilles de plus de 100 titres, les fonds Cundill se démarquent par le niveau élevé de concentration de leur portefeuille. Le Fonds canadien sécurité Mackenzie Cundill, par exemple, est constitué de seulement 26 titres.

Le principe derrière la concentration d'un portefeuille est simple : plus le portefeuille est concentré, plus l'effet de chacun des titres sur l'ensemble du portefeuille est grand. Selon M. Chin, Peter Cundill affirmait que « les fonds les plus rentables étaient les fonds concentrés, car ils donnent aux meilleures trouvailles toute la place qu'elles méritent. »

De nouveaux titres

Parmi les nouveaux titres s'étant ajoutés au cours des derniers mois, M. Chin signale le titre de ConocoPhillips, un titre du secteur du pétrole et du gaz. Il explique que « son cours boursier est inférieur à la valeur de son actif net, et, ce qui est tout aussi important, à sa valeur de remplacement. » Il ajoute également que l'on a assisté « à pas mal d'opérations de fusion-absorption dans le secteur du pétrole et du gaz, à l'occasion desquelles on a pu constater que les réserves de ces compagnies avaient été sous-évaluées par le marché. »

Les mesures statistiques : le coffre à outils de l'investisseur

Quand vient le moment de choisir un fonds pour son portefeuille, il est souvent très difficile de déterminer celui qui convient le mieux, d'autant plus que plus de 5 000 fonds sont offerts aux investisseurs. Parmi les critères évidents, il faut mentionner le gestionnaire, le service offert par la famille de fonds, l'historique et la constance des rendements, mais il y en a d'autres.

Certaines mesures quantitatives issues de la théorie moderne du portefeuille peuvent s'avérer utiles pour analyser la performance d'un fonds. Des mesures telles que le bêta, l'alpha, les ratios de Sharpe et de Treynor ainsi que l'écart-type permettent de comparer des fonds entre eux ou par rapport à un indice, et ce, autrement que par la simple utilisation des rendements.

Il faut tout d'abord souligner que ces mesures viennent s'ajouter à d'autres éléments à considérer, comme la continuité dans le domaine de la gestion et le ratio des frais de gestion, et ne les remplacent pas. D'autre part, les explications qui suivent ne couvrent pas tous les aspects de ces mesures complexes. Mais sachez qu'elles existent et qu'elles peuvent être fort utiles.

L'écart-type

L'écart-type mesure le niveau de variation des rendements et, plus précisément, leur variation par rapport à la moyenne sur une période donnée. Plus l'écart est élevé, plus on considère que la volatilité du fonds est élevée.

Parmi les fonds d'actions canadiennes, le Fonds canadien sécurité Mackenzie Cundill affiche l'un des écarts-types les plus faibles, soit de 10,7 sur 10 ans comparativement à 16 pour le S&P/TSX.

Le bêta

Le bêta mesure le risque du fonds par rapport au marché représenté par l'indice de référence. On obtient le bêta d'un fonds en calculant son rendement excédentaire par rapport aux bons du Trésor, puis en comparant ce résultat au rendement excédentaire de l'indice de référence par rapport aux bons du Trésor. Un bêta supérieur à 1 signifie que la volatilité du fonds est supérieure à celui du marché, tandis qu'un bêta de 1 signifie une volatilité égale à celle du marché et qu'un bêta inférieur à 1 exprime une volatilité inférieure au marché.

Sur cinq ans, c'est le fonds Sierra d'actions Mavrix qui affiche le bêta le plus élevé de tous les fonds offerts du côté des actions canadiennes (bêta de 1,47). Lorsque l'indice S&P/TSX augmente de 1 %, le fonds est susceptible de monter de 1,47 %. Mais l'inverse est aussi vrai : quand le marché baisse de 1 %, le fonds peut aussi subir une baisse de 1,47 %. Ce que l'investisseur doit retenir, c'est qu'il doit évaluer sa propre capacité à absorber ou non de tels écarts, à la hausse comme à la baisse. Plus le bêta est élevé, plus la volatilité est élevée par rapport aux indices de référence.

L'alpha

L'alpha est un concept un peu plus difficile à saisir. Grosso modo, c'est un ratio qui mesure le rendement à valeur ajoutée et rajusté en fonction du risque. Sans entrer dans les détails, j'ajouterais qu'un alpha supérieur à 0 signifie que le fonds a été en mesure de générer un rendement supérieur à celui qui était anticipé en fonction de son risque par rapport à un indice de référence (son bêta). L'alpha est souvent considéré comme la valeur ajoutée au rendement d'un fonds par un gestionnaire. Plus l'alpha est élevé, plus le gestionnaire se démarque.

Un alpha de 1,0 signifie que le fonds a dégagé un rendement rajusté du risque de 1 % de plus que celui de son indice de référence. Inversement, un alpha de -1,0 indique un rendement inférieur de 1 %. Avec un alpha de 8,91, le Fonds de petites entreprises Dynamique est le fonds qui obtient l'alpha le plus élevé du côté des fonds d'actions canadiennes sur cinq ans. Le produit se comporte donc mieux que ce que son bêta laissait prévoir.

Le R au carré

Le R au carré mesure la proportion de la variation du rendement du fonds qui s'explique par l'indice de référence. Cette proportion exprimée en pourcentage varie de 0 à 100. Elle indique la relation qu'il y a entre un fonds et son indice de référence. Un R au carré de 100 signifie que la totalité des mouvements du fonds s'explique par ceux de l'indice de référence. Cela se produit dans le cas des fonds indiciels et des fonds négociés en Bourse, des produits qui reproduisent des indices de référence.

On considère que, lorsqu'un R au carré se situe entre 0,85 et 1, le rendement du fonds et celui de l'indice suivent généralement une tendance similaire. Un fonds assorti d'un R au carré faible (0,70 ou moins) ne réagit pas comme l'indice. Plus le R au carré est élevé, plus on peut attribuer le rendement du fonds au marché plutôt qu'au gestionnaire.

Parmi les fonds d'actions canadiennes, c'est le Fonds canadien Mackenzie Ivy qui affiche le R au carré le plus faible sur cinq ans, soit de 0,40. Cela signifie que seulement 40 % des mouvements du fonds s'expliquent par les mouvements du S&P/TSX.

Le ratio de Sharpe

Le ratio de Sharpe mesure le rendement généré par le fonds, compte tenu de sa volatilité mesurée par l'écart-type. Il évalue donc le rendement en fonction du risque. Pour l'obtenir, il faut soustraire le taux sans risque (bons du Trésor) du taux de rendement d'un fonds et diviser le résultat par l'écart-type des fonds. Plus cette mesure est élevée, plus la volatilité a été récompensée par un rendement élevé.

Parmi les meilleurs résultats, notons le fonds Fidelity Dividendes Plus qui obtient sur cinq ans un ratio de 0,52, contre un ratio de 0,23 pour l'indice de référence S&P/TSX. De façon générale, le ratio des fonds monétaires est très faible.

Le ratio de Treynor

Le ratio de Treynor mesure le rendement généré par le fonds, compte tenu de sa volatilité mesurée par le bêta. Plus cette mesure est élevée, plus la volatilité a été récompensée par un rendement élevé. Soulignons que cette mesure est semblable à celle du ratio de Sharpe. La seule différence provient du fait que le risque pris en considération ici est le bêta plutôt que l'écart-type.

En d'autres termes, ce ratio mesure les rendements obtenus, en plus de ceux qui auraient pu être réalisés par un placement sûr, pour chaque unité de risque de marché ou de risque systématique. L'efficacité d'un rendement est mesurée par un ratio élevé.

Le fonds équilibré Fidelity répartition d'actifs canadiens s'en tire très bien dans sa catégorie avec un ratio de 5,19. En comparaison, l'indice Morningstar équilibré 50/50 (un indice composé à 50 % du S&P/TSX et à 50 % de l'indice obligataire canadien d'ensemble S&P/TSX) affiche un ratio de 2,99.

Le ratio de participation à la hausse et à la baisse

Ce ratio indique dans quelle mesure le rendement d'un fonds participe à la hausse ou à la baisse du marché.

Un ratio de participation à la hausse supérieur à 100 signifie que le fonds obtient, en moyenne, une plus grande part de rendements positifs que l'indice de référence durant les périodes de hausse, tandis qu'un ratio à la baisse de 100 indique que la valeur du fonds a diminué autant que son indice de référence durant les marchés à la baisse. Un ratio de participation à la baisse de plus de 100 signale, pour sa part, que le fonds tombe davantage que le marché durant les baisses.

Le Portefeuille Méritage actions internationales affiche un ratio de participation à la hausse de 95,24 et un ratio de participation à la baisse de 87,27.

Le ratio d'information

Ce ratio est semblable au ratio de Sharpe. La différence vient du fait que, plutôt que d'utiliser le rendement des bons du Trésor comme le ratio de Sharpe, le ratio d'information utilise l'indice de référence ou une autre donnée. Il mesure donc le rendement du fonds en fonction du risque d'un indice de référence ou d'une autre donnée.

Le Fonds petite capitalisation Banque Nationale affiche un ratio d'information de 0,66 sur trois ans. Plus le ratio est élevé, plus il est probable que le gestionnaire de portefeuille a su tirer parti des possibilités à sa disposition pour produire un rendement excédentaire.

L'erreur de réplication

L'erreur de réplication mesure la différence entre le rendement d'un fonds et celle de son indice de référence. On utilise l'écart-type du rendement du fonds par rapport à son indice de référence. Plus l'erreur de réplication est basse, plus le fonds suit son indice de référence. Cette mesure peut être utilisée pour évaluer la compétence d'un gestionnaire et la façon dont il se distingue par rapport à une gestion passive.

Exemple

> Le Fonds Omega marchés émergents affiche une erreur de réplication de 4,26 sur trois ans. Dans ce cas, cela indique que le fonds est géré activement et que le gestionnaire a assumé un risque plus élevé pour obtenir son rendement.

Le ratio de Sortino

Le ratio de Sortino est une autre variante du ratio de Sharpe. Au lieu d'utiliser l'écart-type comme c'est le cas pour le ratio de Sharpe, le ratio de Sortino utilise l'écart-type en cas de baisse. C'est un écart-type qui ne tient compte que de la volatilité négative, alors que l'écart-type classique prend en considération tant les hausses que les baisses du marché.

Un ratio de Sortino élevé indique un risque de perte peu élevé. Il signale également que le rendement rajusté en fonction de la volatilité négative est favorable pour le portefeuille.

Un retour sur les portefeuilles de 2004

Dans l'édition de septembre 2004 de la revue *Affaires Plus,* j'avais relevé le défi de bâtir cinq portefeuilles composés des meilleurs fonds communs de placement offerts au Québec. Créés sous le thème des animaux marins, ces cinq portefeuilles différaient par leur volatilité. On retrouvait l'oursin (portefeuille très prudent), la tortue de mer (portefeuille prudent), le dauphin (portefeuille modéré), l'épaulard (portefeuille audacieux) et le requin (portefeuille très audacieux).

Pour composer ces portefeuilles, j'avais sélectionné des fonds en fonction de leur niveau de complémentarité ou des corrélations les plus intéressantes. Je recherchais des fonds différents par rapport à la catégorie d'actifs, au style de gestion et aux secteurs géographiques. Pour obtenir une diversification efficace, j'avais évité le double emploi en ne prenant pas deux fonds de même catégorie.

J'avais également fait l'effort de limiter le nombre de fonds. Il n'est pas rare de voir des portefeuilles comportant plus de 10 fonds, ce qui fait en sorte de diluer l'apport de chacun des gestionnaires. Pour mes portefeuilles, le nombre ne dépassait pas sept.

Passons maintenant en revue ces cinq portefeuilles. Comment se sont-ils comportés au cours de la période boursière mouvementée que nous avons connue? Pour faciliter l'analyse des rendements, je supposerai qu'aucun rééquilibrage n'a été effectué.

L'oursin (portefeuille très prudent)

Pour ce portefeuille, j'avais utilisé quatre fonds: le Fonds FISQ municipal – Profil Québec, Banques (30 %), le Fonds d'hypothèques Banque Nationale (30 %), le Fonds de dividendes Banque Nationale (20 %) et le Fonds de marché monétaire Banque Nationale (20 %).

Le Fonds FISQ municipal – Profil Québec, composé d'obligations municipales québécoises à courtes échéances, a toutefois été fermé. Je supposerai donc que ce produit a été remplacé par le Fonds d'obligations à court terme TD. C'est un fonds que je recommande depuis plusieurs années et qui est le remplaçant logique du fonds FISQ.

L'OURSIN (PORTEFEUILLE TRÈS PRUDENT)

Nom du fonds	Écart-type 5 ans	Rendement annualisé (en %)					
		1 an	2 ans	3 ans	4 ans	5 ans	6 ans
Obligations à court terme TD	2,0	4,0	5,4	5,5	4,5	3,7	3,8
Dividendes Banque Nationale	8,6	5,2	-0,4	-1,2	0,0	1,4	3,6
Hypothèques Banque Nationale	1,5	3,4	3,5	3,9	3,8	3,6	3,8
Marché monétaire Banque Nationale	0,4	0,1	0,6	1,4	1,9	2,1	2,0
Portefeuille oursin	**2,9**	**3,8**	**2,6**	**2,5**	**2,6**	**2,8**	**3,6**
Inflation	1,4	1,8	0,4	1,4	1,6	1,7	1,8
Moyenne CPG 1 an	0,3	0,5	0,7	1,2	1,7	1,8	1,7

On peut constater que le portefeuille a généré un rendement supérieur à l'inflation et aux CPG tout au long des six dernières années. Pour l'année 2008, le portefeuille a obtenu un rendement négatif de 2,9 % pendant que le marché boursier dégringolait de 33 %. Le portefeuille a toutefois rattrapé sa perte en grimpant de 7,6 % en 2009.

Le portefeuille oursin représente un risque plus important qu'un CPG dont le rendement ne peut jamais être négatif. Toutefois, le potentiel de gain du portefeuille est beaucoup plus élevé. Sur six ans, il a dégagé un rendement de plus du double de celui d'un CPG. Il a ainsi pu maintenir un rendement supérieur à l'inflation.

La tortue de mer (portefeuille prudent)

Le portefeuille demande un horizon de placement d'au moins deux ans. Son détenteur tolère les variations à court terme du rendement, mais n'accepte pas les mouvements inhérents au marché boursier. C'est le portefeuille idéal pour l'investisseur qui vise un rendement stable, mais qui admet un faible niveau de risque.

Quatre fonds ont été mis à contribution : le Fonds FISQ municipal – Profil Québec (30 %), le Fonds de dividendes Banque Nationale (30 %), le Fonds d'obligations à rendement réel TD (20 %) et le Fonds canadien sécurité Mackenzie Cundill (20 %). Ici aussi, je remplace le fonds FISQ (fermé) par le Fonds d'obligations à court terme TD.

LA TORTUE DE MER (PORTEFEUILLE PRUDENT)

Nom du fonds	Écart-type 5 ans	Rendement annualisé (en %)					
		1 an	2 ans	3 ans	4 ans	5 ans	6 ans
Dividendes Banque Nationale	8,6	5,2	-0,4	-1,2	0,0	1,4	3,6
Canadien sécurité Mackenzie Cundill	14,9	7,7	-1,8	-4,4	-1,1	0,1	2,3
Obligations à court terme TD	2,0	4,0	5,4	5,5	4,5	3,7	3,8
Obligations à rendement réel TD	8,7	10,0	4,2	7,1	3,8	3,7	4,6
Portefeuille tortue de mer	**6,5**	**6,9**	**1,8**	**1,8**	**1,8**	**2,3**	**3,7**
Inflation	1,4	1,8	0,4	1,4	1,6	1,7	1,8
Moyenne CPG 1 an	0,3	0,5	0,7	1,2	1,7	1,8	1,7

Depuis sa création, le portefeuille tortue de mer a généré un rendement légèrement supérieur à celui du portefeuille oursin. Mais sa volatilité a été également supérieure. Il a connu deux années de rendement négatif : 2007 (-0,9 %) et 2008 (-10,8 %). La baisse de 2008 n'a toutefois aucune commune mesure avec le recul de 33 % du S&P/TSX pour la même année.

Le portefeuille tortue de mer a généré un rendement supérieur à celui des CPG et au taux d'inflation.

Le dauphin (portefeuille modéré)

Ce portefeuille convient aux investisseurs pouvant tolérer un risque de rendements négatifs pendant de courtes périodes. Il vise essentiellement une croissance à long terme du capital avec un niveau de risque modéré. La période minimale de détention établie était de cinq ans.

Cinq fonds forment ce portefeuille : le Fonds Fidelity Étoile du Nord (20 %), le Fonds Fidelity Expansion Canada (30 %), le Fonds de croissance et de revenu Mackenzie Ivy (30 %), le Fonds d'occasions de croissance Manuvie (10 %) et le Fonds d'obligations à court terme TD (10 %).

LE DAUPHIN (PORTEFEUILLE MODÉRÉ)

Nom du fonds	Écart-type 5 ans	Rendement annualisé (en %)					
		1 an	2 ans	3 ans	4 ans	5 ans	6 ans
Fidelity Étoile du Nord	14,1	4,1	-5,7	-6,9	-2,8	-1,5	1,4
Fidelity Expansion Canada	16,2	8,3	-9,5	-6,2	-1,5	0,4	3,9
Croissance et revenu Mackenzie Ivy	7,4	8,0	-2,5	-1,9	-0,5	0,1	2,0
Occasions de croissance Manuvie	21,0	27,0	1,3	0,1	1,3	4,3	7,8
Obligations à court terme TD	2,0	4,2	5,6	5,7	4,8	4,0	4,0
Portefeuille dauphin	**11,3**	**9,0**	**-4,2**	**-3,3**	**-0,5**	**0,8**	**3,3**
S&P/TSX	17,1	12,7	-4,0	-1,5	2,6	5,1	8,8

Étant donné son exposition aux actions canadiennes et internationales ainsi qu'aux petites capitalisations, le portefeuille a subi les contrecoups du recul de 2008. Le fonds d'obligations inclus dans le portefeuille a été toutefois en mesure de limiter les dégâts. Pour l'année 2008, la baisse a été de 26,3 %, comparativement à la chute de 33 % du S&P/TSX.

On note également que le niveau de volatilité du portefeuille mesuré par l'écart-type est de beaucoup inférieur à celui du S&P/TSX. La volatilité aurait été encore moindre s'il y avait eu rééquilibrage du portefeuille chaque année depuis sa création en 2004.

L'épaulard (portefeuille audacieux)

Ce portefeuille s'adresse aux personnes capables d'accepter des rendements négatifs à court et à moyen terme. Il vise un rendement élevé à long terme tout en permettant un grand niveau de volatilité.

Les cinq fonds utilisés pour ce portefeuille sont le Fonds de valeur Mackenzie Cundill (20 %), le Fonds équilibré Mackenzie Saxon (30 %), le Fonds Spécialisé d'actions NordOuest (30 %), le Fonds Spécialisé croissance NordOuest (10 %) et le Fonds de sciences de la santé mondial Renaissance (10 %).

L'ÉPAULARD (PORTEFEUILLE AUDACIEUX)

Nom du fonds	Écart-type 5 ans	Rendement annualisé (en %)					
		1 an	2 ans	3 ans	4 ans	5 ans	6 ans
Valeur Mackenzie Cundill	13,6	-0,6	-5,0	-7,6	-4,2	-1,5	0,6
Équilibré Mackenzie Saxon	11,9	10,5	2,3	0,5	2,9	3,6	5,8
Spécialisé d'actions NordOuest	21,1	26,9	3,0	-1,9	3,0	4,4	9,2
Spécialisé croissance NordOuest	16,4	22,3	7,4	2,6	5,1	5,6	9,8
Science de la santé mondial Renaissance	13,2	-4,7	-6,7	-5,5	-3,7	-2,3	-0,5
Portefeuille épaulard	**14,4**	**14,1**	**1,3**	**-1,9**	**1,5**	**2,8**	**5,9**
S&P/TSX	17,1	12,7	-4,0	-1,5	2,6	5,1	8,8

Tout comme pour le portefeuille dauphin, l'exposition du portefeuille épaulard aux actions canadiennes et internationales ainsi qu'aux petites capitalisations a grandement nui à son rendement en 2008. Cette année-là, il a accusé un recul de 32 %, soit presque l'équivalent de la baisse du S&P/TSX.

Malgré ce recul important, le portefeuille a été en mesure de générer un rendement annualisé de 5,9 % sur 6 ans. C'est un rendement inférieur à celui du S&P/TSX, mais cela s'explique par la forte présence des actions étrangères dans le portefeuille, une catégorie qui a déçu par rapport aux actions canadiennes.

Le requin (portefeuille très audacieux)

Le portefeuille requin s'adresse à l'investisseur qui tolère les rendements négatifs à court et à moyen terme. Le but est d'obtenir le rendement le plus élevé possible tout en permettant un très haut niveau de volatilité.

Pour le portefeuille requin, cinq fonds sont mis à contribution, soit le Fonds IA Clarington de petites capitalisations canadiennes (15 %), le Fonds renaissance Mackenzie Cundill (30 %), le Fonds Spécialisé croissance NordOuest (20 %), le Fonds Chine plus Renaissance (5 %) et le Fonds d'actions de croissance Sceptre (30 %).

LE REQUIN (PORTEFEUILLE TRÈS AUDACIEUX)

Nom du fonds	Écart-type 5 ans	Rendement annualisé (en %)					
		1 an	2 ans	3 ans	4 ans	5 ans	6 ans
IA Clarington de petites cap. can.	16,4	17,4	-3,1	-4,0	-0,9	2,8	7,0
Renaissance Mackenzie Cundill	24,2	12,1	-1,5	-7,5	1,6	5,8	8,0
Spécialisé croissance NordOuest	16,4	22,3	7,4	2,6	5,1	5,6	9,8
Chine plus Renaissance	28,2	6,4	19,8	1,2	14,4	14,6	12,6
Actions de croissance Sceptre	24,0	29,0	-3,8	-6,5	-0,6	6,6	11,3
Portefeuille requin	**20,1**	**19,5**	**0,1**	**-4,4**	**1,7**	**6,0**	**9,5**
S&P/TSX	17,1	12,7	-4,0	-1,5	2,6	5,1	8,8

Le portefeuille requin obtient un rendement annualisé soutenu de 9,5 % depuis sa création. C'est un résultat supérieur à celui du S&P/TSX. Comme prévu, la volatilité a été au rendez-vous. Pour 2008, le recul a été de 47 %. En 2009, par contre, le fonds a bondi avec un rendement de 53,9 %.

La famille de fonds EdgePoint : l'attrait de 4 fonds

Lorsqu'une nouvelle famille de fonds désire s'établir sur le marché canadien, le défi est de taille. Tout d'abord, le milieu des fonds est extrêmement concurrentiel : de grosses familles de fonds sont bien établies et les investisseurs ont déjà accès à un large éventail de produits, peu importe la catégorie de fonds.

De plus, les nouveaux fonds mis en marché par une famille de fonds amorçant ses activités souffrent d'un important handicap sur le plan de l'historique des rendements : ils ne peuvent pas être comparés à leurs pairs ni à des indices sur de longues périodes. Il paraît donc sage pour les investisseurs d'attendre un certain nombre d'années avant de considérer l'acquisition de parts.

Examinons le cas d'un nouveau joueur qui se fait de plus en plus remarquer : la famille de fonds EdgePoint, qui a vu le jour en novembre 2008. Les fonds EdgePoint ne sont offerts au Québec que depuis décembre 2009. Pourquoi alors les investisseurs devraient-ils considérer les produits EdgePoint qui n'ont qu'un court historique ?

L'équipe

EdgePoint est le résultat d'une alliance entre des gestionnaires qui ont fait leurs preuves dans le passé. Le fondateur et ancien PDG de Trimark (firme portant maintenant le nom d'Invesco Trimark), Robert Krembil, ainsi que trois autres gestionnaires vétérans qui ont évolué au sein de Trimark (Tye Bousada, Patrick Farmer et Geoff MacDonald) sont les créateurs d'EdgePoint. Le nom le plus connu de ce groupe est sans aucun doute celui de Robert Krembil, qui fait partie des meilleurs gestionnaires de fonds que l'industrie des placements au Canada ait connus.

Voici quelques données éloquentes : à la tête du fonds Taurus de Bolton Tremblay, un fonds d'actions américaines, M. Krembil a été en mesure de dégager un rendement annuel supérieur à 20 % pour la période de 1971 à 1981.

Puis, de 1981 à 1999, alors qu'il était gestionnaire pour le fonds Trimark, il a obtenu un rendement annuel moyen de 17,2 %, comparativement à 16,82 % pour le MSCI Monde (en dollars canadiens).

Après la vente de Trimark en 2000, M. Krembil s'est retiré de la gestion des fonds communs, mais il a continué d'être actif dans les placements en agissant comme gestionnaire pour une fondation caritative dont il est le créateur. On n'a cependant accès à aucune donnée sur les rendements de ce fonds.

La philosophie

Au sein d'EdgePoint, M. Krembil n'agit pas comme gestionnaire, mais plutôt comme mentor pour l'équipe en place. Il s'assure que sa philosophie de placement, celle qui a fait son succès depuis près de 40 ans, est appliquée à la lettre.

La philosophie de placement de M. Krembil est axée sur la valeur. Les gestionnaires privilégient des actions d'entreprises « de haute qualité » qu'ils jugent sous-évaluées et qui seront conservées « jusqu'à ce que le marché reconnaisse leur plein potentiel ». Les gestionnaires affirment toutefois également viser la croissance en achetant des titres de sociétés qui ont le potentiel de doubler leur chiffre d'affaires en cinq ans et dont le prix ne reflète pas cette thèse.

La période de détention des titres, comme c'est normalement le cas avec une approche valeur, est plutôt longue. Elle est ici d'environ 5 ans (ce qui signifie que le taux de rotation est de près de 20 %). En ce qui concerne les rendements, l'objectif est d'obtenir les meilleures performances possible sur 10 ans.

Deux raisons peuvent pousser les gestionnaires d'EdgePoint à vendre un titre : le titre n'est plus sous-évalué ou une meilleure occasion d'investissement a été trouvée.

Une famille de 4 fonds

EdgePoint se distingue par la simplicité de sa gamme de produits. Seulement quatre fonds sont offerts : un fonds d'actions canadiennes, un fonds équilibré canadien, un fonds équilibré mondial et un fonds d'actions mondiales. Tye Bousada et Geoff MacDonald agissent comme gestionnaires pour chacun d'entre eux.

Le mandat donné en ce qui concerne la répartition de l'actif est large. Les gestionnaires peuvent investir sans contraintes dans tous les secteurs et tous les pays ainsi que dans les entreprises de toutes tailles.

Jusqu'à maintenant, la performance a été au rendez-vous pour chacun des quatre fonds, qui ont tous surpassé leur indice de référence, et de loin.

Les frais

Les créateurs d'EdgePoint ont tout fait pour réduire le plus possible les frais facturés aux investisseurs. En 1998, ils ont procédé à la création de Cymbria, une société d'investissement cotée à la Bourse de Toronto. Cette société a pour mandat d'investir dans un portefeuille de titres et de participer financièrement à EdgePoint. Cette façon de faire a permis d'apporter rapidement du capital dans les quatre fonds EdgePoint, et ce, dès leur mise en marché.

Un autre moyen mis en place pour réduire les frais est l'établissement d'un montant minimal requis de 15 000 $ pour investir dans un de ces fonds.

Les ratios de frais de gestion (RFG) visés sont de 2 % pour les deux fonds équilibrés et de 2,1 % pour les deux fonds d'actions. Ils sont actuellement plus élevés, mais après 17 mois d'existence et un actif géré d'environ un milliard de dollars, l'objectif est presque atteint.

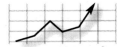

Chapitre 4
L'INVESTISSEUR ET LA RETRAITE

Nombreux sont les investisseurs qui se trouvent fort dépourvus financièrement au moment de la retraite. La situation n'est pas toujours désespérée ou impossible à corriger, mais elle découle d'un manque flagrant de planification des finances personnelles et du fait que l'investisseur n'a pas déterminé exactement ses besoins de revenus et n'a pas planifié ses activités. Impossible de s'en sauver : le futur retraité doit prendre du temps, seul ou, idéalement, avec l'aide de son conseiller, pour établir clairement ses objectifs financiers.

Certains retraités rêvent de passer l'hiver sous des cieux plus cléments, d'autres préfèrent des activités qui occasionnent peu de frais et qui ne nécessitent aucun déplacement trop coûteux. Pour certains, le véhicule récréatif demeure une priorité tandis que d'autres choisissent un voyage de plusieurs mois autour du monde, rien de moins. Les choix sont presque illimités, mais ils ne sont pas nécessairement dans l'intérêt de vos finances.

Les choix qui s'imposent

Malheureusement, le taux d'épargne des Canadiens n'a cessé de diminuer au cours des dernières décennies. Les causes sont nombreuses, mais un fait demeure : les besoins de retraite sont illimités, tandis que les sources de revenus sont bien restreintes. Certains diront que les dépenses sont plus élevées au moment de la retraite (on a plus de temps pour dépenser et courir les boutiques). Pour d'autres, la retraite représente l'occasion de voyager à moindres frais (il n'est plus nécessaire de voyager en haute saison). Il y a du choix et une grande variété d'activités. Il faut donc réfléchir et prendre les bonnes décisions.

Une chose est sûre, la retraite offre la possibilité d'avoir ce qui manque le plus à notre société : du temps. Ce facteur, si précieux, devrait permettre de mieux consommer et d'effectuer de meilleurs choix au moment de faire des achats. Les exemples sont nombreux, il suffit d'y réfléchir un peu.

Pensons aux petits soupers à l'extérieur. Rien de plus agréable que d'aller une fois par semaine prendre un bon repas au restaurant, de se faire servir et, pourquoi pas, de découvrir de nouveaux plats. Évidemment, tout ça a un prix : les coûts sont souvent très élevés, trop pour certains budgets. La solution pour le retraité est fort simple et tout aussi agréable. Il suffit de remplacer le souper hebdomadaire à l'extérieur par un repas à l'heure du midi. La différence ne se voit pas vraiment dans l'assiette. Les restaurants offrent la même qualité et, la plupart du temps, les mêmes plats le midi qu'en soirée, mais la différence sur l'addition, elle, est très importante. Dans plusieurs établissements, elle varie du simple au double.

Pour tout ce qui touche les voyages, les économies potentielles sont encore plus importantes. Durant la vie active, les dates des vacances annuelles sont parfois dictées par l'employeur et par le secteur d'activité. Nombreux sont ceux qui se trouvent obligés de voyager en période de pointe (la haute saison), quand les prix sont très élevés. La retraite offre la latitude de voyager hors de ces périodes. Les rabais sont alors importants, souvent de 50 % et plus, et peuvent l'être encore davantage quand on opte pour les voyages de dernière minute.

Toutes ces économies s'additionnent et permettent de maintenir un mode de vie semblable à celui de la vie active, et même supérieur, mais avec un budget beaucoup plus raisonnable, moyennant le changement de quelques habitudes.

Le stress ou la faim

Il est bien malheureux d'avoir à soulever cette question, mais elle est le reflet d'une réalité qu'on ne peut ignorer. Pour plusieurs retraités, il n'existe que deux réalités pour leurs « vieux » jours : mourir de stress ou mourir de faim ! Les causes sont nombreuses : trop peu d'épargne, quelques pépins financiers durant la vie active, une mauvaise planification et, trop souvent, un faible rendement de l'épargne. Ce dernier élément, quoi qu'on en pense, est un facteur déterminant. De nombreuses études l'ont démontré : les investisseurs n'atteignent qu'environ le quart du rendement des indices. La situation peut être pire encore, compte tenu de la répartition de l'actif des investisseurs qui est souvent trop modérée, et c'est encore plus vrai au moment de la retraite. Nombreux sont les investisseurs retraités qui augmentent de façon trop importante la composante à revenu fixe de leur portefeuille. En raison des faibles rendements de cette catégorie d'actifs depuis quelques années, mourir affamé sera une réalité pour plusieurs d'entre eux.

Il faut également ajouter que les investisseurs sont souvent victimes de mauvais conseils et d'une trop grande prudence de la part de leurs conseillers financiers et des institutions financières qui les emploient. Question d'image, les institutions financières fuient comme la peste une situation où un client pourrait les poursuivre pour leur avoir offert un portefeuille trop volatil (ou à risque). Ce genre de situation fait une mauvaise publicité à l'institution qui finit par prendre un arrangement hors cour. Pour éviter ce genre de situation, l'investisseur se retrouve souvent avec un portefeuille trop modéré par rapport à ses besoins et à son horizon de placement.

Par ailleurs, la probabilité qu'un client poursuive une institution financière ou un conseiller parce qu'il est mort de faim à cause du trop faible rendement de son portefeuille est nulle. L'investisseur mort de faim ne peut plus poursuivre qui que ce soit.

Enfin, l'investisseur est souvent imprévisible : son manque de rigueur et l'abandon de son plan d'investissement dès les premiers soubresauts du marché boursier n'aident pas à améliorer sa situation.

La répartition de l'actif

La répartition de l'actif offre de nombreuses possibilités d'aborder la problématique des investisseurs et de leurs trop faibles rendements. Mais comment s'y retrouver quand plusieurs sources d'information, et souvent l'industrie elle-même, colportent des faussetés ou des solutions dépassées depuis quelques décennies ? Le meilleur exemple en est la formule qui permet de déterminer le pourcentage que devrait contenir un portefeuille en actions ou en titres à revenu fixe en fonction de l'âge de l'investisseur. La formule est la suivante : 100 - âge = le pourcentage que devrait contenir le portefeuille en actions, le reste devant être consacré aux titres à revenu fixe. Par exemple, pour un investisseur de 40 ans, la formule indique qu'un portefeuille devrait contenir une proportion de 60 % d'actions et de 40 % d'obligations ou de titres à revenu fixe. Le portefeuille d'un investisseur de 60 ans devrait contenir une proportion de 40 % d'actions et de 60 % d'obligations. Cette formule, dont je suis incapable de retrouver l'origine, date de quelques décennies. Or, les conditions économiques et humaines n'ont plus rien à voir avec la réalité d'il y a 30 ou 40 ans.

Deux facteurs majeurs influent sur la relation titres à revenu fixe/actions par rapport à l'âge. Le premier est l'**espérance de vie**. Il y a à peine quelques dizaines d'années, le Québécois moyen travaillait jusqu'à l'âge de 60 à 62 ans et mourait vers l'âge de 65 à 67 ans. Telle était la réalité de l'*homo sapiens*. À l'époque, l'application de la formule décrite ci-dessus ne posait pas trop de problèmes puisqu'elle était le reflet de notre société.

Depuis, les choses ont bien changé. Les investisseurs veulent prendre leur retraite vers l'âge de 58 à 60 ans, mais leur espérance de vie est maintenant de 85 ans pour les femmes et d'environ 83 ans pour les hommes. La durée de la retraite, qui était de 5 à 7 ans, est maintenant de 25 à 27 ans, et même plus. On parle donc ici de financer une retraite qui sera cinq fois plus longue en moyenne qu'il y a 30 ou 40 ans.

Le deuxième facteur qui influe aujourd'hui sur les décisions de retraite des investisseurs est le **taux de rendement** offert sur les titres à revenu fixe depuis une dizaine d'années par rapport aux taux offerts à la fin des années 1970 et au début des années 1980. À cette époque, les taux de rendement annuels de différents produits à revenu fixe dépassaient 20 %. Il va sans dire que l'inflation jouait un rôle dans cette situation, mais entre les rendements de 20 % offerts à l'époque et ceux de 2 % à 3 % offerts depuis quelques années, l'écart est important.

La croyance veut que ce soit le choix des titres et des fonds qui détermine le rendement d'un portefeuille sur de longues périodes. Or, le facteur le plus important pour l'atteinte des objectifs de rendement, c'est la répartition de l'actif. Selon plusieurs études, elle est responsable de 90 % du rendement futur et du risque d'un portefeuille, alors que seulement 10 % des résultats s'expliquent par le choix des titres ou par la synchronisation du marché. À long terme, rien ne justifie donc d'accumuler les heures de recherche pour le choix de titres ou de fonds. Il faut s'assurer d'épargner, ce qui est une étape primordiale pour profiter d'un capital de retraite suffisant qui assurera le minimum requis. Il importe aussi de dresser un plan d'investissement personnel qui respecte le niveau de tolérance aux risques déterminé, de s'assurer que les rendements des catégories d'actifs choisies suffiront pour conserver le capital nécessaire afin de répondre aux besoins cernés et de maintenir le cap.

Il est quand même surprenant que, malgré les résultats de ces recherches, plus de 90 % des interventions des médias relatives aux placements soient consacrées aux choix de titres ou de fonds. Doit-on en conclure que la détention de placements à long terme n'est tout simplement pas rentable pour les institutions financières? Les courtiers exécutants accaparent une part de plus en plus grande du marché. Leur objectif n'est que d'augmenter le nombre de transactions dans le portefeuille de leurs clients. On sait toutefois pertinemment qu'il y a une corrélation négative entre le nombre de transactions dans un portefeuille et son rendement.

L'évaluation des objectifs et des besoins de retraite

Il va sans dire que rien ne sert de déterminer la répartition «parfaite» d'un portefeuille pour un investisseur donné si cet investisseur n'a pas au préalable mis sur papier ses objectifs de placement et ses besoins financiers. Tous les investisseurs recherchent la retraite la plus confortable possible. Leurs objectifs devront être fixés en fonction du capital qu'ils auront accumulé et de leurs besoins financiers. Mais ils n'ont pas tous les mêmes besoins. Nos rêves et notre vision de ce qu'est une retraite confortable sont différents, tout comme le capital que chacun aura accumulé. C'est donc sur les données et les besoins propres à chacun que devront reposer le plan d'investissement et le plan de retraite.

L'idée de mettre sur papier un budget et des objectifs de retraite rebute plusieurs investisseurs. Pourtant, c'est nécessaire pour s'assurer que les besoins ne dépassent pas ce que peut générer le capital. Dans le cas où le capital est plus que suffisant alors que les besoins sont modestes, il est inutile de prendre des risques indus pour augmenter le rendement des placements au détriment de la tranquillité d'esprit. Il serait tout aussi irresponsable pour un investisseur dont le capital est modeste au moment de la retraite de planifier un portefeuille composé à 100 % de titres à revenu fixe. Son niveau de stress sera faible, certes, mais la probabilité de «mourir de faim» sera, quant à elle, très élevée.

L'évaluation des besoins est donc un facteur déterminant dans la mise en place d'un plan d'investissement personnel. Il est aussi important de s'assurer d'avoir éliminé toutes ses dettes au moment de la retraite, compte tenu des ressources financières qu'il faudrait y consacrer avant impôt. Vous trouverez, à la page suivante, un petit tableau qui pourrait vous aider à évaluer vos besoins financiers. Prenez quelques instants pour faire cet exercice qui est loin d'être futile.

Des attentes réalistes

L'investisseur doit mettre en place, idéalement avec son conseiller financier, son plan d'investissement personnel (P.I.P.). Il doit aussi s'assurer que la réalisation de ce plan correspond à ses besoins et que ses attentes sont réalistes. Il est important d'établir un plan d'épargne le plus tôt possible durant la vie active. Au moment de la retraite, la somme de 5 000 $ investie à 25 ans aura approximativement la même valeur que celle de 40 000 $ investie par un autre investisseur à l'âge de 45 ans. Le rattrapage à faire pour les investisseurs qui tardent à épargner aura une incidence importante sur leur qualité de vie à la retraite.

Dans ce cas, l'effort d'épargne sera huit fois plus important pour l'investisseur qui s'y est pris trop tardivement. De plus, de nombreux investisseurs qui doivent faire un effort d'épargne supplémentaire n'envisagent pas une solution réaliste. Pour compenser, ils ont tendance à tenter d'augmenter le rendement de leur portefeuille par la prise d'un risque additionnel. Mais prendre un tel risque pour obtenir un rendement huit fois plus élevé afin de combler le manque à gagner n'est tout simplement pas réaliste.

L'endettement est aussi une solution qui est souvent envisagée pour augmenter le rendement du capital. Est-ce une bonne solution ? Il n'y a pas de réponse unique à cette question. Dans certains cas, et à certaines conditions, l'endettement peut être une solution parmi tant d'autres pour augmenter le rendement d'un portefeuille. J'ai traité de cette question au deuxième chapitre. Mais l'investisseur doit se demander si la solution est valable pour lui.

MES DÉPENSES

Logement

Loyer _____ $

Taxes _____ $

Électricité et chauffage _____ $

Frais de communications (téléphones, Internet et câble) _____ $

Assurance habitation _____ $

Entretien _____ $

Remplacement de biens meubles _____ $

Alimentation

Épicerie _____ $

Restaurant _____ $

Transport

Essence _____ $

Entretien et réparation des véhicules _____ $

Titres de transport en commun et taxi _____ $

Immatriculation, permis et assurances _____ $

Dépenses d'amortissement ou de remplacement (auto) _____ $

Divertissement

Voyage _____ $

Loisirs _____ $

Sorties diverses _____ $

Divers

Vêtements _____ $

Soins divers et médicaments _____ $

Assurances _____ $

Total de mes dépenses _____ $

Le capital dont vous aurez besoin dépendra de vos dépenses annuelles, mais vous vous demandez peut-être comment déterminer quels seront VOS besoins. Plusieurs formules existent, mais il paraît tout à fait réaliste de penser qu'un retraité aura besoin d'environ 70 % des revenus de sa vie active pour garder son mode de vie.

Les facteurs pris en compte dans la planification de la retraite sont aussi déterminants. À ce sujet, plusieurs écoles de pensée s'affrontent. Pour être réaliste, l'investisseur devrait utiliser un indice d'inflation de 2 % à 3 % environ dans le calcul du capital dont il aura besoin et prévoir un rendement du portefeuille ne dépassant pas 6 % par année. Évidemment, plusieurs investisseurs espèrent obtenir de meilleurs rendements annuels avec leur capital, mais il vaut mieux, pour l'exercice, utiliser un facteur de rendement plus faible. Ce 6 % ne peut toutefois s'appliquer aux investisseurs dont le portefeuille est entièrement investi dans des titres à revenu fixe. Mais pour un portefeuille équilibré à long terme, soit une période d'un cycle économique ou plus (plus ou moins 12 ans), 6 % est un objectif réaliste.

Une retraite réussie dépend de trois facteurs: la période d'épargne (les probabilités sont meilleures si on commence à épargner vers l'âge de 25 à 30 ans plutôt qu'à 45 ans), le montant de l'épargne et le rendement du portefeuille.

La vente de la propriété: est-ce une bonne solution?

Vendre ou non sa propriété est l'un des dilemmes les plus importants pour de nombreux retraités. Il y a, d'une part, l'attachement à la propriété, et de l'autre, sa valeur économique et son apport à une qualité de vie supérieure à la retraite.

En règle générale, on ne prend pas en compte la valeur de la propriété pour les besoins de la planification de la retraite, et ce, même si la maison représente souvent l'épargne la plus importante d'une vie. Cela serait cependant différent pour une deuxième propriété ou pour un plex. La raison en est bien simple: la vente d'une propriété augmente de façon substantielle le capital disponible, mais d'un autre côté, les dépenses d'hébergement augmenteront s'il faut y ajouter un loyer mensuel.

Il va sans dire que, dans le cas d'une résidence devenue trop grande à la suite du départ des enfants, il pourrait y avoir une baisse des dépenses d'hébergement (entretien, taxes, rénovations). Il serait alors logique d'emménager dans un immeuble à loyer beaucoup plus petit et à moindre coût. Par contre, vendre une grande résidence pour acheter un condo luxueux (avec taxes et frais de condo) n'est pas toujours économiquement rentable, et ce, même si c'est avantageux du point de vue du confort et du temps consacré à l'entretien.

La résidence n'est donc habituellement pas considérée comme un actif qui pourrait contribuer à améliorer votre situation financière. Il y a toutefois des exceptions où, au contraire, elle peut représenter un apport important et bénéfique. Il est donc pertinent de bien évaluer votre situation et surtout de faire les bons choix au moment de déménager.

L'hypothèque inversée

L'hypothèque inversée ou l'utilisation d'une marge de crédit garantie par la valeur de votre maison pourrait aussi être une solution intéressante, surtout si votre propriété est située dans un quartier où les maisons ont tendance à garder leur valeur, voire à prendre de la valeur. Mais ce genre de solution n'est pas toujours des plus appropriées puisqu'il faudra bien, un jour ou l'autre, vendre la propriété pour rembourser la dette ou simplement la céder à l'institution financière. Tout est ici une question de temps.

Au Canada, il n'y a aucun remboursement d'intérêts ou de capital du vivant du propriétaire et c'est la valeur de la propriété qui détermine le montant qu'une institution financière peut avancer. L'âge minimal pour participer à ce programme est de 62 ans. L'institution peut alors avancer jusqu'à 10 % de la valeur de la propriété. Quand le client a 80 ans, l'institution peut lui avancer des fonds jusqu'à un maximum de 40 % de la valeur de la propriété. L'état du marché immobilier est un facteur important pour déterminer les bénéfices qu'on peut tirer du programme ainsi que les taux d'intérêt du marché.

Les liquidités : en garder combien et pourquoi ?

Faut-il garder une certaine somme en liquidités ou en équivalents de trésorerie pour subvenir à ses besoins ? Il n'y a pas une seule bonne réponse à cette question. De façon générale, durant leur vie active, les investisseurs gardent de trop grandes liquidités pour faire face aux imprévus, ce qui ne fait qu'enrichir les institutions financières. Il faut savoir que les quantités phénoménales de capitaux qui traînent dans les comptes courants des institutions sont une source de revenus très importante pour elles, mais que ces sommes ne rapportent rien de valable aux épargnants. Si vous ne savez pas faire « travailler » le capital qui se perd dans votre compte courant, votre institution, elle, le sait !

En général, les cartes de crédit ou marges de crédit utilisées seulement pour les imprévus sont plus que suffisantes durant la vie active. C'est différent à la retraite. Je conseille habituellement à mes clients retraités de garder, dans un outil de placement à revenu fixe à court terme (fonds hypothécaire ou fonds d'obligations à court terme), l'équivalent de 18 à 24 mois de leurs besoins financiers. Pourquoi autant ? La raison est bien simple : en cas de baisse de marché, comme celle que nous avons connue en 2008 et en 2009, il n'est jamais avantageux de vendre un fonds d'actions ou un fonds équilibré. Il vaut mieux mettre à contribution la somme accumulée dans un fonds de titres à revenu fixe à court terme, qui rapporte beaucoup plus qu'un fonds monétaire (entre 10 et 30 fois plus selon la variation des taux d'intérêt). Pourquoi viser une période de 18 à 24 mois ? Parce que cette période correspond à la moyenne des baisses du marché au cours des dernières années.

Chapitre 5
L'INCIDENCE DE LA FISCALITÉ

Le REER

L'objectif principal d'un régime enregistré d'épargne-retraite (REER) est de permettre à un citoyen d'accumuler un certain capital pendant sa période de vie active, et ce, pour financer la portion de sa vie où il ne travaillera plus : ce capital servira à combler ses besoins personnels.

Nous sommes tous d'accord pour dire que cet objectif louable pourrait être atteint à l'extérieur d'un régime. Le véritable avantage offert par le REER à l'investisseur, c'est que les gouvernements provincial et fédéral permettent de soustraire du revenu imposable le montant de la contribution au REER et, par le fait même, de réduire le taux d'imposition marginal du contribuable. En d'autres termes, Revenu Canada et Revenu Québec vous remettent une prime pour vous aider à épargner et vous inciter à maximiser votre taux d'épargne.

Par exemple, un investisseur qui est en mesure de verser une cotisation de 15 000 $ et qui a un taux d'imposition marginal de 45 % pourra réaliser une économie d'impôt de 6 975 $.

Un revenu à l'abri de l'impôt

Autre avantage : aucun revenu produit dans le cadre du régime enregistré d'épargne-retraite n'est imposable tant et aussi longtemps qu'il n'y a pas de retrait. Il est donc possible de détenir des produits financiers peu efficaces sur le plan fiscal, qui génèrent des revenus d'intérêt par exemple, sans avoir à se soucier de l'impôt qui aurait autrement dû être déboursé.

Dans le cas des placements effectués à l'extérieur d'un REER, le contribuable doit nécessairement déclarer les gains réalisés et payer de l'impôt, et ce, l'année où il obtient ce gain. Par exemple, s'il achète un certificat de dépôt ou tout autre produit financier générant un gain, il doit déclarer ce gain et payer de l'impôt au moment de produire sa déclaration de revenus. Pour les placements effectués dans le cadre d'un REER, la même personne peut utiliser ses gains, les accumuler et s'en servir pour les réinvestir dans le régime, tout en restant à l'abri du fisc.

Évidemment, au moment du retrait, l'épargnant doit payer l'impôt dû en fonction de l'importance de la sortie de fonds annuelle. Mais comme les revenus sont moins élevés à la retraite, le taux d'imposition est aussi plus faible.

L'investisseur a tout intérêt à maintenir longtemps ses placements à l'abri de l'impôt. La famille de fonds CI compare les rendements de placements imposés et non imposés de deux investisseurs (voir le site www.cifunds.com, section Centre d'apprentissage ; cliquer sur « Principe des placements », aller à la section « Planification de la retraite » et cliquer sur « REER - Plus qu'un allègement fiscal »). Le premier investisseur a un taux d'imposition marginal de 40 %. Il investit 1 000 $ par année sur 30 ans et obtient un excellent rendement annuel de 10 %. Après 30 ans, il aura accumulé un montant de 57 435 $. Avec la même épargne et le même taux d'imposition marginal, le deuxième investisseur sera pour sa part en mesure d'accumuler la somme de 108 696 $ au terme de 30 ans. Cette somme représente un peu moins du double de celle accumulée par le premier investisseur.

Les particularités du REER

Actuellement, le contribuable québécois a le droit de verser un maximum de 18 % de son revenu imposable, moins le facteur d'équivalence (représentant les prestations accumulées dans un régime de retraite). À cela s'ajoutent les droits de cotisation inutilisés au REER. Pour 2010, le plafond annuel de cotisation est fixé à 22 000 $ et il sera par la suite indexé. Votre plafond de cotisation à un REER est indiqué sur l'Avis de cotisation que Revenu Canada vous fait parvenir chaque année, après la production de votre déclaration de revenus.

À l'âge de 71 ans, le contribuable canadien voit son REER arriver à échéance. Il a alors trois choix : convertir son REER en un fonds enregistré de revenu de retraite (FERR) et y puiser (décaissement) un certain pourcentage de ses placements chaque année, acheter une rente ou tout simplement retirer ses fonds de son REER.

Il est intéressant de savoir qu'on peut aussi cotiser au REER de sa conjointe ou de son conjoint. On parle alors de fractionnement de revenu. Le conjoint qui a le revenu le plus élevé cotise au REER de l'autre. D'une part, cela permet d'obtenir une déduction fiscale supplémentaire et, d'autre part, de payer moins d'impôt parce qu'au moment du retrait, l'impôt est payable par le conjoint dont le revenu, et par le fait même le taux d'imposition, est le plus bas.

Par ailleurs, le REER offre une solution aux personnes qui achètent une première propriété : le régime d'accession à la propriété (RAP). Le RAP permet de retirer jusqu'à 25 000 $ d'un REER pour l'achat d'une propriété. Ce montant est exempt d'impôt. Notez que, pour être admissibles, ni la personne ni son conjoint ne doivent avoir été propriétaires d'une habitation servant de résidence au cours des cinq années précédentes. Quant au remboursement, il devra débuter au cours de la deuxième année civile suivant le retrait et l'investisseur disposera de 15 ans pour remettre la totalité de la somme.

Les produits admissibles

Le REER permet l'acquisition de certains produits financiers admissibles selon les lois fiscales en vigueur. De façon générale, il s'agit notamment des dépôts à terme, des obligations gouvernementales et municipales, des actions et des obligations de sociétés ayant recours ou non à l'appel public à l'épargne (avec certaines restrictions), des prêts hypothécaires (avec des restrictions), des parts de fiducies de fonds communs de placement, des parts de certaines coopératives, des actions de fonds de travailleurs. Cette liste n'est pas exhaustive, mais elle reflète assez bien les produits généralement utilisés dans un régime de retraite.

Un incitatif à l'épargne

Les avantages du REER sont nombreux et constituent un incitatif important à l'épargne. L'objectif ultime de l'investisseur devrait être d'épargner chaque année un montant correspondant à la limite permise à l'intérieur d'un REER (soit 18 % de son revenu moins tout facteur d'équivalence). Si l'investisseur réussit à atteindre cette limite, il est en voie de se constituer un portefeuille qui suffira à combler ses besoins de retraite.

Le CELI

Le compte d'épargne libre d'impôt (CELI) est un instrument financier souple destiné aux économies des résidents canadiens. En fait, il s'agit d'une des meilleures initiatives ayant pour but de stimuler l'épargne depuis la création du REER.

Contrairement au REER, qui vise essentiellement l'accumulation d'une épargne pour la retraite, le CELI peut répondre tant aux besoins à court terme (par exemple pour faire face à des travaux imprévus) qu'à long terme (on peut penser à une mise de fonds pour l'achat d'une résidence ou tout simplement à une épargne supplémentaire en vue de la retraite).

C'est un outil qui est donc beaucoup plus flexible que le REER. Mais cette flexibilité a un prix. Alors que les cotisations au REER sont déductibles d'impôt, les cotisations au CELI ne le sont pas. Toutefois, comme dans le cas du REER, les sommes placées dans un CELI fructifient à l'abri de l'impôt.

Par ailleurs, contrairement aux retraits d'un REER, les retraits du CELI ne sont pas imposables. L'argent retiré va donc directement dans vos poches. Et c'est probablement là le plus grand avantage de ce nouvel instrument financier. Comme les cotisations ne donnent droit à aucune déduction, il semble juste que les retraits s'effectuent en franchise d'impôt.

Le CELI comporte un plafond de cotisation annuelle. Au 1er janvier 2009, cette limite était de 5 000 $. À ce plafond, qui est indexé chaque année à l'inflation, s'ajoutent les cotisations inutilisées des années antérieures ainsi que le montant de toute somme retirée du CELI l'année précédente. Ainsi, si l'investisseur a versé une cotisation de 1 000 $ en 2009, il pourra en verser une de 9 000 $ l'année suivante (en supposant un taux d'inflation nul).

Autre particularité : les montants retirés s'ajoutent aux cotisations inutilisées. Supposons que vous placiez 5 000 $ dans un CELI en 2011 et que ce placement fructifie pour atteindre 9 000 $ au cours de la même année. Imaginons également que vous retiriez le placement de 9 000 $ à la fin de 2011. En 2012, en plus de la cotisation maximale annuelle de 5 000 $, vous auriez le droit de déposer dans le CELI les 9 000 $ retirés en 2011, ce qui donnerait une contribution totale de 14 000 $ (5 000 + 9 000 = 14 000 $).

Il faut savoir que les montants retirés au cours d'une année civile donnée ne peuvent pas être réinvestis avant l'année civile suivante. Par exemple, si on pige 1 000 $ dans son CELI en 2011, on ne pourra y redéposer cette somme avant le 1er janvier 2012. Il faut donc bien réfléchir à la nécessité de retirer un montant d'un CELI. Il ne s'agit pas d'un compte bancaire dans lequel on peut effectuer des retraits et des dépôts à volonté. En cas de décès, le CELI est transférable au CELI du conjoint ou conjoint de fait survivant sans incidence fiscale.

Les diverses stratégies s'appliquant au CELI

Je vous présente ici différentes façons de tirer profit du compte d'épargne libre d'impôt. Certaines de ces suggestions sont inspirées du document intitulé *Profiter au maximum de votre CELI*, de la famille de fonds Manuvie. Il va sans dire que les services d'un conseiller financier sont nécessaires pour tirer parti de ces stratégies.

L'efficacité fiscale

Voici l'un des avantages du CELI : on peut y intégrer des placements peu efficaces sur le plan fiscal, des placements qui n'auraient pas leur place hors du cadre d'un placement enregistré. Par exemple, on peut y placer des fonds d'obligations qui versent des distributions sous forme d'intérêts.

En matière de fiscalité, il y a un autre avantage à détenir un fonds dans un CELI. Si sa valeur augmente, on peut le vendre (donc, réaliser un profit) sans déclencher un gain en capital qui pourrait autrement être dévastateur.

Le transfert des placements

Le transfert dans un CELI d'un placement non efficace sur le plan fiscal peut s'avérer une décision judicieuse s'il était auparavant détenu à l'extérieur d'un régime enregistré. On peut ainsi penser à transférer des CPG et des fonds d'obligations dans un compte d'épargne libre d'impôt.

Dans certains cas, il peut même être avantageux de transférer des placements d'un REER à un CELI. Cela s'explique par le fait que, contrairement à ceux d'un REER, les retraits d'un CELI n'ont aucune incidence sur le droit aux prestations et crédits fédéraux calculés sur le revenu, comme les prestations de la Sécurité de la vieillesse.

La cotisation au compte du conjoint

N'importe quel résident canadien peut cotiser à un CELI, du moment qu'il a au moins 18 ans. Dans le cas d'un couple ayant des revenus inégaux, l'un des conjoints peut contribuer au CELI de l'autre ; de cette façon, le couple met autant d'argent que possible à l'abri de l'impôt en utilisant les droits de cotisation de chacun. Il faut noter que les cotisations au CELI ne sont pas assujetties aux règles d'attribution du revenu.

Les contribuables à faible revenu

Pour les personnes à faible revenu qui se situent dans une tranche d'imposition peu élevée, il pourrait être judicieux de transférer des placements d'un REER à un CELI. Cela pourrait être le cas, par exemple, d'une femme en congé de maternité (dont les revenus auront vraisemblablement diminué). Je rappelle que la somme retirée du REER doit être ajoutée au revenu de l'année courante et que ce montant sera assujetti au taux d'imposition marginal.

Les contribuables dont le revenu augmentera

Une stratégie possible est de cotiser à un CELI quand on dispose de revenus modestes, puis de transférer son épargne dans un REER lorsque ces revenus augmentent et qu'on se trouve dans une tranche d'imposition plus élevée. La déduction d'impôt associée à la cotisation à un REER sera alors plus grande.

Les contribuables à revenu élevé

L'investisseur bien nanti a tout intérêt à cotiser au maximum à un REER et à un CELI. Il pourrait ainsi d'abord cotiser à son REER puis utiliser son remboursement d'impôt pour investir dans un CELI.

Les retraités

Pour les retraités dont les revenus dépassent les dépenses, il peut être judicieux de considérer la possibilité d'effectuer des placements dans un CELI. Ces revenus excédentaires peuvent venir de différentes sources : retrait obligatoire d'un FERR en raison de l'âge, prestations du RPC ou de la RRQ, etc.

Le REEE

Les études collégiales et universitaires représentent un coût certain pour les étudiants qui n'hésitent pas à recourir à un lourd endettement pour avoir droit à un avenir prometteur.

Les chiffres sont clairs à ce sujet : le taux d'endettement moyen d'un finissant universitaire du premier cycle se situe maintenant à plus de 20 000 $. Ce genre de dette n'est rien si on en croit une étude de la famille de fonds CI, qui montre que le coût d'une seule année universitaire pour un enfant né en 2005 pourrait s'élever à pas moins de 23 145 $.

Malgré le coût des études qui augmente d'année en année, peu nombreux sont ceux qui ont recours aux régimes enregistrés d'épargne-études (REEE). Pourtant, il s'agit d'un outil qui facilite grandement l'épargne et qui est destiné à financer les études postsecondaires. Parents, grands-parents, oncles et tantes, amis, toute personne intéressée peut y cotiser.

L'apport des subventions

En cotisant à un REEE, vous obtenez une subvention fédérale annuelle correspondant à un montant représentant de 20 % à 40 % de la cotisation, selon le revenu familial net. Cette subvention (appelée subvention canadienne pour l'épargne-études [SCEE]) est limitée à 500 $ par année, par bénéficiaire.

À ce montant, il faut aussi ajouter un crédit d'impôt remboursable du provincial (l'Incitatif québécois à l'épargne-études [IQEE]), de 10 % à 20 % de la cotisation annuelle. Cette subvention peut atteindre 250 $ par année. Les familles à moyen et à faible revenu ont droit à 50 $ de plus.

La subvention totale à laquelle l'investisseur a accès peut ainsi atteindre de 30 % à 60 % de sa cotisation annuelle, ce qui n'est pas rien. Rappelons que les sommes accumulées dans un REEE fructifient à l'abri de l'impôt, tout comme c'est le cas pour le REER. Ni les cotisations à un REEE, ni les intérêts payés sur une somme empruntée pour cotiser à ce régime ne sont déductibles d'impôt.

L'impôt n'est payable qu'au moment du retrait. Les sommes retirées sont alors imposées au taux d'imposition marginal de l'enfant. Il est possible qu'il y ait alors de l'impôt à payer, mais comme le taux d'imposition de l'enfant sera probablement faible, il ne s'agit pas d'un gros inconvénient.

La souplesse

Dans le cas où l'enfant ne poursuivrait pas ses études, le montant total de la SCEE doit être remboursé au gouvernement. Par contre, le cotisant peut transférer les revenus des placements du REEE directement dans son REER ou les retirer au comptant. Il faut signaler que, dans ce dernier cas, une pénalité fiscale de 20 % s'applique, en plus de l'impôt à payer sur le montant du retrait.

Par ailleurs, les cotisations effectuées appartiennent au cotisant et n'ont pas obligatoirement à être destinées aux études de l'enfant. Le cotisant peut même retirer ses cotisations au moment jugé opportun. Cependant, le retrait peut déclencher une demande de remboursement de la SCEE.

Les types de placements

Tout comme pour le REER, le REEE permet d'investir dans différents types de placements (actions, obligations, fonds communs de placement, CPG, etc.).

Idéalement, l'investisseur devrait opter pour un portefeuille dont la volatilité diminue au fur et à mesure que la date de retrait approche. Pour ceux qui ne veulent pas se casser la tête, il existe des fonds appelés «cycles de vie» qui pourraient être tout désignés pour ce genre de produit.

Le REEE : y investir sans débourser d'argent

Dans un document intitulé *Financez les études de votre enfant sans débourser d'argent…*, la famille de fonds Fidelity nous montre qu'il est possible de bâtir un portefeuille REEE en mettant simplement à contribution une prestation fédérale et les subventions fédérales et provinciales associées au REEE.

Les parents d'un enfant de moins de 6 ans ont droit à la Prestation universelle pour la garde d'enfants (PUGE), une prestation fédérale qui donne droit à un versement mensuel de 100 $. L'idée de Fidelity est de prendre ce montant et de l'investir automatiquement dans un REEE. Sur 6 ans, on obtient ainsi une somme de 7 200 $ dans le REEE, accumulée avec des fonds provenant seulement de la PUGE.

Chaque dollar de cotisation donnant droit à une Subvention canadienne pour l'épargne-études de 20 cents, il sera possible d'obtenir un montant supplémentaire de 1 440 $ sur 6 ans. L'investisseur pourra également mettre à contribution l'incitatif québécois à l'épargne-études, qui permet de toucher 10 cents par dollar investi, pour un total de 760 $ après 6 ans.

En supposant un rendement de 7 % composé mensuellement des placements dans le REEE, Fidelity a calculé qu'après 18 ans la somme totale dans le REEE atteindrait 26 553 $. Il s'agit d'une somme impressionnante si l'on considère que le cotisant n'a rien déboursé de sa poche pour en arriver là.

Ce genre d'exemple montre qu'on peut facilement accumuler une somme importante en investissant, à intervalles réguliers, des montants relativement modestes. La longue période de détention (18 ans) permet de mettre à contribution le pouvoir de la capitalisation.

Le FERR

Lorsque le détenteur d'un REER atteint l'âge de 71 ans, il doit prendre les mesures nécessaires pour commencer à toucher l'actif détenu dans le régime. Jusqu'en 2007, l'âge limite pour effectuer une telle conversion était de 69 ans. Le gouvernement exige, en quelque sorte, que le REER qui a servi d'outil d'épargne durant les années de travail serve à procurer un revenu à la retraite.

4 choix s'offrent au détenteur du REER :

1. l'encaisser en totalité ;

2. acheter une rente ;

3. transférer le REER dans un fonds enregistré de revenu de retraite (FERR) ;

4. faire appel à une ou à plusieurs des trois premières options.

Regardons de plus près la première option qui consiste à encaisser simplement son REER. N'importe quel conseiller financier avertira son client que cette solution peut entraîner de lourdes conséquences fiscales. Les montants retirés du REER seront imposés au taux d'imposition marginal du détenteur, ce qui peut représenter une ponction de près de 50 % pour certaines personnes. Le retrait peut alors éliminer une grande partie des bénéfices fiscaux qu'a pu fournir le REER au fil des ans. Cette façon de faire n'est donc généralement pas très avantageuse.

Voyons maintenant la deuxième stratégie, l'achat d'une rente. La rente permet d'obtenir des versements garantis pendant une période précise ou durant la vie entière. L'investisseur perd cependant son droit de regard sur la façon dont sont investis ses avoirs. De plus, les versements ne sont généralement pas indexés à l'inflation. Contrairement à l'encaissement pur et simple d'un REER, la valeur totale du REER ne s'ajoute pas au revenu imposable quand il est transféré vers une rente.

Le FERR a été créé pour permettre aux détenteurs de REER qui ne désirent pas acheter une rente de gérer eux-mêmes leur propre épargne. Le FERR ne garantit pas un revenu fixe la vie durant comme la rente, mais il présente l'avantage de permettre à l'investisseur de toucher un revenu annuel établi selon ses besoins. Il est possible d'ouvrir un FERR auprès de la plupart des établissements financiers.

Comme c'est le cas pour un REER, les sommes détenues à l'intérieur d'un FERR fructifient en franchise d'impôt aussi longtemps qu'elles sont conservées à l'intérieur du régime. Un particulier peut transférer le solde complet de son REER dans un FERR sans devoir payer d'impôt. Les montants retirés du FERR sont toutefois imposables.

L'investisseur doit prélever un montant minimal de son FERR chaque année. Le prélèvement minimal requis à 71 ans correspond à 7,38 % du solde, et augmente progressivement pour atteindre 20 % lorsque l'investisseur arrive à l'âge vénérable de 94 ans. Comme je viens de le mentionner, les sommes retirées du FERR sont imposables et doivent donc être incluses dans le calcul du revenu pour l'année du retrait.

L'investissement des sommes reçues d'un FERR

Pour les particuliers qui retirent des montants de leur FERR, il existe de meilleures options que de déposer ces sommes dans un compte bancaire traditionnel. Il est par exemple possible de mettre à contribution le CELI.

Je rappelle que le CELI permet de faire croître ses avoirs à l'abri de l'impôt. On peut y intégrer une multitude de produits financiers (fonds d'obligations, fonds du marché monétaire, etc.) et tous les revenus qui y sont générés sont libres d'impôt.

C'est donc un outil qui permet au particulier de décider du moment où il touchera ses avoirs, et ce, sans se soucier de l'impôt. De plus, les sommes retirées n'ont pas d'incidence sur les prestations ou les crédits fondés sur le revenu (par exemple les prestations de la Sécurité de la vieillesse ou du Supplément de revenu garanti).

Les fonds constitués en société

Les placements détenus dans les régimes enregistrés présentent d'incontestables avantages sur le plan fiscal. C'est pour cette raison que les REER ont pris une place aussi importante dans les habitudes d'épargne des Québécois, et ce, depuis plusieurs années. On estime que plus de 80 % de l'épargne des Canadiens est investie dans des régimes enregistrés d'épargne-retraite.

Cela dit, dans certaines circonstances, l'investisseur devra composer avec des placements non enregistrés. Cela peut être le cas s'il reçoit un héritage important, s'il vend une maison ou une entreprise, s'il touche une indemnité de retraite, etc. Or, quand il n'est pas intégré à un abri fiscal quelconque (REER ou CELI, par exemple), un placement sera inéluctablement grugé par l'impôt. Pis encore, il est possible qu'il perde une partie de sa valeur avant impôts, auquel cas, l'investisseur sera doublement pénalisé. C'est ce qui arrive à nombre d'entre eux.

Si on n'a d'autre choix que de placer une somme importante à l'extérieur d'un régime enregistré, il n'y a pas lieu de désespérer. Plusieurs familles de fonds offrent une solution efficace, comme les fonds constitués en société, également connus sous les noms de « fonds Catégorie », « fonds corporatifs » et « fonds de catégorie capital ».

La mécanique

Généralement, les fonds communs de placement sont constitués en fiducie, cadre dans lequel chaque fonds est considéré comme une entité unique. Par contre, quand un fonds est constitué en société, il y a création d'une société d'investissement et le capital est divisé en diverses catégories de titres. Autrement dit, quand un épargnant investit dans des fonds constitués en société, il achète essentiellement un groupe de fonds au lieu d'un seul et unique fonds.

Lorsqu'un investisseur achète des parts d'un groupe de fonds, il peut passer d'un fonds à un autre au sein de ce groupe sans subir de conséquences immédiates sur le plan fiscal. Cette situation n'est pas possible si les investisseurs passent d'une fiducie de fonds communs de placement à une autre.

Les avantages

Avec les fonds constitués en société, il est possible de rééquilibrer son portefeuille ou tout simplement de changer de fonds sans réaliser de gains en capital. Ce n'est qu'au moment de la vente de ces fonds que le gain en capital est déclenché. L'investisseur n'est donc pas obligé de conserver un produit qui ne lui sied plus par crainte de payer de l'impôt.

Par ailleurs, il importe de planifier une bonne stratégie en matière de réalisation de gains en capital. Comme les fonds constitués en société permettent de reporter ces gains (si les transactions se font dans la même famille de fonds), ils permettent aussi de choisir le moment propice pour liquider définitivement ses parts et déclarer des gains au fisc. L'investisseur pourrait notamment attendre que son taux d'imposition diminue avant de vendre.

En reportant les gains en capital, on met temporairement son avoir à l'abri de l'impôt. Même si cet abri est temporaire, il permet de faire fructifier de l'argent qui, autrement, aurait été versé au fisc, ce qui fait croître l'actif total.

Les distributions

Il faut savoir que les fonds constitués en société ne permettent pas d'échapper aux distributions qui, elles, sont imposables. Toutefois, les distributions sont peu nombreuses : elles ont lieu en fin d'année et elles prennent exclusivement la forme de gains en capital ou de dividendes. Les fonds constitués en société ne génèrent pas d'intérêts (lesquels constituent le type de revenu le moins avantageux sur le plan fiscal).

Jusqu'à maintenant, les investisseurs ont pu constater que les distributions des fonds constitués en société se caractérisent par une grande efficacité fiscale. Cela s'explique par le fait que, tous les fonds constitués en société étant inclus dans la même structure, les gains en capital des uns sont compensés par les pertes des autres.

Prenons l'exemple des fonds constitués en société de Fidelity pour l'année 2008. Seulement quatre de ces fonds avaient versé des distributions en fin d'année : Fidelity Équilibre Canada, Fidelity Dividendes, Fidelity Étoile du Nord et Fidelity Frontière Nord. Ils ont tous versé des dividendes, la forme de distribution la plus avantageuse sur le plan fiscal.

En comparaison, les fonds Fidelity B (les fonds B sont des fonds constitués en fiducie) ont en majorité donné droit à une distribution de fin d'année, sous forme de dividendes, d'intérêts ou de gains en capital, ou encore une combinaison des trois.

Les fonds en dollars américains

Les familles de fonds Templeton, CI et Fidelity offrent toutes des fonds constitués en société en dollars américains. Ces produits procurent tous les avantages des autres fonds constitués en société. La seule chose qui les singularise, c'est qu'ils sont libellés en dollars américains, ce qui permet à l'investisseur d'éviter d'éventuels frais de conversion de devises.

Les fonds constitués en société et les fonds de série T

Certains investisseurs voudront détenir des fonds Catégorie tout en obtenant des distributions régulières qui n'alourdiront pas outre mesure leur fardeau fiscal. Ils pourraient alors se tourner vers les fonds constitués en société de série T. Nous en parlerons plus longuement aux pages 138 et suivantes.

Les mandats privés

Pour l'instant, seule Fidelity offre un programme de placement privé au sein d'une structure de société.

Familles de fonds offrant des fonds constitués en société (et appellation des fonds Catégorie)

AIC (SICAV)	Acuity (Catégorie)
AGF (Catégorie)	CI (Catégorie)
Dynamique (Catégorie)	Fidelity (Catégorie)
IA Clarington (Catégorie)	Invesco Trimark (Catégorie)
Mackenzie (Catégorie)	Manuvie (Catégorie)
Templeton (Catégorie)	

Les fonds de travailleurs

Au Québec, deux fonds de travailleurs accaparent la quasi-totalité du marché : le fonds de la FTQ et le fonds de la CSN. Leur taille démontre leur immense popularité auprès des Québécois. Le fonds de la FTQ, appelé Fonds de solidarité FTQ, a un actif de 7,2 milliards de dollars. Pas moins de 600 000 personnes en possèdent des parts. Le fonds de la CSN, Fondaction, est pour sa part plus modeste avec un actif de 743 millions de dollars réparti entre environ 60 000 actionnaires.

Ces deux fonds de travailleurs contribuent au développement économique du Québec puisqu'ils sont investis dans tous les secteurs de l'économie. Leur investissement dans les sociétés à capital de risque apporte un financement nécessaire à des centaines de petites entreprises qui autrement auraient difficilement accès à du capital.

Il arrive cependant que ces fonds s'écartent de leur mission première et soient investis dans des sociétés bien établies. On peut penser, entre autres, aux investissements du fonds de la FTQ dans Transat. Mais il est vrai qu'avec un actif à hauteur de 7,2 milliards de dollars, le fonds de la FTQ ne peut bâtir un portefeuille équilibré en se limitant aux petites sociétés.

Les fonds de travailleurs mettent également à contribution les obligations et d'autres instruments qui permettent d'atténuer le risque. En ce sens, ils sont considérés comme des fonds équilibrés, car ils comportent des actions, des obligations et d'autres instruments financiers.

Le crédit d'impôt

Si l'aspect social des fonds de travailleurs (qui contribuent maintenant à la création de milliers d'emplois au Québec) emballe bien des investisseurs, c'est la plupart du temps le crédit d'impôt qui les incite à en considérer l'achat.

Le montant investi dans le fonds de la FTQ réduit de 30 % l'impôt à payer grâce à un crédit d'impôt provincial de 15 % et un crédit d'impôt fédéral supplémentaire de 15 %. Pour ce qui est de Fondaction, le crédit d'impôt fédéral est le même que pour celui de la FTQ tandis que le crédit d'impôt provincial atteint 25 % (ce crédit a été bonifié de 10 % en 2009).

Le crédit d'impôt supérieur accordé pour les placements dans Fondaction demeurera en vigueur jusqu'à ce que le fonds atteigne une capitalisation d'au moins 1,25 milliard de dollars. Une fois cet objectif atteint, le crédit d'impôt total reviendra à 30 %.

Les sites Internet du fonds de la FTQ et de Fondaction fournissent des calculatrices qui permettent de mesurer les fameux remboursements d'impôts. Pour un investisseur qui touche un salaire de 50 000 $ et qui réussit à investir 5 000 $ (ce montant correspond à la cotisation annuelle maximale aux deux fonds de travailleurs) dans Fondaction, l'économie liée aux crédits d'impôt sera de l'ordre de 2 000 $. Dans le cadre d'un REER, l'économie d'impôt s'élève à 3 918 $. C'est donc dire qu'un placement de 5 000 $ ne vous coûtera que 1 082 $.

L'envers de la médaille

En ne se fiant qu'à l'aspect fiscal, on pourrait penser que les fonds de travailleurs sont une panacée. Mais il n'en est rien. En échange du crédit d'impôt, le gouvernement a fait en sorte que les investisseurs ne puissent pas sortir aisément des deux fonds de travailleurs. On peut comprendre la raison d'être de cette rigidité : l'investisseur pourrait simplement retirer ses placements chaque année pour investir de nouveau dans un fonds de travailleurs afin de toucher encore une fois l'alléchant crédit d'impôt.

Dans le cas du fonds de la FTQ, un investisseur peut racheter ses actions s'il est à la retraite ou s'il a 50 ans ou plus. Il existe également d'autres façons de toucher ses avoirs, par exemple dans le cadre d'un régime d'accession à la propriété (RAP). Dans le cas du RAP, il est cependant exigé que l'investisseur utilise les autres REER qu'il détient avant d'avoir accès aux sommes accumulées dans le fonds de travailleurs.

D'autres clauses particulières permettent de retirer ses actifs. Par exemple, un travailleur autonome qui subit une réduction involontaire de 20 % ou plus de ses revenus familiaux nets peut retirer ses avoirs du fonds. Consultez un représentant pour obtenir plus de détails.

Les rendements

Le moins qu'on puisse dire, c'est qu'avant d'investir dans un fonds de travailleurs, il est impératif de faire ses devoirs et de regarder de près les conditions de rachat. Il est également essentiel de jeter un coup d'œil aux rendements passés.

Il est important de préciser que la valeur des rendements n'est pas calculée quotidiennement comme c'est le cas pour les fonds communs de placement traditionnels. De plus, les données sont difficilement accessibles. Vous les trouverez sur les sites Internet des fonds. Dans le cas de Fondaction, je vous souhaite bonne chance pour les dénicher !

Le fonds de la FTQ a généré, en date du 31 mai 2010, un rendement annualisé de 3,5 % depuis sa création en 1985. La meilleure année du fonds a été 1991 avec un rendement de 13 %, tandis que 2009 a été la pire année avec un recul de 12,9 %. Le fonds a connu 22 années de rendements positifs contre 3 années de rendements négatifs.

On peut dire que le fonds de la FTQ affiche un niveau de risque modéré, mais tout de même plus élevé que la moyenne des fonds équilibrés canadiens. Pour les années 2008 et 2009, le fonds a obtenu un rendement cumulatif de -13,8 % comparativement à une baisse de 1,6 % pour la moyenne des fonds équilibrés canadiens. Au cours de l'année 2002, le fonds a obtenu un rendement de -11,4 % comparativement à -5,1 % pour la moyenne des fonds équilibrés.

Pour ce qui est de Fondaction, les performances ne sont guères impressionnantes. Le rendement annualisé est de -3,2 % sur 5 ans et de -2,9 % sur 10 ans.

La réalité, c'est qu'un fonds de travailleurs génère un rendement relativement faible à long terme. Évidemment, le généreux remboursement d'impôt vient compenser les moins bons rendements. Toutefois, à long terme, l'effet positif du remboursement d'impôt s'atténue et l'investisseur est « pris » avec un produit financier sous-performant. C'est pour ces raisons qu'il est généralement conseillé de cotiser à un fonds de travailleurs à l'approche de la retraite. L'investisseur a ainsi la possibilité de le vendre après ne l'avoir conservé qu'une courte période.

En résumé

Les fonds de travailleurs ne sont pas de mauvais produits financiers, malgré ce qu'indiquent les résultats financiers. Mais il arrive trop souvent que l'acquisition et la vente de ces fonds soient mal planifiées. Voici **4 points** importants à considérer.

1. Une bonne raison d'investir dans un fonds de travailleurs, c'est que cela permet de préserver et de créer des emplois. C'est un des objectifs primordiaux de ces fonds qui sont d'excellents outils de développement économique.

2. En aucun cas, les épargnants ne devraient consacrer 100 % de leur épargne à des fonds de travailleurs. Une saine diversification commande que les placements soient bien répartis entre plusieurs catégories d'actifs et types de placements. Les fonds de travailleurs peuvent remplir un rôle limité dans un portefeuille.

3. Pour certains investisseurs, l'avantage fiscal est important (ce facteur varie en fonction des revenus imposables), mais pour d'autres, le taux d'imposition est tellement faible que les avantages fiscaux sont presque nuls.

4. Si vous prévoyez faire l'acquisition de parts d'un fonds de travailleurs parce que les rendements sont intéressants, c'est une mauvaise idée. Ils ne font pas le poids par rapport aux fonds équilibrés.

Les fonds de série T

Les investisseurs qui veulent toucher des liquidités sans avoir à racheter leurs parts de fonds communs de placement (et ainsi déclencher d'éventuels gains en capital) ont tout intérêt à regarder du côté des fonds de série T. Ces produits, avantageux sur le plan fiscal, permettent au détenteur de toucher des revenus réguliers.

En quoi consistent les distributions des fonds de série T ? Il s'agit en très grande partie de remboursements de capital (également appelés dans le milieu financier « retour de capital »), lesquels ne sont pas imposables. Voici la raison de ce traitement fiscal privilégié : le capital remboursé provient du placement initial effectué par l'investisseur.

Les fonds de série T sont offerts par une dizaine de familles de fonds au Canada. Chez Fidelity, par exemple, l'investisseur optant pour les fonds de série T (que Fidelity désigne également par le terme « PRS-T ») ont le choix entre les fonds T5 et T8. La désignation T5 indique une distribution annuelle de 5 % (versée au mois), tandis que le nom T8 désigne une distribution annuelle de 8 %.

Le tableau suivant illustre les importantes économies d'impôt que peuvent générer les fonds de série T de Fidelity, comparativement aux revenus générés par une obligation avec coupons de 5 %. On constate non seulement que les liquidités des fonds de série T permettent d'obtenir des liquidités cumulatives supérieures à celles obtenues des obligations à 5 %, mais que l'impôt exigible sur les liquidités provenant des fonds de série T est également inférieur.

COMPARAISON ENTRE LES FONDS DE SÉRIE T CATÉGORIE DE FIDELITY ET DES OBLIGATIONS À 5 %
(pour un placement de 100 000 $ détenu pendant 20 ans)

	Obligations à 5 %	Catégorie PRS-T à 5 %	Catégorie PRS-T à 8 %
Liquidités cumulatives avant impôt	100 000 $	218 542 $	251 486 $
Impôt exigible sur les liquidités versées	46 000 $	38 829 $	44 780 $
Liquidités cumulatives après impôt	54 000 $	179 713 $	206 706 $

Source : Fidelity.

Le report d'impôt

Avec les fonds de série T, l'impôt ne doit être payé qu'au moment où une partie ou la totalité des parts sont vendues, ou encore lorsque le prix de base rajusté (PBR) atteint zéro. Puisqu'ils permettent de reporter l'imposition, ces produits présentent un avantage fiscal considérable. Le prix de base rajusté est calculé de la façon suivante : montant payé pour l'achat du fonds + distributions réinvesties - portion de remboursement de capital - prix de base rajusté de parts déjà vendues.

Pour le fisc, la vente des parts de fonds de série T est considérée comme produisant un gain en capital ou une perte en capital selon l'évolution du prix desdites parts. Il s'agit d'un gain en capital si la valeur marchande du fonds est supérieure au PBR. Cependant, il y a perte en capital si l'inverse se réalise, c'est-à-dire si le PBR est supérieur à la valeur marchande. Si l'investisseur détient un fonds de série T jusqu'à ce que le PBR atteigne zéro, les distributions, qui étaient auparavant composées essentiellement de remboursement de capital, sont alors considérées comme un gain en capital.

Un autre avantage qu'offrent les fonds de série T, c'est que les distributions qu'ils versent ne sont pas considérées comme un revenu aux fins du calcul des diverses prestations gouvernementales (Sécurité de la vieillesse, Supplément de revenu garanti, etc.). Sur ce plan, l'investisseur ne peut donc pas être pénalisé en raison des gains réalisés.

Un capital qui continue de croître

Avec un fonds de série T, le portefeuille peut continuer à croître. C'est une structure qui peut comporter des fonds équilibrés ou des fonds d'actions, c'est-à-dire des produits qui permettent de faire fructifier le capital à long terme, même en touchant un revenu mensuel.

Dans le cas des obligations (qui permettent de toucher un revenu fixe, comme le fait un fonds de série T), il n'est pas possible d'obtenir une telle croissance. C'est d'autant plus vrai dans le contexte actuel de bas taux d'intérêt.

Les fonds de série T constitués en société

Les familles de fonds offrent les produits de série T sous la forme de fonds constitués en société. Grâce à cette structure, il est possible de changer de fonds sans déclencher de gain en capital dans l'immédiat. Par exemple, chez Placements CI, l'investisseur peut passer du fonds Catégorie de société Harbour-T5 au fonds Catégorie de société dividendes Signature-T8 ou au fonds Catégorie de société d'actions canadiennes Cambridge, et ce, sans réaliser de gains en capital immédiats.

La mise à profit des pertes en capital

Il est possible pour l'investisseur de mettre à contribution la perte en capital subie sur un titre, un fonds commun de placement ou un autre type de placement, et ainsi de récupérer une partie des montants payés au fisc. Bref, il n'y a pas que des côtés négatifs à un recul de ses placements!

Pour certaines personnes qui détiennent un titre dont la valeur a baissé et qui ont réalisé un gain en capital au cours des trois dernières années, il pourrait être avantageux de vendre ce titre et de récupérer du même coup la totalité ou une partie de l'impôt payé sur ce gain en capital. Évidemment, chaque cas étant unique, il est recommandé de faire appel à un conseiller financier, à un comptable ou à un autre professionnel.

La *Loi de l'impôt sur le revenu* permet d'utiliser les pertes en capital nettes pour réduire les gains en capital imposables des trois années précédentes. Ces pertes en capital peuvent également servir à compenser les gains en capital des années ultérieures.

L'investisseur peut avoir intérêt à utiliser les pertes en capital pour compenser les gains de l'année la plus éloignée, c'est-à-dire les gains enregistrés trois ans plus tôt. En effet, une fois la période de trois ans passée, il ne sera plus possible de reporter les pertes pour cette année. Donc, un investisseur qui a subi des pertes en 2010 aurait peut-être avantage à utiliser ses pertes en capital pour compenser en priorité les gains réalisés en 2007. En 2011, il ne pourra plus compenser ses gains de 2007 parce que la période de trois ans sera écoulée.

L'investisseur peut également faire un choix plus judicieux que de reporter les pertes à la troisième année précédente, si son taux d'imposition a changé. Si, par exemple, son taux d'imposition était plus élevé en 2009 qu'en 2007, 2008 ou 2010, il serait avantageux de reporter la perte subie en 2009. Il pourrait ainsi maximiser le montant du remboursement d'impôt auquel il aurait droit.

La règle sur les pertes apparentes

Sachez qu'il n'est pas possible de racheter le même titre ou fonds commun au cours des 30 jours suivants sa vente, en vertu de la règle sur les pertes apparentes. Si vous ou votre conjoint effectuez un rachat à l'intérieur de cette période, la perte sera considérée comme apparente et la perte en capital sera tout simplement refusée et ne pourra être réclamée.

Il n'est pas non plus possible de contourner la règle en vendant un titre détenu dans un compte non enregistré pour le racheter dans un compte de REER, un CELI ou tout autre régime vous appartenant ou appartenant à votre conjoint. La règle sur les pertes apparentes ne s'applique toutefois pas si ce sont les enfants ou les parents qui achètent les mêmes parts.

Le transfert entre conjoints

Si vous n'avez pas subi de gain en capital au cours des trois dernières années, sachez qu'il est possible de transférer au conjoint les pertes en capital subies. Pour réaliser cette stratégie, il suffit que le détenteur des titres cristallise sa perte en vendant ses titres et que le conjoint achète immédiatement les mêmes parts.

Après la fin de la période de 30 jours, le conjoint liquide à son tour les titres en question. La règle sur les pertes apparentes fera en sorte que la déduction de la perte en capital sera refusée. Toutefois, le montant de la perte apparente sera ajouté au prix de base rajusté (PBR) du conjoint. C'est cet ajustement du PBR qui entraîne le transfert de la perte en capital.

Le contournement de la règle sur les pertes apparentes

Les détenteurs de parts d'un fonds commun de placement peuvent aisément contourner la règle sur les pertes apparentes en se procurant un fonds clone. Un investisseur peut par exemple vendre la version A d'un fonds pour déclencher une perte en capital, puis racheter immédiatement la version du fonds constitué en société.

Le fonds constitué en société contient exactement les mêmes titres que l'autre. La seule différence, c'est que plutôt que d'être constitués en fiducies, comme c'est le cas pour la plupart des fonds, ces fonds sont constitués en société. Les frais de gestion peuvent être supérieurs dans le cas d'un fonds structuré en société.

Toutefois, avant de racheter la version initiale du fonds (après la période de 30 jours prévue par la règle sur les pertes apparentes), l'investisseur devrait s'informer des pénalités que peuvent imposer les familles de fonds sur les transactions trop rapprochées.

Le régime d'accession à la propriété

Le Régime d'accession à la propriété (RAP) peut être d'une grande utilité pour ceux qui désirent acquérir une première habitation. Il permet de retirer des sommes d'un REER pour l'achat ou la construction d'une propriété.

Pour participer au RAP, il faut respecter certaines conditions. Par exemple, la propriété doit être située au Canada, elle doit être construite ou achetée avant le 1er octobre de l'année suivant le retrait du REER et elle doit être considérée comme le lieu principal de résidence, au plus tard un an après l'achat ou la construction.

Au sens du RAP, le premier acheteur d'une habitation est celui qui n'a pas été acquéreur d'une habitation occupée en tant que résidence principale dans la période couvrant la totalité des quatre années précédentes. Cette règle s'applique également au conjoint ou conjoint de fait. C'est-à-dire que si votre conjoint a été acquéreur d'une résidence dans la période spécifiée, vous ne pourrez pas être admissible au RAP.

Cette restriction concernant ceux qui ont déjà acheté une habitation ne s'applique toutefois pas aux personnes handicapées, ni à celles qui désirent acquérir une habitation pour une personne handicapée et qui sont liées à cette personne.

Il est possible d'utiliser le RAP à plus qu'une reprise. Tous les montants du RAP précédent devront toutefois être remboursés avant le 1er janvier de l'année du nouveau RAP.

Depuis 2009, le retrait maximal du REER est de 25 000 $. Auparavant, la limite était de 20 000 $. Chaque conjoint peut retirer jusqu'à 25 000 $ de son REER pour un montant maximal de 40 000 $ par couple.

Les montants retirés du REER dans le cadre du RAP devront être remboursés à partir de la deuxième année civile suivant le retrait. Le remboursement peut s'étaler sur une période maximale de 15 ans, en raison de 1/15 du solde exigible par année. À défaut de se conformer à ce minimum, le montant non remboursé s'ajoutera au revenu imposable.

La cotisation à un REER suivie par l'utilisation du RAP

Le gouvernement a adopté une réglementation dans le but de décourager les investisseurs de verser de nouvelles cotisations à leur REER pour ensuite effectuer un retrait dans le cadre du RAP. Ainsi, si un retrait est effectué dans les 90 jours suivant une nouvelle cotisation à un REER, ces mêmes cotisations ne seront pas déductibles dans la déclaration de revenus.

Il existe toutefois de bonnes stratégies visant à mettre à contribution le prêt REER et le RAP. Par exemple, un investisseur pourrait emprunter la somme de ses cotisations inutilisées dans le cadre d'un prêt REER. Il pourrait ainsi emprunter 25 000 $ (montant correspondant au retrait maximal du RAP). Après la fin de la période de 90 jours, il pourrait rembourser son prêt avec le montant de 25 000 $ puisé dans le REER. Par la suite, il pourrait utiliser son remboursement d'impôt pour effectuer la mise de fonds.

Cette stratégie est particulièrement efficace, car elle permet au REER de prendre de la valeur et de continuer à fructifier tout en fournissant une somme appréciable pouvant être utilisée pour la mise de fonds. L'investisseur n'a qu'à payer les intérêts qui correspondent à la courte période du prêt. De plus, les taux d'intérêt applicables sur les prêts REER sont habituellement très avantageux.

Dans le cas d'une stratégie traditionnelle de RAP, l'investisseur puise directement le montant dans son REER. Il ne profite donc plus de la croissance du marché sur ce montant.

La comparaison des deux scénarios

Prenons l'exemple d'un retrait de 25 000 $ provenant d'un REER fait par un investisseur dans le cadre d'un RAP. Considérons également que l'investisseur rembourse le montant minimal requis sur la période maximale permise : il remboursera donc un montant de 1 666,67 $ par année sur 15 ans. Si on suppose que le portefeuille peut générer un rendement annualisé de 6 %, le montant remboursé sur 15 ans aura permis de faire croître le portefeuille REER d'un total de 41 121 $ (25 000 $ en capital remboursé + 16 121 $ en croissance du capital).

Supposons maintenant que le montant de 25 000 $ est demeuré dans le portefeuille durant toute la période de 15 ans. Avec le même rendement de 6 %, la somme de 25 000 $ permettrait de faire croître le portefeuille d'un montant de 59 914 $ (25 000 $ du capital initial + 34 914 $ en croissance du capital).

Il s'agit donc d'un aspect important à considérer : en prélevant un montant substantiel de votre portefeuille REER, vous restreignez du même coup sa croissance. Dans nos deux scénarios, la différence de croissance est de l'ordre de 18 000 $. Le RAP est un merveilleux outil pour accéder à la propriété, mais il faut considérer l'incidence qu'il peut avoir sur la croissance du portefeuille REER.

Le fractionnement du revenu de pension

Le gouvernement fédéral a annoncé en 2006 une mesure qui a permis à des centaines de milliers de Canadiens retraités de faire des économies d'impôt substantielles : le fractionnement du revenu de pension. Cette mesure est en vigueur depuis 2007.

Au Canada, on sait que le revenu est imposé de façon progressive. Selon ce principe, plus le revenu est élevé, plus le taux d'imposition augmente. Une personne qui gagne 100 000 $ sera donc habituellement plus imposée qu'une autre qui a un revenu de 30 000 $.

Le taux d'imposition progressif au fédéral :

- 15 % sur la première tranche de revenu imposable de 40 970 $

- 22 % sur la tranche suivante de 40 971 $ de revenu imposable (sur la partie de revenu imposable entre 40 970 $ et 81 941 $)

- 26 % sur la tranche suivante de 45 080 $ de revenu imposable (sur la partie de revenu imposable entre 81 941 $ et 127 021 $)

- 29 % sur la portion de revenu imposable qui excède 127 021 $.

Avant 2007, cette situation causait une certaine « injustice fiscale » pour les couples retraités dont seulement un des membres touchait un revenu de pension alors que l'autre n'avait qu'un revenu faible ou nul. Le revenu de pension, qui profite pourtant à chacun des conjoints, était imposé à un niveau très élevé, leur faisant ainsi perdre des milliers de dollars.

Pour corriger cette situation, le gouvernement permet de fractionner le revenu entre conjoints. Selon les nouvelles règles, un résident canadien touchant un revenu de pension admissible au crédit d'impôt a le droit d'en allouer la moitié à son conjoint ou conjoint de fait aux fins de déclaration de revenus.

Les revenus de pension admissibles changent à partir de 65 ans. La limite d'âge a été instaurée afin que le crédit d'impôt pour revenus de pension vise les personnes retraitées. Vous trouverez à la page suivante un tableau montrant l'admissibilité des différents revenus de pension.

Un exemple

Pour illustrer les économies d'impôt générées par le fractionnement des revenus de pension, prenons l'exemple simplifié d'un couple, Jean et Joanne, qui sont des retraités de plus de 65 ans. Jean bénéficie d'une pension de 80 000 $ de son employeur tandis que Joanne n'a pas de revenus. Selon l'échelle d'imposition fédérale, Jean devra débourser 14 732 $ en impôt tandis Joanne n'aura rien à débourser étant donné ses revenus nuls.

LE FRACTIONNEMENT DU REVENU

Les revenus de pension admissibles

Moins de 65 ans :
- rente viagère obtenue dans le cadre d'un revenu de pension agréé (régime à prestation fixe ou indéterminée).

65 ans et plus :
- rente viagère obtenue dans le cadre d'un revenu de pension agréé (régime à prestation fixe ou indéterminée) ;
- paiement de rente viagère prévue par un REER ;
- retraits effectués dans un FERR ;
- paiement de rente viagère prévue dans un régime de participation différée aux bénéfices (RPDB) ;
- retrait d'un FERR assujetti à une loi fédérale ou provinciale en matière d'immobilisation – Fonds de revenu viager (FRV) et Fonds de revenu de retraite immobilisé (FRRI)

Les revenus de pension non admissibles

- Sécurité de la vieillesse
- Régime de pensions du Canada
- Régime de rentes du Québec
- Retrait d'un REER

Si on applique le fractionnement du revenu de pension, Jean et Joanne pourront séparer en parts égales la pension de 80 000 $ sur leur déclaration de revenus fédérale. Dans ce cas, chacun des conjoints devra débourser 6 000 $ en impôt pour un total de 12 000 $ à payer. L'économie réalisée par Jean et Joanne sera donc de 2 732 $ (14 732 $ - 12 000 $), soit une économie d'impôt de 18,54 % (2 732 $/14 732 $).

Cet exemple illustre bien l'économie que le fractionnement peut représenter pour un couple de retraités. Le fractionnement permet également de maximiser la prestation de la Sécurité de la vieillesse et d'obtenir d'autres avantages fiscaux.

Le REER de conjoint: est-il toujours pertinent?

Le REER de conjoint est un type de REER qui pourra fournir un revenu à un des conjoints, lorsqu'il viendra à échéance, et auquel les deux conjoints peuvent cotiser. Seul le conjoint qui a le droit de recevoir les paiements provenant de ce REER (le rentier) pourra effectuer des retraits. Cela signifie aussi que seul le rentier pourra déclarer le retrait d'un REER comme revenu dans sa déclaration de revenus.

Le REER de conjoint est donc utile dans le cas ou l'un des deux conjoints a un revenu beaucoup plus élevé que l'autre. Celui qui a le taux d'imposition le plus élevé pourra donc demander la déduction d'impôt pour sa cotisation au REER de conjoint. Si, au moment du retrait, le rentier a un taux d'imposition moins élevé que son conjoint, il y aura une économie d'impôt.

On peut se demander si le fractionnement du revenu de pension a signifié la fin du REER de conjoint. La réponse est non. Dans certaines situations, ce type de REER est toujours pertinent. Le REER de conjoint n'est par exemple pas soumis à la règle du 50 % associé au fractionnement du revenu de pension (un résident canadien touchant un revenu de pension admissible au crédit d'impôt a le droit d'en allouer jusqu'à 50 % à son conjoint de fait). Dans certaines situations, il pourrait être avantageux pour un couple que l'un des deux conjoints possède 100 % du revenu au titre du REER. Le REER de conjoint serait dans ce cas très utile.

· De plus, une personne qui veut convertir son REER en FERR avant l'âge de 65 ans ne pourra pas appliquer le fractionnement du revenu de pension en raison de la limite de 65 ans prévue. Ce serait toutefois possible dans le cadre d'un REER de conjoint.

Le REER de conjoint et le fractionnement du revenu de pension ont chacun leurs avantages et leurs inconvénients. Avec l'aide d'un conseiller, vous pouvez trouver la meilleure méthode selon vos besoins et ceux de votre conjoint.

Deuxième partie

Un modèle de portefeuille canadien équilibré

Les 60 meilleurs fonds communs de placement 2011

8 fonds négociés en Bourse qui se démarquent

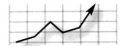

UN MODÈLE DE PORTEFEUILLE CANADIEN ÉQUILIBRÉ

Vous trouverez à la page suivante un portefeuille modèle équilibré, composé de titres boursiers et d'obligations, s'adressant à un investisseur ayant un horizon de placement à long terme. Ce portefeuille est composé presque en parts égales d'actions et d'obligations.

On s'intéresse principalement à des sociétés offrant un rendement en dividendes supérieur à celui du S&P/TSX. La diversification entre obligations provinciales et titres de participation est au cœur de la stratégie adoptée pour réduire la volatilité du portefeuille. Il comprend aussi deux fiducies immobilières offrant des distributions de 6,44 % et de 6,84 %*. Une place importante est octroyée aux sociétés présentant un bilan solide, une couverture de dividendes adéquate et un excellent historique de versement de dividendes.

Les entreprises ont été sélectionnées selon différents paramètres : solidité de leur bilan, potentiel de croissance, évaluation attrayante, qualité de l'équipe de gestion en place, etc. Il ne faut pas oublier que cette évaluation a été faite à une période donnée. Je crois à la solidité à long terme de ce portefeuille, mais je conseille à tous les investisseurs de faire leurs devoirs avant de procéder à l'achat de ces titres. À cet égard, je recommande le recours à un conseiller en placement.

* Calculées sur la valeur de clôture des parts le 10 septembre 2010.

PORTEFEUILLE MODÈLE

Liquidité et revenu fixe	Rendement (%)	Échéance	Montant ($)	% du portefeuille
Encaisse			5 000,00	2
Titre revenu fixe échéance moins de 1 an	3,55	sept. 2010	6 000,00	2
Obligations				
Province Ontario	5,0	mars 2014	17 500,00	7
Province Québec	4,5	déc. 2016	43 500,00	17
Province Québec	4,5	déc. 2018	15 000,00	6
Manitoba	4,15	juin 2020	41 500,00	16
Total liquidité et revenu fixe			**128 500,00**	**49**

Actions et Fiducies	Quantité (titres)	Valeur	
Banque Nouvelle Écosse	150	7 900,00	3
Banque Nationale	100	6 550,00	3
Banque Royale du Canada	250	13 370,00	5
Banque Toronto Dominion	140	10 500,00	4
Barrick Gold	160	7 500,00	3
BCE	200	6 500,00	2
Canadian Pacific Road	120	7 600,00	3
Encana	120	3 600,00	1
Industriel Alliance	240	7 750,00	3
Power Corporation	320	8 750,00	3
Rogers communications	160	5 950,00	2
Soncor Energy	300	10 230,00	4
Talisman	240	4 100,00	2
Thomson Reuters	170	6 500,00	2
Transcanada corp.	170	6 500,00	2
Placement Immobilier Cominar	400	8 500,00	3
Riocan Realestate	500	10 700,00	4
Total actions et fiducies		**132 500,00**	**51**

VALEUR TOTALE DU PORTEFEUILLE		261 000,00	100

LES 60 MEILLEURS FONDS COMMUNS DE PLACEMENT 2011

Avec 60 FCP, la vaste majorité des investisseurs y trouvera son compte, car l'éventail couvre les principales catégories de fonds ainsi que certains secteurs particuliers.

Pour être inclus dans la liste, un fonds doit en premier lieu être offert à large échelle, c'est-à-dire qu'il doit être possible d'y investir par l'intermédiaire de n'importe quelle institution financière. Certaines institutions conservent l'exclusivité de la distribution de leurs propres fonds. Je trouve inconcevable qu'un investisseur soit obligé d'ouvrir un compte dans plusieurs établissements pour bâtir un portefeuille composé des meilleurs fonds communs de placement.

La plupart des fonds proposés sont à la portée de l'investisseur moyen, puisqu'ils n'exigent généralement qu'une mise de fonds initiale de 500 $. Sachez qu'après le versement du montant initial, il est possible d'investir de beaucoup plus petits montants. Vous pouvez par exemple investir, par versements périodiques, aussi peu que 50 $ par mois.

J'ai privilégié les fonds susceptibles de convenir à la majorité des investisseurs, les préférant aux produits trop spécialisés ou concentrés dans une seule catégorie d'actifs. J'ai donc mis l'accent sur les fonds équilibrés canadiens, les fonds d'actions canadiennes et les fonds d'obligations canadiennes, qui vous permettront d'atteindre vos objectifs à long terme. J'ai quand même laissé une place à certains fonds spécialisés, des produits qui peuvent parfois avoir leur place au sein d'un portefeuille.

J'ai aussi privilégié les fonds affichant les meilleurs ratios risque-rendement à long terme dans leur catégorie. J'ai donc choisi les fonds qui obtiennent les meilleurs rendements tout en maintenant un risque peu élevé. Les rendements mirobolants à court terme n'ont donc que très peu retenu mon attention.

Bien sûr, d'autres facteurs sont entrés en ligne de compte dans le processus de sélection : la qualité de l'équipe de gestion, le service offert par la famille de fonds, les frais de gestion, l'efficacité fiscale, la constance des rendements, etc.

L'information fournie sur chaque fonds est essentielle à la prise de décision. On trouvera ces renseignements dans chacune des fiches d'évaluation. Force est d'admettre, cependant, qu'une part importante de subjectivité subsiste. Les évaluations présentées ici constituent un point de départ pour l'investisseur ; toutefois, ce qui doit primer pour lui, ce sont ses propres objectifs de placement. Je rappelle que le recours à un conseiller financier est toujours fortement recommandé.

Certains des fonds mentionnés dans ce guide n'acceptent plus de nouvelles contributions, mais ils demeurent intéressants parce que de nouvelles mises de fonds pourraient être permises à l'avenir, selon l'état du marché et la disposition du gestionnaire. Si l'un d'eux vous intéresse, vérifiez s'il a été rouvert. De toute façon, l'acquisition d'un nouveau fonds doit toujours se faire après mûre réflexion.

Des 60 fonds proposés ici, certains sont des « recrues » sur lesquelles je désire attirer votre attention. L'information historique étant limitée, je ne vous suggère pas forcément de les acheter sur-le-champ. Toutefois, je vous encourage vivement à observer leur évolution, car ils présentent un potentiel indéniable.

Ma source d'information principale provient de l'application PALTrak de Morningstar Canada. À cet égard, je tiens à remercier la firme Morningstar Canada de m'avoir permis de reproduire ses données. PALTrak demeure une précieuse source de renseignements pour ceux qui doivent analyser les fonds communs de placement et en composer des portefeuilles. Il reste que les sites Web de plusieurs familles de fonds sont tout aussi utiles : n'hésitez pas à les consulter pour en connaître davantage sur les différents fonds offerts. Les données sur lesquelles je fonde mon analyse étaient exactes en date du 31 octobre 2010. Bien entendu, puisque l'historique de certains fonds est court, le choix de la date peut influer sur les résultats qu'ils affichent. Lorsque vous commencerez votre magasinage, vous aurez probablement accès à des données plus récentes. Vous pourrez notamment en trouver au www.morningstar.ca ou sur le site de mon cabinet, au www.avantages.com.

Comment lire les fiches

Chaque fiche contient des renseignements qualitatifs et quantitatifs, une note générale ainsi que des commentaires. Les données couvrent généralement des périodes de 10 à 15 ans, ce qui suffit à évaluer l'effet des cycles économiques. Toutefois, plusieurs fonds auront un historique plus bref.

I. L'en-tête du tableau

Vous trouverez dans l'en-tête les éléments suivants :

- La note attribuée au fonds : en fonction de l'information dont je dispose, j'ai donné à chaque fonds une note entre 0 et 10, 10 étant la plus élevée. La note d'un fonds doit être comparée aux appréciations données aux autres fonds de la même catégorie. Si, à l'intérieur d'une même catégorie, les notes sont faibles, c'est que la catégorie me paraît peu attrayante. De plus, la note reflète la constance et surtout le rapport risque-rendement du fonds. Si un produit récolte la note 10, cela n'a rien à voir avec le fait qu'il offre un rendement incomparable, car le risque qu'il comporte est un facteur tout aussi important au regard de sa qualité générale. En matière de notation, il importe aussi que le fonds demeure fidèle à sa mission.

- Le nom du fonds, toujours précédé de la famille responsable de sa distribution. Par exemple : Fidelity répartition d'actifs canadiens.

- Le type de fonds. Par exemple : fonds à revenus fixes, fonds d'actions canadiennes, fonds d'actions internationales.

  — Les fonds hypothécaires ou à revenus fixes : investissements dans les titres hypothécaires ou dans les titres obligataires ;

  — Les fonds équilibrés : investissements dans les obligations et les actions canadiennes ;

  — Les fonds équilibrés ou de répartition d'actifs canadiens : investissements dans les obligations et les actions canadiennes ;

  — Les fonds d'actions canadiennes : investissements dans les actions d'entreprises canadiennes à grande ou moyenne capitalisation ;

— Les fonds d'actions canadiennes à petite capitalisation : investissements dans les actions d'entreprises canadiennes dont la capitalisation est généralement inférieure à un milliard de dollars ;

— Les fonds d'actions mondiales ou internationales : investissements dans les actions étrangères ;

— Les fonds spécialisés par zone géographique : investissements dans les actions de zones géographiques précises ;

— Les fonds spécialisés par secteur : investissements dans les actions d'entreprises de secteurs économiques particuliers.

• La date de la création du fonds.

• Le nom du ou des gestionnaires.

• L'année ou les années d'apparition du fonds dans les éditions antérieures de ce guide. Le cas échéant, j'y accole la mention « Nouveau ».

II. Les renseignements généraux

Dans la partie supérieure gauche du tableau, vous trouverez des renseignements généraux sur le fonds, en date du 31 octobre 2010.

• Investissement minimal : la somme minimale requise pour souscrire au fonds ;

• Fréquence des distributions : la périodicité des versements (mensuelle, trimestrielle, annuelle, semestrielle ou sur demande). Ce renseignement est particulièrement important pour les fonds de revenu. Les fonds d'actions, à quelques exceptions près, ne procèdent qu'à une seule distribution par année, et ce, vers la fin du mois de décembre.

• Valeur de l'actif : la valeur marchande de l'actif du fonds.

• Frais de courtage :

— Structure : frais d'acquisition (entrée), frais de rachat (sortie), aucuns frais ou frais réduits ;

— Ratio : le pourcentage de l'actif utilisé pour couvrir les frais de gestion ;

— Numéro: les codes des fonds sont ceux des versions de base de ces produits offerts en dollars canadiens. Il existe parfois des versions REER, des versions de fonds constitués en société, des versions de fonds distincts (compagnies d'assurance) et des versions libellées en dollars américains.

• Indice de référence: le nom de l'indice de référence utilisé pour établir mes comparaisons entre le rendement du fonds et celui de l'indice (voir le tableau de la page 159).

III. L'analyse du rendement

Dans la partie inférieure gauche du tableau, vous trouverez les éléments d'analyse du rendement.

• Efficacité fiscale avant liquidation (trois ans): l'efficacité fiscale indique le pourcentage du rendement avant impôts d'un fonds qu'un investisseur type obtient une fois ses impôts payés. Plus l'efficacité fiscale est élevée, plus le rendement après impôts se rapproche du rendement avant impôts.

• L'efficacité fiscale est évaluée par rapport à l'ensemble des fonds. Les fonds de revenu ont une efficacité fiscale inférieure aux fonds d'actions. Les fonds monétaires ont l'efficacité fiscale la plus faible. Cette donnée n'est importante que pour vos investissements hors REER ou hors CELI, puisque les bénéfices des placements REER et CELI ne sont imposables qu'au moment du retrait.

• Écart-type sur trois ans (volatilité): pour mesurer le risque, on analyse la volatilité sur plusieurs périodes. Il s'agit d'une mesure mathématique: plus le chiffre est élevé, plus le rendement du fonds a fluctué.

• Rendement moyen: vous trouverez dans cette rubrique les données chiffrées sur le rendement du fonds du 31 octobre 2000 au 31 octobre 2010. Les éléments suivants sont présentés:

— Le rendement du fonds depuis trois mois et six mois;

— Le rendement du fonds de 31 octobre 2009 au 31 octobre 2010;

— Le rendement simple annuel du fonds : le rendement du fonds pour chaque année depuis sa création. Ces données ne remontent pas plus loin que 11 ans ;

— Le quartile : il faut un minimum de 20 fonds pour produire une statistique sur les quartiles. Cette donnée présente le classement d'un fonds par rapport aux autres produits de sa catégorie. Ce classement s'effectue en fonction du rendement seulement, le risque n'étant pas pris en compte. S'il n'y a pas de quartile, c'est que l'échantillon est inférieur à 20 fonds ;

— Le rendement annuel moyen de l'indice de référence désigné dans la section des renseignements généraux.

• Rendement annuel composé : vous trouverez dans ce tableau les données chiffrées sur le rendement composé du fonds. Y figurent les éléments suivants :

— Le rendement annuel composé depuis la création du fonds ;

— Le rendement annuel composé du fonds sur les périodes de 1 an, 2 ans, 3 ans, 4 ans, 5 ans, 10 ans et 15 ans et 20 ans ;

— Le quartile : comme on le fait pour les rendements annuels, on peut établir un classement relativement aux rendements annuels composés. Il faut un minimum de 20 fonds pour produire une statistique sur les quartiles. S'il n'y a pas de quartile, c'est que l'échantillon est inférieur à ce nombre ;

— Le rendement annuel composé de l'indice de référence choisi comme élément de comparaison.

IV. Mes commentaires

Présentés dans la partie droite du tableau, mes commentaires prennent la forme d'une évaluation qualitative du fonds.

TYPES DE FONDS ET INDICE DE RÉFÉRENCE

Catégorie des fonds hypothécaires ou à revenus fixes

Fonds hypothécaires :	ML marché élargi canadien 1-5 ans
Fonds à revenus fixes :	ML marché élargi canadien

Catégorie des fonds équilibrés ou de répartition d'actifs canadiens

Morningstar équilibré canadien d'actifs canadiens :	50/50 ($ CA)

Catégorie des fonds de dividendes

Fonds de dividendes :	S&P/TSX 60

Catégorie des fonds d'actions canadiennes

Fonds d'actions canadiennes :	S&P/TSX
Fonds d'actions canadiennes à petite capitalisation :	BMO petite capitalisation non pondéré

Catégorie des fonds d'actions internationales

Fonds d'actions mondiales et internationales	MSCI Monde ($ CA)

Fonds spécialisés par zone géographique

Actions américaines :	S&P 500 ($ CA)
Actions européennes :	MSCI Europe ($ CA)
Actions de la région Asie-Pacifique :	MSCI Pacifique ($ CA)
Actions chinoises :	MSCI Chine ($ CA)
Actions d'Amérique latine :	MSCI Amérique latine ($ CA)

Fonds spécialisés par secteur

Actions du secteur des métaux précieux :	S&P/TSX plafonné or

LISTE DES FONDS SÉLECTIONNÉS, PAR CATÉGORIE

LES FONDS À REVENU FIXE
(FONDS D'OBLIGATIONS ET FONDS HYPOTHÉCAIRES)

La catégorie des fonds à revenu fixe comprend tous les fonds dont les produits financiers sous-jacents incluent des revenus d'intérêts. Elle comporte plusieurs sous-catégories : fonds d'obligations, fonds d'obligations à court terme, fonds hypothécaires, fonds d'obligations à rendement réel et fonds à rendement élevé. Ce type de fonds est très populaire, malheureusement pas toujours pour les bonnes raisons. Certains investisseurs et conseillers ont tendance à utiliser ces catégories d'actifs pour leur «pseudo-sécurité». J'utilise ce terme, car on considère souvent ces actifs comme des produits garantis, peu importe les conditions du marché. Une obligation offre une garantie de capital de revenu, selon l'émetteur, mais un fonds d'obligations, tout comme une obligation avant échéance, peut avoir une valeur sous-jacente supérieure ou inférieure à son coût d'acquisition.

Ces sous-catégories ont des caractéristiques très différentes les unes des autres ; elles ne sont pas destinées aux mêmes investisseurs. Les fonds d'obligations à court terme et les fonds hypothécaires sont souvent fort semblables. Ils permettent tous deux d'investir des sommes pour des périodes de 6 mois et plus, mais qui ne dépassent pas 24 ou 36 mois. Leur rendement est habituellement plus élevé que celui des fonds du marché monétaire ; c'est d'ailleurs une solution intéressante durant les périodes où les taux d'intérêt sont bas, comme au cours des dernières années. Quant aux fonds d'obligations, ils permettent, selon leur maturation, d'investir à moyen ou à long terme dans un véhicule qui rapporte des revenus d'intérêts. Les risques ou les fluctuations associés à ces produits peuvent être très élevés, tout comme ceux liés aux fonds d'actions d'ailleurs, contrairement aux fausses croyances propagées par de nombreux investisseurs.

Par ailleurs, il existe des fonds d'obligations à rendement élevé. Leurs gestionnaires investissent principalement dans des titres de dettes d'entreprises dont le crédit est plus à risque que les obligations du gouvernement canadien, par exemple. Cette catégorie de fonds comporte beaucoup plus de risque qu'un fonds d'obligations ou qu'un fonds hypothécaire, mais la probabilité de gain est plus élevée, car elle est proportionnelle au risque encouru.

Comme ce dernier est très difficile à évaluer, on ne conseille pas d'investir directement dans ce type de produit. L'acquisition par l'intermédiaire d'un fonds, sous la supervision d'un gestionnaire professionnel, est souhaitable.

Finalement, il existe des fonds d'obligations à rendement réel qui permettent aux investisseurs de protéger leur capital et de le mettre à l'abri de leur pire ennemie : l'inflation !

BANQUE NATIONALE HYPOTHÈQUES

Fonds hypothécaire ou à revenu fixe

Date de création **Août 1991**
Apparitions précédentes **2004, 2005, 2007, 2008, 2009, 2010**

Gestionnaire
Équipe de gestion Natcan

RENSEIGNEMENTS GÉNÉRAUX (au 31 octobre 2010)

INVESTISSEMENT MINIMAL	**500 $**
FRÉQUENCE DES DISTRIBUTIONS	**Mensuelle**
VALEUR DE L'ACTIF (EN MILLIONS $)	**1 346,9**

FRAIS DE COURTAGE
STRUCTURE **Entrée, sortie ou sans frais**
RATIO **1,67**
NUMÉRO ➤ ENTRÉE **NBC416**
➤ SORTIE **NBC616**
➤ SANS FRAIS **NBC816**

INDICE DE RÉFÉRENCE **ML marché élargi canadien 1-5 ans**

ANALYSE DU RENDEMENT

EFFICACITÉ FISCALE AVANT LIQUIDATION (3 ANS) . . **65,2**
ÉCART-TYPE 3 ANS (VOLATILITÉ) **1,7**

RENDEMENT

ANNÉE	RENDEMENT MOYEN DU FONDS (%)	QUARTILE	RENDEMENT MOYEN DE L'INDICE DE RÉFÉRENCE (%)
3 mois	1,3	2	1,5
6 mois	3,0	2	3,7
2009	2,9	3	4,6
2008	5,5	3	8,3
2007	3,0	2	3,9
2006	3,8	1	4,1
2005	3,7	1	2,4
2004	4,9	1	5,0
2003	4,4	1	5,0
2002	4,5	2	6,0
2001	9,1	1	9,4
2000	7,3	1	8,2

RENDEMENT ANNUEL COMPOSÉ

PÉRIODE	RENDEMENT ANNUEL COMPOSÉ DU FONDS (%)	QUARTILE	RENDEMENT ANNUEL COMPOSÉ DE L'INDICE DE RÉFÉRENCE (%)
Depuis sa création	5,7		
1 an	3,2	2	4,2
2 ans	3,7	3	5,8
3 ans	3,8	3	6,1
4 ans	3,7	3	5,3
5 ans	3,6	2	5,0
10 ans	4,6	1	5,5
15 ans	4,8	1	5,8

COMMENTAIRES

Les fonds de placements hypothécaires, contrairement aux fonds du marché monétaire ou aux comptes d'épargne, ne sont pas entièrement sécuritaires. Tout comme dans le cas des obligations à court terme, la valeur de l'unité peut varier. Vous n'en devriez pas moins investir les économies dont vous n'aurez pas besoin au cours des trois prochains mois dans ce type de fonds plutôt que dans un fonds du marché monétaire.

Pourquoi ? Parce que les fonds de placements hypothécaires, comme celui de la Banque Nationale, sont des regroupements d'hypothèques résidentielles garanties par la SCHL (Société canadienne d'hypothèques et de logement) ou par la Banque Nationale elle-même. Le risque de crédit est donc pratiquement nul.

De plus, le fonds de placements hypothécaires de la Banque Nationale a eu, sur 15 ans, un rendement annualisé de 4,8 % en date du 31 octobre 2010, alors que celui des fonds du marché monétaire a été de 2,7 % durant la même période. Quand les taux d'intérêt sont particulièrement bas, comme en 2009-2010, la différence est encore plus importante : 3,2 % sur 12 mois pour le fonds de placements hypothécaires contre seulement 0,2 % pour la moyenne des fonds du marché monétaire.

Ce fonds n'a rien d'un produit miracle, mais il a sa place dans le portefeuille de certains investisseurs. Notons qu'une hausse subite des taux d'intérêt influera négativement sur le rendement de ce type de placement.

Fonds hypothécaire ou à revenu fixe

Date de création	**Janvier 1995**
Apparitions précédentes	**2001, 2010**

Gestionnaires
Moore, Jeff • Miron, Brian

RENSEIGNEMENTS GÉNÉRAUX (au 31 octobre 2010)

INVESTISSEMENT MINIMAL	**500 $**
FRÉQUENCE DES DISTRIBUTIONS	**Mensuelle**
VALEUR DE L'ACTIF (EN MILLIONS $)	**1 384**
FRAIS DE COURTAGE	
STRUCTURE	**Frais à l'entrée**
RATIO	**1,13**
NUMÉRO ⟩ ENTRÉE	**FID285**
INDICE DE RÉFÉRENCE	**ML marché élargi canadien 1-5 ans**

ANALYSE DU RENDEMENT

EFFICACITÉ FISCALE AVANT LIQUIDATION (3 ANS) . .**63,6**
ÉCART-TYPE 3 ANS (VOLATILITÉ) **2,2**

RENDEMENT

ANNÉE	RENDEMENT MOYEN DU FONDS (%)	QUARTILE	RENDEMENT MOYEN DE L'INDICE DE RÉFÉRENCE (%)
3 mois	1,4	2	1,5
6 mois	3,5	1	3,7
2009	4,4	2	4,6
2008	5,8	2	8,3
2007	2,4	3	3,9
2006	3,7	1	4,1
2005	1,8	2	2,4
2004	3,6	2	5,0
2003	4,0	1	5,0
2002	4,5	2	6,0
2001	**8,0**	2	9,4
2000	7,1	1	8,2

RENDEMENT ANNUEL COMPOSÉ

PÉRIODE	RENDEMENT ANNUEL COMPOSÉ DU FONDS (%)	QUARTILE	RENDEMENT ANNUEL COMPOSÉ DE L'INDICE DE RÉFÉRENCE (%)
Depuis sa création	5,3		
1 an	4,0	1	4,2
2 ans	5,2	2	5,8
3 ans	4,9	2	6,1
4 ans	4,2	1	5,3
5 ans	4,0	1	5,0
10 ans	4,4	1	5,5
15 ans	4,8	1	5,8

COMMENTAIRES

Sur 25 ans, les fonds de cette catégorie ont eu un rendement annualisé respectable de 6,2 %. Idéals pour accueillir des actifs à moyen et même à court terme, ils n'ont jamais eu de rendement négatif pour une année civile au cours des 25 dernières années (au 31 octobre 2010).

Les obligations qui composent ces fonds doivent avoir, en moyenne, des échéances inférieures à cinq ans, ce qui les rend moins sensibles aux variations des taux d'intérêt. Il s'agit d'une bonne solution de rechange aux fonds du marché monétaire ou aux comptes bancaires durant les périodes où les taux d'intérêt sont bas, à condition de pouvoir immobiliser son capital pour une période minimale de trois à six mois.

Le fonds Fidelity Obligations canadiennes court terme est un des plus intéressants de sa catégorie. Il est classé dans le premier quartile sur 1, 5, 10 et 15 ans. Ses frais de gestion de 1,13 % sont très compétitifs quand on considère que, dans cette catégorie, ces frais sont en moyenne de 1,40 %. Au cours des 12 derniers mois (au 31 octobre 2010), le rendement de ce produit a été de 4,0 %, contre une médiane de 3,2 % dans sa catégorie. Sur 10 ans, il a été de 4,4 % annualisé, contre une médiane de 3,7 %.

Les gestionnaires en place sont Brian Miron, depuis juillet 2007, et Jeff Moore, depuis mai 2008. Ils sont au service de Fidelity depuis plus de 10 ans et ont occupé des postes similaires auparavant. L'actif sous gestion est assez élevé (plus de 1,3 milliard), ce qui classe ce fonds parmi les 10 plus gros de sa catégorie. Cet actif connu une hausse de plus de 50 % au cours des 12 derniers mois.

FIDELITY OBLIGATIONS CANADIENNES

Fonds hypothécaire ou à revenu fixe

Date de création	**Février 1988**
Apparitions précédentes	**Nouveau**

Gestionnaires
Moore, Jeff • Miron, Brian

RENSEIGNEMENTS GÉNÉRAUX (au 31 octobre 2010)

INVESTISSEMENT MINIMAL	**500 $**
FRÉQUENCE DES DISTRIBUTIONS	**Mensuelle**
VALEUR DE L'ACTIF (EN MILLIONS $)	**3 567,5**
FRAIS DE COURTAGE	
STRUCTURE	**Frais à l'entrée**
RATIO	**1,26**
NUMÉRO ➣ ENTRÉE	**FID233**
INDICE DE RÉFÉRENCE	**ML marché élargi canadien**

ANALYSE DU RENDEMENT

EFFICACITÉ FISCALE AVANT LIQUIDATION (3 ANS) . .**82,5**
ÉCART-TYPE 3 ANS (VOLATILITÉ) **3,6**

RENDEMENT

ANNÉE	RENDEMENT MOYEN DU FONDS (%)	QUARTILE	RENDEMENT MOYEN DE L'INDICE DE RÉFÉRENCE (%)
3 mois	2,8	2	3,2
6 mois	5,7	2	6,6
2009	6,5	2	5,2
2008	4,1	2	6,1
2007	2,1	3	3,6
2006	3,0	2	4,1
2005	5,9	1	6,9
2004	5,6	2	7,2
2003	5,8	2	6,7
2002	7,5	2	8,8
2001	6,7	2	8,0
2000	**9,1**	2	10,4

RENDEMENT ANNUEL COMPOSÉ

PÉRIODE	RENDEMENT ANNUEL COMPOSÉ DU FONDS (%)	QUARTILE	RENDEMENT ANNUEL COMPOSÉ DE L'INDICE DE RÉFÉRENCE (%)
Depuis sa création	6,8		
1 an	7,1	2	7,8
2 ans	9,3	2	9,5
3 ans	6,5	2	7,2
4 ans	5,0	2	5,8
5 ans	4,8	2	5,7
10 ans	5,8	2	6,8
15 ans	6,0	2	7,3
20 ans	6,9	3	

COMMENTAIRES

Ce fonds n'est pas un nouveau venu: sa création remonte à février 1988. C'est un des rares fonds qui existe depuis plus de 20 ans. Sans être «spectaculaire», il est stable, son écart-type (risque) n'est pas trop élevé, et il n'a connu qu'une période de rendement négatif sur 12 mois en date du 31 octobre 2010. C'était en 1994, mais il est loin d'être le seul à avoir reculé au cours de cette année-là.

Son actif sous gestion est important: en cumulant les diverses versions, il dépasse 3,5 milliards. Il a connu une hausse de près de 15 % au cours des 12 derniers mois.

Les gestionnaires qui s'en occupent, Jeff Moore depuis mai 2008 et Brian Miron depuis juillet 2007, sont des gens d'expérience. Le rendement annualisé du fonds a été de 6 % sur 15 ans, contre une médiane de 5,8 % dans sa catégorie. Sur 12 mois, il a été de 7,1 %, contre une médiane de 6,8 %.

Les frais de gestion sont de 1,26 %, contre une moyenne de 1,52 % dans sa catégorie. Bref, c'est un produit parfait pour l'investisseur prudent qui songe faire des placements à long terme.

TD OBLIGATIONS CANADIENNES

Fonds hypothécaire ou à revenu fixe

Date de création	**Juin 1988**
Apparitions précédentes	**2005, 2006, 2007, 2008, 2009, 2010**

Gestionnaires
Rai, Satish • Wilson, Geoff

RENSEIGNEMENTS GÉNÉRAUX (au 31 octobre 2010)

INVESTISSEMENT MINIMAL	**500 $**
FRÉQUENCE DES DISTRIBUTIONS	**Trimestrielle**
VALEUR DE L'ACTIF (EN MILLIONS $)	**9 909,9**
FRAIS DE COURTAGE	
STRUCTURE	**Entrée, sortie, réduit, sans frais**
RATIO	**1,05**
NUMÉRO ➤ ENTRÉE	**TDB 306**
➤ SORTIE	**TDB 336**
➤ RÉDUIT	**TDB 366**
➤ SANS FRAIS	**TDB 162**
INDICE DE RÉFÉRENCE	**ML marché élargi canadien**

ANALYSE DU RENDEMENT

EFFICACITÉ FISCALE AVANT LIQUIDATION (3 ANS) . . . **71,5**
ÉCART-TYPE 3 ANS (VOLATILITÉ) **3,7**

RENDEMENT

ANNÉE	RENDEMENT MOYEN DU FONDS (%)	QUARTILE	RENDEMENT MOYEN DE L'INDICE DE RÉFÉRENCE (%)
3 mois	2,8	2	3,2
6 mois	6,1	1	6,6
2009	9,8	1	5,2
2008	2,6	3	6,1
2007	1,8	3	3,6
2006	2,6	3	4,1
2005	6,4	1	6,9
2004	7,2	1	7,2
2003	7,7	1	6,7
2002	9,0	1	8,8
2001	6,4	3	8,0
2000	**11,3**	1	10,4

RENDEMENT ANNUEL COMPOSÉ

PÉRIODE	RENDEMENT ANNUEL COMPOSÉ DU FONDS (%)	QUARTILE	RENDEMENT ANNUEL COMPOSÉ DE L'INDICE DE RÉFÉRENCE (%)
Depuis sa création	7,9		
1 an	7,6	1	7,8
2 ans	10,6	1	9,5
3 ans	7,1	1	7,2
4 ans	5,4	1	5,8
5 ans	5,1	1	5,7
10 ans	6,3	1	6,8
15 ans	7,1	1	7,3
20 ans	8,3	1	

COMMENTAIRES

Ce fonds, qui en est à sa septième apparition à ce palmarès annuel, est sous la responsabilité de Satish Rai depuis sa création. Ce dernier est soutenu dans son travail par Geoff Wilson depuis janvier 2002. M. Rai est considéré comme un des meilleurs gestionnaires du Canada dans la catégorie des fonds à revenu fixe.

La réputation de ces gestionnaires aidant, l'actif de ce fonds est le plus important de sa catégorie. Si on inclut toutes les versions, il dépasse 9,9 milliards. Cela en fait un des fonds les plus importants du Canada, toutes catégories confondues.

En version C, les frais de gestion du fonds sont de 1,31 %, contre une médiane de 1,52 % dans sa catégorie. Le risque sur trois et sur cinq ans est semblable à celui qu'on observe dans la moyenne des fonds de ce type, pour un rendement nettement supérieur.

Dans une catégorie où chaque dixième de point de pourcentage est important, le rendement annualisé de ce fonds est de 8,3 % sur 20 ans. Sur 1 an, il a été de 7,6 %, contre une médiane de 6,8 %.

Le fonds TD Obligations canadiennes est dans le premier quartile pour des placements de 1 à 15 ans ; c'est un des plus stables de sa catégorie. La fiabilité de son gestionnaire est sans pareille, ou presque. Ce produit s'adresse seulement à l'investisseur qui a une perspective de placement à long terme (plus de cinq ans).

TD OBLIGATIONS À RENDEMENT RÉEL

Fonds hypothécaire ou à revenu fixe

Date de création **Novembre 1994**
Apparitions précédentes **2003, 2004, 2005, 2006, 2007, 2008, 2009, 2010**

Gestionnaires
Wilson, Geoff • McCulla, David

RENSEIGNEMENTS GÉNÉRAUX (au 31 octobre 2010)

INVESTISSEMENT MINIMAL	**500 $**
FRÉQUENCE DES DISTRIBUTIONS	**Trimestrielle**
VALEUR DE L'ACTIF (EN MILLIONS $)	**1 552,5**

FRAIS DE COURTAGE
STRUCTURE **Entrée, sortie, réduit, sans frais**
RATIO **1,42**
NUMÉRO ➤ ENTRÉE **TDB 755**
➤ SORTIE **TDB 775**
➤ RÉDUIT **TDB 795**
➤ SANS FRAIS **TDB 646**

INDICE DE RÉFÉRENCE **ML marché élargi canadien**

ANALYSE DU RENDEMENT

EFFICACITÉ FISCALE AVANT LIQUIDATION (3 ANS) ..**82,6**
ÉCART-TYPE 3 ANS (VOLATILITÉ) **10,5**

RENDEMENT

ANNÉE	RENDEMENT MOYEN DU FONDS (%)	QUARTILE	RENDEMENT MOYEN DE L'INDICE DE RÉFÉRENCE (%)
3 mois	6,5	3	3,2
6 mois	7	3	6,6
2009	13,5	2	5,2
2008	-1,2	3	6,1
2007	0,8	2	3,6
2006	-3,5	3	4,1
2005	11,0	2	6,9
2004	14,2	1	7,2
2003	10,3	1	6,7
2002	13,0	1	8,8
2001	-1,1	4	8,0
2000	15,7	1	10,4

RENDEMENT ANNUEL COMPOSÉ

PÉRIODE	RENDEMENT ANNUEL COMPOSÉ DU FONDS (%)	QUARTILE	RENDEMENT ANNUEL COMPOSÉ DE L'INDICE DE RÉFÉRENCE (%)
Depuis sa création	7,4		
1 an	10,3	3	7,8
2 ans	13,5	2	9,5
3 ans	7,6	2	7,2
4 ans	4,9	2	5,8
5 ans	4,1	1	5,7
10 ans	6,7	1	6,8
15 ans	7,4	1	7,3

COMMENTAIRES

Après avoir connu de bonnes années de 2002 à 2005 avec des rendements supérieurs à 10 %, les fonds d'obligations à rendement réel ont connu une période difficile, mais la dernière année a été plus que positive.

Ces fonds ont la particularité de protéger les placements de l'investisseur en période d'inflation. Leurs gestionnaires investissent dans des obligations ajustées au taux d'inflation à la fois sur le coupon et sur la valeur nominale. Le résultat d'un tel ajustement? Des rendements davantage liés à l'inflation et moins corrélés aux autres catégories d'actifs.

Le grand nom de cette catégorie est le fonds Obligations à rendement réel TD. Malgré le départ d'un de ses gestionnaires-vedettes, Satish Rai, il s'agit d'un incontournable parmi les produits de ce type. La gestion de ce fonds incombe à Geoff Wilson depuis 2002 et à David McCulla depuis 2008.

Le rendement annualisé de ce produit s'élève à 7,4 % sur 15 ans et est classé dans le premier quartile sur 5, 10 et 15 ans. L'actif du fonds est très important : plus de 1,5 milliard. C'est de loin le plus gros de sa catégorie. Il a connu une hausse de 20 % au cours des 12 derniers mois.

Ce genre de produit est destiné aux gens qui veulent faire des placements à long terme.

LES FONDS ÉQUILIBRÉS

Les fonds équilibrés forment une des catégories les plus populaires dans le monde des fonds communs de placement au Canada. Évidemment, ce sont les fonds les plus complets et les plus accessibles. Pour une personne qui désire faire ses premiers pas dans l'univers de l'investissement, c'est probablement le meilleur choix hormis les fameux CPG (certificats de pauvreté garantie !). J'ai tendance à conseiller aux gens d'épurer et de simplifier au maximum leurs placements. Beaucoup d'investisseurs ont l'impression que, plus leur portefeuille contient de produits financiers, plus il est efficace. Dans les faits, c'est souvent l'inverse qui se produit.

La plupart des gens confondent saine répartition des actifs et éparpillement. La différence entre les deux est importante. Méfions-nous de ceux qui ont des comptes dans trois ou quatre institutions financières, ce qui complique le suivi des investissements et multiplie les états de compte, qui sont souvent mis directement au bac à recyclage. Pour un investisseur, une saine répartition des actifs, c'est un portefeuille où il n'a pas mis « tous ses œufs dans le même panier ». Autrement dit, il a investi son capital dans plusieurs types d'actifs : les actions canadiennes et étrangères, et les fonds à revenu fixe. Évidemment, chacune de ces catégories comprend des sous-classes axées sur l'ampleur des capitalisations boursières et sur les secteurs qui composent les indices boursiers (ressources, finances, technologies, vente au détail, etc.).

Un portefeuille équilibré devrait comporter des investissements dans plusieurs des secteurs qui composent les indices boursiers de référence, et sa partie à revenu fixe devrait être composée de divers produits offerts par ces secteurs : obligations d'épargne selon leur garantie financière (ou cote de crédit), acceptations bancaires, liquidités, etc. Cependant, investir dans plusieurs produits financiers pour mieux répartir le risque, c'est plus facile à dire qu'à réaliser. Le suivi et le choix des produits financiers demandent du temps, des connaissances et un capital important (au moins 250 000 $). C'est ici qu'intervient le fonds équilibré : ce type d'investissement peut représenter le portefeuille idéal, avec seulement… 500 $ ou même 50 $ de mise de fonds par mois !

Selon moi, un bon fonds équilibré suffit pour constituer un portefeuille complet. La plupart de ces fonds peuvent comprendre une cinquantaine de titres canadiens ou étrangers émanant de divers secteurs, et la partie à revenu fixe peut faire appel à une vingtaine d'émetteurs différents. Les fonds que je propose sont parmi les meilleurs de leurs catégories. Ils sont en mesure de répondre aux besoins des investisseurs les plus exigeants, et ce, sans tracasseries inutiles.

CI SIGNATURE CANADIEN ÉQUILIBRÉ

Fonds équilibré

Date de création	**Juin 1997**	Gestionnaire
Apparitions précédentes	**2009, 2010**	**Bushell, Eric**

RENSEIGNEMENTS GÉNÉRAUX (au 31 octobre 2010)

INVESTISSEMENT MINIMAL	**500 $**
FRÉQUENCE DES DISTRIBUTIONS	**Semestrielle**
VALEUR DE L'ACTIF (EN MILLIONS $)	**1 916,8**
FRAIS DE COURTAGE	
STRUCTURE	**Entrée, sortie, réduit**
RATIO	**2,37**
NUMÉRO ➤ ENTRÉE	**CIG685**
➤ SORTIE	**CIG785**
➤ RÉDUIT	**CIG1785**
INDICE DE RÉFÉRENCE	**Morningstar équilibré 50-50**

ANALYSE DU RENDEMENT

EFFICACITÉ FISCALE AVANT LIQUIDATION (3 ANS) . . . **25,1**
ÉCART-TYPE 3 ANS (VOLATILITÉ) **10,8**

RENDEMENT

ANNÉE	RENDEMENT MOYEN DU FONDS (%)	QUARTILE	RENDEMENT MOYEN DE L'INDICE DE RÉFÉRENCE (%)
3 mois	4,0	4	6,0
6 mois	2,2	4	6,0
2009	21,3	1	19,7
2008	-15,5	2	-14,9
2007	2,5	2	6,8
2006	14,4	1	10,7
2005	17,1	1	15,4
2004	10,4	2	10,9
2003	14,9	1	16,4
2002	-7,3	3	-2,1
2001	-3,3	4	-2,2
2000	4,9	3	9,4

RENDEMENT ANNUEL COMPOSÉ

PÉRIODE	RENDEMENT ANNUEL COMPOSÉ DU FONDS (%)	QUARTILE	RENDEMENT ANNUEL COMPOSÉ DE L'INDICE DE RÉFÉRENCE (%)
Depuis sa création	8,0		
1 an	9,1	3	13,8
2 ans	12,2	2	13,9
3 ans	1,8	2	3,2
4 ans	3,5	1	5,1
5 ans	5,9	1	6,8
10 ans	5,2	1	6,3
15 ans			

COMMENTAIRES

La création de ce fonds remonte à juin 1997, et il apparaît pour une troisième fois à ce palmarès des meilleurs fonds. L'expérience et la compétence de son gestionnaire, Eric Bushell, ne font aucun doute pour moi.

M. Bushell est à la tête de ce fonds depuis 2002. Il a rapidement su y implanter sa philosophie du placement : jamais de risque indu, jamais d'investissement qui ne soit récompensé d'une manière ou d'une autre malgré les risques encourus.

La répartition des actifs de ce fonds est plus qu'intéressante : 35 % en actions canadiennes, 25 % en revenu fixe, 22 % en actions américaines, 12 % en actions internationales et 6 % en liquidités. J'affectionne particulièrement ce style de fonds, qui pourrait d'ailleurs constituer le seul de votre portefeuille.

Il est particulièrement intéressant à long terme : son rendement annualisé sur 10 ans est de 5,2 %, contre une médiane de seulement 3,7 %. Dans la catégorie des fonds équilibrés, il est dans le premier quartile sur 5 ans et sur 10 ans. À court et à moyen terme, il fait fréquemment partie du deuxième ou même du troisième quartile (cela s'explique par la grande prudence de son gestionnaire) mais, à long terme, il trouve toujours sa place parmi les meilleurs.

M. Bushell est un homme d'expérience, et son discernement en fait un des meilleurs gestionnaires du Canada.

Fonds équilibré

Date de création	**Juillet 1998**
Apparitions précédentes	**2007, 2008, 2009, 2010**

Gestionnaires
Sehgal, Rohit • McHugh, Michael

RENSEIGNEMENTS GÉNÉRAUX (au 31 octobre 2010)

INVESTISSEMENT MINIMAL	**500 $**
FRÉQUENCE DES DISTRIBUTIONS	**Annuelle**
VALEUR DE L'ACTIF (EN MILLIONS $)	**2 067,6**
FRAIS DE COURTAGE	
STRUCTURE	**Entrée, sortie, réduit**
RATIO	**2,06**
NUMÉRO ➤ ENTRÉE	**DYN001**
➤ SORTIE	**DYN701**
➤ RÉDUIT	**DYN601**
INDICE DE RÉFÉRENCE	**Morningstar équilibré 50-50**

ANALYSE DU RENDEMENT

EFFICACITÉ FISCALE AVANT LIQUIDATION (3 ANS) . . . **59,2**
ÉCART-TYPE 3 ANS (VOLATILITÉ) **16,1**

RENDEMENT

ANNÉE	RENDEMENT MOYEN DU FONDS (%)	QUARTILE	RENDEMENT MOYEN DE L'INDICE DE RÉFÉRENCE (%)
3 mois	7,0	1	6,0
6 mois	4,0	3	6,0
2009	**35,1**	1	19,7
2008	**-26,9**	4	-14,9
2007	14,9	1	6,8
2006	14,9	1	10,7
2005	18,3	1	15,4
2004	10,7	2	10,9
2003	21,0	1	16,4
2002	0,4	1	-2,1
2001	-3,5	4	-2,2
2000	9,9	2	9,4

RENDEMENT ANNUEL COMPOSÉ

PÉRIODE	RENDEMENT ANNUEL COMPOSÉ DU FONDS (%)	QUARTILE	RENDEMENT ANNUEL COMPOSÉ DE L'INDICE DE RÉFÉRENCE (%)
Depuis sa création	9,1		
1 an	14,2	1	13,8
2 ans	18,4	1	13,9
3 ans	2,0	2	3,2
4 ans	6,9	1	5,1
5 ans	8,2	1	6,8
10 ans	7,9	1	6,3
15 ans			

COMMENTAIRES

Ce fonds n'est pas à la portée de tous les investisseurs, mais cela n'a rien à voir avec la profondeur de leurs poches. Le hic, c'est la volatilité du produit. En effet, la famille de fonds «Power», de Dynamique, porte bien son nom. Cela dit, les investisseurs qui sont prêts à assumer le risque sont en général très bien récompensés à moyen et à long terme.

La création de ce fonds remonte à juillet 1998. Rohit Sehgal et Michael McHugh, de Goodman & Company, en assument la gestion depuis le début. L'actif du fonds, qui dépasse 2 milliards, a connu une hausse de plus de 43 % au cours des 12 derniers mois (en date du 31 octobre 2010). Les frais de gestion de 2,06 % sont relativement peu élevés si on les compare à la moyenne de 2,29 % pour la catégorie.

Même s'il comporte un risque beaucoup plus élevé que d'autres fonds du même type, ce produit n'a pas été touché autant qu'on aurait pu s'y attendre par la récession de 2008. Ce fonds se classe dans le premier quartile sur 1, 2, 4, 5 et 10 ans. Son rendement annualisé sur 10 ans s'élève à 7,9 %, contre une médiane de seulement 3,7 %. Depuis sa création, le fonds équilibré Power Dynamique a toujours obtenu des rendements beaucoup plus élevés que les autres produits de sa catégorie (sauf pour une année : 2006).

Exceptionnel, mais cœurs sensibles s'abstenir.

FIDELITY ÉQUILIBRE CANADA

Fonds équilibré

Date de création **Septembre 1998**
Apparitions précédentes **2002, 2003, 2004, 2005, 2006, 2007, 2008, 2009, 2010**

Gestionnaires
Friebel, Mark • Egan, Mariana
Lank, Harley • Moore, Jeffrey

RENSEIGNEMENTS GÉNÉRAUX (au 31 octobre 2010)

INVESTISSEMENT MINIMAL	**500 $**
FRÉQUENCE DES DISTRIBUTIONS	**Trimestrielle**
VALEUR DE L'ACTIF (EN MILLIONS $)	**5 672,4**
FRAIS DE COURTAGE	
STRUCTURE	**Frais à l'entrée**
RATIO	**2,03**
NUMÉRO ➤ ENTRÉE	**FID282**
INDICE DE RÉFÉRENCE	**Morningstar équilibré 50-50**

ANALYSE DU RENDEMENT

EFFICACITÉ FISCALE AVANT LIQUIDATION (3 ANS) . . **64,3**
ÉCART-TYPE 3 ANS (VOLATILITÉ) **11,5**

RENDEMENT

ANNÉE	RENDEMENT MOYEN DU FONDS (%)	QUARTILE	RENDEMENT MOYEN DE L'INDICE DE RÉFÉRENCE (%)
3 mois	6,4	1	6,0
6 mois	5,1	1	6,0
2009	**22,3**	1	19,7
2008	-18,7	3	-14,9
2007	8,1	1	6,8
2006	10,5	2	10,7
2005	13,7	2	15,4
2004	9,2	2	10,9
2003	12,4	2	16,4
2002	-0,4	1	-2,1
2001	2,4	2	-2,2
2000	13,6		9,4

RENDEMENT ANNUEL COMPOSÉ

PÉRIODE	RENDEMENT ANNUEL COMPOSÉ DU FONDS (%)	QUARTILE	RENDEMENT ANNUEL COMPOSÉ DE L'INDICE DE RÉFÉRENCE (%)
Depuis sa création	8,5		
1 an	13,4	1	13,8
2 ans	14,5	1	13,9
3 ans	2,2	2	3,2
4 ans	4,8	1	5,1
5 ans	6,3	1	6,8
10 ans	6,3	1	6,3
15 ans			

COMMENTAIRES

Il ne s'agit pas du fonds le plus spectaculaire de sa catégorie, mais ses rendements sont toujours conformes aux attentes des investisseurs et nettement meilleurs que la moyenne de sa catégorie, pour un risque à peine plus élevé. Ses gestionnaires, Harley Lank depuis août 2007, Jeff Moore depuis mai 2008 ainsi que Mark Friebel et Mariana Egan depuis mars 2009, ne font pas partie de l'équipe fondatrice, mais ils ont su prendre la relève avec brio.

L'actif sous gestion est très important : si on inclut les diverses versions du fonds, il dépasse 5,6 milliards. Les frais de gestion sont de 2,03 %, ce qui est plutôt faible par comparaison avec la moyenne de la catégorie (2,29 %). Ces frais réduits sont le fruit d'une politique de Fidelity, qui a abaissé les frais de gestion de l'ensemble de ses produits. Malheureusement, cela ne semble pas avoir eu grand effet sur les investisseurs qui, pourtant, ne cessent de dire que les frais de gestion de l'industrie sont trop élevés.

C'est la 10e fois que ce produit fait partie de mes recommandations ; peu de fonds ont connu un tel succès depuis que j'ai commencé à publier ce palmarès annuel. Le fonds Fidelity Équilibre Canada se classe dans le premier quartile sur 2, 4, 5 et 10 ans. Son rendement annualisé sur 10 ans est de 6,3 %, contre une médiane de 3,7 % dans sa catégorie.

Il s'agit d'un excellent choix pour l'investisseur prudent qui recherche la stabilité à long terme.

Fonds équilibré

Date de création	**Novembre 2003**
Apparitions précédentes	**2009, 2010**

Gestionnaires
Swanson, Bob • Miron, Brian
Dupont, Daniel • Newman, Don

RENSEIGNEMENTS GÉNÉRAUX (au 31 octobre 2010)

INVESTISSEMENT MINIMAL	**500 $**
FRÉQUENCE DES DISTRIBUTIONS	**Mensuelle**
VALEUR DE L'ACTIF (EN MILLIONS $)	**2 762,2**
FRAIS DE COURTAGE	
STRUCTURE	**Frais à l'entrée**
RATIO	**2,03**
NUMÉRO ➤ ENTRÉE	**FID269**
INDICE DE RÉFÉRENCE	**Morningstar équilibré 50-50**

ANALYSE DU RENDEMENT

EFFICACITÉ FISCALE AVANT LIQUIDATION (3 ANS) . .**69,2**
ÉCART-TYPE 3 ANS (VOLATILITÉ) **10,7**

RENDEMENT

ANNÉE	RENDEMENT MOYEN DU FONDS (%)	QUARTILE	RENDEMENT MOYEN DE L'INDICE DE RÉFÉRENCE (%)
3 mois	5,8	1	6,0
6 mois	5,1	1	6,0
2009	**28,5**	**1**	**19,7**
2008	-19,0	4	-14,9
2007	3,6	1	6,8
2006	11,8	1	10,7
2005	16,9	1	15,4
2004	10,2	2	10,9
2003			
2002			
2001			
2000			

RENDEMENT ANNUEL COMPOSÉ

PÉRIODE	RENDEMENT ANNUEL COMPOSÉ DU FONDS (%)	QUARTILE	RENDEMENT ANNUEL COMPOSÉ DE L'INDICE DE RÉFÉRENCE (%)
Depuis sa création	8,4		
1 an	15,7	1	13,8
2 ans	15,7	1	13,9
3 ans	3,9	1	3,2
4 ans	4,8	1	5,1
5 ans	7,3	1	6,8
10 ans			
15 ans			

COMMENTAIRES

C'est la troisième fois que ce fonds apparaît dans mon guide annuel. Il se classe dans le premier quartile sur 1, 2, 3, 4 et 5 ans. Sa création, relativement récente, remonte à juillet 2003. Bob Swanson en est le gestionnaire principal ; il est soutenu dans son travail par Brian Miron, Daniel Dupont et Don Newman.

L'actif sous gestion de ce produit est d'un peu plus de 2,7 milliards, incluant les diverses versions. Il a connu une hausse au cours des 12 derniers mois. Les frais de gestion qui sont associés à ce fonds sont de 2,03 %, contre une moyenne de 2,29 % dans sa catégorie.

Depuis sa création, ce produit a toujours battu la médiane de sa catégorie, et ce, sans exception (au 31 octobre 2010). Son rendement annualisé sur 5 ans est de 7,3 %, contre une médiane de 3,7 % ; sur 3 ans, il est de 3,9 %, contre une médiane de 0,9 % ; et sur 1 an, il est de 15,7 %, contre une médiane de 10,6 %.

Sur 5 ans, le rendement de ce produit est largement supérieur à la moyenne de sa catégorie, pour une volatilité à peine plus élevée. Son ratio risque-rendement est un des plus intéressants de sa catégorie.

MÉRITAGE PORTEFEUILLE ÉQUILIBRÉ

Fonds équilibré

Date de création **Septembre 2006**
Apparitions précédentes **2009, 2010**

Gestionnaire
Équipe de gestion – Banque Nationale

RENSEIGNEMENTS GÉNÉRAUX (au 31 octobre 2010)

INVESTISSEMENT MINIMAL	**5 000 $**
FRÉQUENCE DES DISTRIBUTIONS	**Annuelle**
VALEUR DE L'ACTIF (EN MILLIONS $)	**206,6**
FRAIS DE COURTAGE	
STRUCTURE	**Entrée, sortie, réduit**
RATIO	**2,34**
NUMÉRO ➤ ENTRÉE	**MTG413**
➤ SORTIE	**MTG513**
➤ RÉDUIT	**MTG513**
INDICE DE RÉFÉRENCE	**Morningstar équilibré 50-50**

ANALYSE DU RENDEMENT

EFFICACITÉ FISCALE AVANT LIQUIDATION (3 ANS) . . .**81,5**
ÉCART-TYPE 3 ANS (VOLATILITÉ) **8,6**

RENDEMENT

ANNÉE	RENDEMENT MOYEN DU FONDS (%)	QUARTILE	RENDEMENT MOYEN DE L'INDICE DE RÉFÉRENCE (%)
3 mois	5,2	2	6,0
6 mois	4,5	2	6,0
2009	**18,7**	**2**	**19,7**
2008	-12,9	1	-14,9
2007	-0,9	4	6,8
2006			
2005			
2004			
2003			
2002			
2001			
2000			

RENDEMENT ANNUEL COMPOSÉ

PÉRIODE	RENDEMENT ANNUEL COMPOSÉ DU FONDS (%)	QUARTILE	RENDEMENT ANNUEL COMPOSÉ DE L'INDICE DE RÉFÉRENCE (%)
Depuis sa création	3,4		
1 an	10,6	3	13,8
2 ans	12,7	1	13,9
3 ans	3,3	1	3,2
4 ans	3,0	1	5,1
5 ans			
10 ans			
15 ans			

COMMENTAIRES

Ce produit fait partie de la famille de fonds Méritage, dont le promoteur est la Banque Nationale. Chaque produit Méritage est un portefeuille composé de fonds. Autrement dit, c'est un « fonds de fonds ».

Ce qui fait la particularité de Méritage, c'est qu'aucun fonds de la Banque Nationale ne peut faire partie des différents portefeuilles de la famille. Cela assure l'impartialité de l'entreprise. Les portefeuilles sont composés de fonds de la même famille : la famille X n'utilise que les fonds de sa propre gamme, les fonds X, pour créer le portefeuille Y, et ce, même si certains de ces fonds ne sont pas très rentables. Dans le cas qui nous intéresse, la Banque Nationale choisit, pour créer ses portefeuilles, les meilleurs fonds offerts par ses concurrents. Il n'y a donc aucun risque de conflit d'intérêts.

Évidemment, le responsable des portefeuilles, en plus de choisir les meilleurs fonds offerts, opte pour ceux qui présentent des corrélations optimales. Les résultats sont probants : à moyen terme (la famille est relativement jeune), la plupart des portefeuilles se retrouvent dans le premier ou le deuxième quartile.

Le rendement annualisé de Méritage Portefeuille Équilibré a été de 3,3 % sur 3 ans, contre une médiane de 0,9 % dans son secteur. Ce fonds, qui fait partie du premier quartile, comporte un risque qui est un des plus faibles de sa catégorie. C'est un excellent choix, tout comme les autres portefeuilles qui composent cette famille de fonds.

Fonds équilibré

Date de création **Août 1997**
Apparitions précédentes **2005, 2007, 2008, 2009, 2010**

Gestionnaires
McClelland, Jennifer • Gaynor, Suzanne

RENSEIGNEMENTS GÉNÉRAUX (au 31 octobre 2010)

INVESTISSEMENT MINIMAL	**500 $**
FRÉQUENCE DES DISTRIBUTIONS	**Mensuelle**
VALEUR DE L'ACTIF (EN MILLIONS $)	**7 253,5**
FRAIS DE COURTAGE	
STRUCTURE	**Sans frais**
RATIO	**1,14**
NUMÉRO ➤ SANS FRAIS	**RBF448**
INDICE DE RÉFÉRENCE	**Morningstar équilibré 50-50**

ANALYSE DU RENDEMENT

EFFICACITÉ FISCALE AVANT LIQUIDATION (3 ANS) . . .**12,0**
ÉCART-TYPE 3 ANS (VOLATILITÉ) **8,5**

RENDEMENT

ANNÉE	RENDEMENT MOYEN DU FONDS (%)	QUARTILE	RENDEMENT MOYEN DE L'INDICE DE RÉFÉRENCE (%)
3 mois	4,5	3	6,0
6 mois	4,7	2	6,0
2009	15,4	3	19,7
2008	-11,3	1	-14,9
2007	3,2	1	6,8
2006	8,0	3	10,7
2005	15,1	1	15,4
2004	13,4	1	10,9
2003	16,2	1	16,4
2002	2,9	1	-2,1
2001	9,6	1	-2,2
2000	**19,8**	1	9,4

RENDEMENT ANNUEL COMPOSÉ

PÉRIODE	RENDEMENT ANNUEL COMPOSÉ DU FONDS (%)	QUARTILE	RENDEMENT ANNUEL COMPOSÉ DE L'INDICE DE RÉFÉRENCE (%)
Depuis sa création	7,6		
1 an	11,5	2	13,8
2 ans	11,0	2	13,9
3 ans	2,9	1	3,2
4 ans	3,8	1	5,1
5 ans	5,6	1	6,8
10 ans	8,2	1	6,3
15 ans			

COMMENTAIRES

Ce produit, qui se hisse pour la cinquième fois dans mon palmarès annuel des meilleurs fonds, est sous la responsabilité de Jennifer McClelland depuis avril 2007 et de Suzanne Gaynor depuis mars 2008. Toutes deux occupent un poste au sein de RBC Gestion d'Actifs. La création de ce fonds remonte à août 1997. Je le considère comme un des meilleurs de sa catégorie ; son rendement est nettement au-dessus de la moyenne, et son degré de risque, nettement en deçà.

C'est un des fonds les plus importants du Canada. Ses actifs sous gestion dépassent 7,2 milliards, et ses frais de gestion comptent parmi les moins élevés de sa catégorie : ils sont de 1,14 %, contre une moyenne de 2,29 %.

L'année 2008 n'a pas été facile pour les investisseurs mais, même dans ce contexte difficile, ce produit a su montrer sa supériorité. La baisse de marché a été très importante, y compris pour cette catégorie de fonds, mais le fonds Revenu mensuel RBC a diminué de moitié moins que ses pairs. C'est tout à fait exceptionnel.

Ce produit se classe dans le premier quartile sur 3, 4, 5 et 10 ans. Son rendement annualisé est de 8,2 % sur 10 ans, contre une médiane de seulement 3,7 % dans sa catégorie. Ce fonds est destiné aux investisseurs prudents qui désirent profiter de la croissance des marchés.

Fonds équilibré

Date de création **Juin 1998**
Apparitions précédentes **2004, 2005, 2006, 2007, 2008, 2009, 2010**

Gestionnaires
**Warwick, Doug • Lough, Michael
Wilson, Geoff • Kocik, Gregory**

RENSEIGNEMENTS GÉNÉRAUX (au 31 octobre 2010)

INVESTISSEMENT MINIMAL	**500 $**
FRÉQUENCE DES DISTRIBUTIONS	**Mensuelle**
VALEUR DE L'ACTIF (EN MILLIONS $)	**4681,6**
FRAIS DE COURTAGE	
STRUCTURE	**Entrée, sortie, réduit, sans frais**
RATIO	**1,40**
NUMÉRO ➤ ENTRÉE	**TDB821**
➤ SORTIE	**TDB831**
➤ RÉDUIT	**TDB841**
➤ SANS FRAIS	**TDB622**
INDICE DE RÉFÉRENCE	**Morningstar équilibré 50-50**

ANALYSE DU RENDEMENT

EFFICACITÉ FISCALE AVANT LIQUIDATION (3 ANS) . . . . **ND**
ÉCART-TYPE 3 ANS (VOLATILITÉ) **12,6**

RENDEMENT

ANNÉE	RENDEMENT MOYEN DU FONDS (%)	QUARTILE	RENDEMENT MOYEN DE L'INDICE DE RÉFÉRENCE (%)
3 mois	3,9	4	6,0
6 mois	3,4	3	6,0
2009	**30,7**	1	19,7
2008	-23,4	3	-14,9
2007	3,1	2	6,8
2006	11,4	2	10,7
2005	13,4	2	15,4
2004	14,0	1	10,9
2003	21,3	1	16,4
2002	9,5	1	-2,1
2001	9,7	1	-2,2
2000	8,9	4	9,4

RENDEMENT ANNUEL COMPOSÉ

PÉRIODE	RENDEMENT ANNUEL COMPOSÉ DU FONDS (%)	QUARTILE	RENDEMENT ANNUEL COMPOSÉ DE L'INDICE DE RÉFÉRENCE (%)
Depuis sa création	8,3		
1 an	13,5	2	13,8
2 ans	13,2	2	13,9
3 ans	1,8	1	3,2
4 ans	3,4	1	5,1
5 ans	5,9	1	6,8
10 ans	9,2	1	6,3
15 ans			

COMMENTAIRES

Ce produit apparaît pour une huitième fois dans ce palmarès annuel des meilleurs fonds. Son actif est très important : il est de près de 4,7 milliards et il a connu une hausse de presque 17 % au cours des 12 derniers mois. L'équipe de gestion est la même depuis le début ; pourquoi changer une formule gagnante ? Elle est formée de Doug Warwick et de Gregory Kocik depuis juin 1998, de Michael Lough depuis juillet 2005 ainsi que d'un nouveau venu, Geoff Wilson, depuis janvier 2010. Tous sont à l'emploi de TD Asset Management.

En tout temps, ce fonds a un meilleur rendement que la médiane de sa catégorie ; il n'en conserve pas moins un écart-type (ou risque) à peine plus élevé que la moyenne. En date du 31 octobre 2010, ce produit se classe dans le premier quartile sur 3, 4, 5 et 10 ans. Sur 10 ans, son rendement annualisé est de 9,2 %, contre une médiane de 5,3 % dans sa catégorie.

Dans la version C du fonds, les frais de gestion sont de 1,40 %, contre une moyenne de 2,34 %. Évidemment, la baisse de marché de 2008 a affecté le produit, mais ce dernier s'est maintenu grâce à l'excellent travail de l'équipe de gestion en place. De quoi rassurer les investisseurs !

LES FONDS DE DIVIDENDES

Pour les amateurs d'émotions fortes, l'investissement est aussi excitant qu'une virée au casino. Pour le commun des mortels, toutefois, il vaut mieux fréquenter le casino pour le plaisir et ne pas passer des nuits blanches à s'inquiéter de ses placements. Si on veut jouir d'une certaine tranquillité d'esprit, il importe de se constituer un portefeuille au noyau solide. Cette solidité, les fonds de dividendes la fournissent. Tant pour les titres canadiens qu'étrangers, les dividendes augmentent la stabilité du portefeuille tout en contribuant à l'obtention de meilleurs rendements à long terme.

Le grand avantage des titres produisant des dividendes, c'est que, même si le cours du titre fluctue, le dividende continue d'être distribué, ce qui atténue les variations de rendement. De plus, les dividendes rassurent les investisseurs quant à la santé financière d'une société. En effet, les organisations qui versent des dividendes sont en général plus stables que celles qui n'en versent pas.

En étudiant la famille de fonds TD, on constate l'importance des dividendes : en effet, si on a investi 100 $ dans l'indice composé S&P/TSX en 1970, on a obtenu, en décembre 2006, pas moins de 4 333 $. Toutefois, de ce montant, seulement 1 400 $ proviennent de l'augmentation de la valeur des titres de l'indice. Le reste de la somme a été généré par les dividendes et leur réinvestissement. Autre point intéressant : les titres dont la distribution en dividendes a augmenté au fil du temps sont ceux qui ont obtenu le meilleur rendement à long terme.

Les fonds de dividendes ne sont pas les plus excitants des produits financiers, mais ils permettent de former un bon noyau de portefeuille en profitant de la croissance du marché boursier, tout en minimisant le risque associé au placement. Avec un peu de patience, on est bien récompensé. Les actions privilégiées remplacent avantageusement les obligations dans un portefeuille, surtout durant les périodes où les taux d'intérêt sont peu élevés, comme celle qui prévaut depuis quelques années. À l'image des obligations, les actions privilégiées permettent aux fonds de dividendes de générer un revenu régulier ; de plus, elles offrent une possibilité de croissance, et leur taux d'imposition est deux fois moins élevé que celui des obligations. La recherche de revenus réguliers est une préoccupation pour de nombreux investisseurs, et les fonds de dividendes font partie de la solution.

OMEGA DIVIDENDES ÉLEVÉS

Fonds de dividendes

Date de création	**Novembre 2007**
Apparition précédente	**2010**

Gestionnaire
Tremblay, David W.

RENSEIGNEMENTS GÉNÉRAUX (au 31 octobre 2010)

INVESTISSEMENT MINIMAL	**500 $**
FRÉQUENCE DES DISTRIBUTIONS	**Trimestrielle**
VALEUR DE L'ACTIF (EN MILLIONS $)	**177,6**
FRAIS DE COURTAGE	
STRUCTURE	**Entrée, sortie, réduit**
RATIO	**1,99**
NUMÉRO ➤ ENTRÉE	**NBC481**
➤ SORTIE	**NBC581**
➤ RÉDUIT	**NBC681**
INDICE DE RÉFÉRENCE	**S&P/TSX 60**

ANALYSE DU RENDEMENT

EFFICACITÉ FISCALE AVANT LIQUIDATION (3 ANS) . . . .**ND**
ÉCART-TYPE 3 ANS (VOLATILITÉ) . . . .**ND**

RENDEMENT

ANNÉE	RENDEMENT MOYEN DU FONDS (%)	QUARTILE	RENDEMENT MOYEN DE L'INDICE DE RÉFÉRENCE (%)
3 mois	5,8	2	7,0
6 mois	4,1	2	3,1
2009	**30,1**	**1**	31,9
2008	**-27,0**	**3**	-31,2
2007			
2006			
2005			
2004			
2003			
2002			
2001			
2000			

RENDEMENT ANNUEL COMPOSÉ

PÉRIODE	RENDEMENT ANNUEL COMPOSÉ DU FONDS (%)	QUARTILE	RENDEMENT ANNUEL COMPOSÉ DE L'INDICE DE RÉFÉRENCE (%)
Depuis sa création	2,0		
1 an	19,2	1	15,5
2 ans	13,6	2	14,3
3 ans			
4 ans			
5 ans			
10 ans			
15 ans			

COMMENTAIRES

Ce produit est un des fonds de dividendes les plus intéressants de sa catégorie. Sa création est plutôt récente (novembre 2007), mais son gestionnaire, David W. Tremblay, possède une bonne feuille de route. Même si la gestion du fonds a été confiée à l'externe (Intact Investment Management), la Banque Nationale assure sa promotion par l'intermédiaire de la famille de fonds Omega.

Même si le mot «dividendes» fait partie du nom du fonds, aucune action privilégiée n'était comprise dans le portefeuille au moment où j'ai écrit ces lignes. En fait, ce portefeuille est constitué de titres de grandes entreprises faisant, pour la plupart, partie de l'indice TSX 60. Le produit est constitué d'actions ordinaires, contrairement au fonds Omega actions privilégiées, qui, lui, comporte les actions privilégiées des mêmes entreprises. Évidemment, les actions ordinaires sont beaucoup plus volatiles que les privilégiées, mais leurs probabilités de gain ou de croissance sont beaucoup plus élevées.

Pour des raisons fiscales, ce type de fonds peut aussi bien faire partie d'un portefeuille hors REER que d'un régime enregistré. Au 31 octobre 2010, la distribution annuelle du fonds était d'environ 3,5 % pour les 12 derniers mois, payable à chaque trimestre. Il s'agit d'un produit intéressant pour les investisseurs qui cherchent à avoir un revenu régulier et pour ceux qui désirent acquérir une panoplie d'excellents titres canadiens à grande capitalisation.

Fonds de dividendes

Date de création	**Novembre 2007**
Apparitions précédentes	**2009, 2010**

Gestionnaire
Tremblay, David W.

RENSEIGNEMENTS GÉNÉRAUX (au 31 octobre 2010)

INVESTISSEMENT MINIMAL	**500 $**
FRÉQUENCE DES DISTRIBUTIONS	**Trimestrielle**
VALEUR DE L'ACTIF (EN MILLIONS $)	**293,1**
FRAIS DE COURTAGE	
STRUCTURE	**Entrée, sortie, réduit**
RATIO	**1,48**
NUMÉRO ➤ ENTRÉE	**NBC480**
➤ SORTIE	**NBC580**
➤ RÉDUIT	**NBC680**
INDICE DE RÉFÉRENCE	**S&P/TSX 60**

ANALYSE DU RENDEMENT

EFFICACITÉ FISCALE AVANT LIQUIDATION (3 ANS) . . . .**ND**
ÉCART-TYPE 3 ANS (VOLATILITÉ) . . . .**ND**

RENDEMENT

ANNÉE	RENDEMENT MOYEN DU FONDS (%)	QUARTILE	RENDEMENT MOYEN DE L'INDICE DE RÉFÉRENCE (%)
3 mois	5,0	3	7,0
6 mois	10,4	1	3,1
2009	**26,6**	2	31,9
2008	-16,0	1	-31,2
2007			
2006			
2005			
2004			
2003			
2002			
2001			
2000			

RENDEMENT ANNUEL COMPOSÉ

PÉRIODE	RENDEMENT ANNUEL COMPOSÉ DU FONDS (%)	QUARTILE	RENDEMENT ANNUEL COMPOSÉ DE L'INDICE DE RÉFÉRENCE (%)
Depuis sa création	5,1		
1 an	12,6	3	15,5
2 ans	14,1	1	14,3
3 ans			
4 ans			
5 ans			
10 ans			
15 ans			

COMMENTAIRES

Tout comme le précédent, ce produit date de novembre 2007 et est sous la supervision du gestionnaire David W. Tremblay, de la firme Intact.

Comme son nom l'indique, ce fonds contient une grande quantité d'actions privilégiées. En fait, de tous les fonds offerts au Canada, c'est celui qui en possède le plus : ce type d'actions constitue 93,2 % de son actif sous gestion. C'est ce qu'on appelle un vrai fonds de dividendes !

Ce produit offre une solution de remplacement très intéressante aux obligations ou aux fonds d'obligations, même s'il est un peu plus volatil. En effet, il comporte deux avantages supplémentaires : un revenu régulier avantageux sur le plan fiscal (le taux d'imposition est deux fois moins élevé que celui des placements en obligations) et la possibilité de profiter de la croissance du marché boursier. Pour les investisseurs qui ont besoin d'un revenu régulier, ce fonds est, à toutes fins utiles, un produit miracle.

Les titres qui composent le portefeuille de ce fonds sont ceux d'entreprises de très grande capitalisation, peu endettées, ayant une marge bénéficiaire importante et possédant des risques de crédit extrêmement faibles. Il serait malhonnête de comparer ce produit à un fonds d'actions canadiennes, qui n'a pas d'actif sous gestion en actions privilégiées. Cependant, quand on assiste à une baisse de marché comme en 2008-2009, la solidité de ce type de fonds est rassurante ! Il faut en effet se rappeler qu'il est à peu près deux fois moins volatil que les fonds composés de titres ordinaires.

FIDELITY DIVIDENDES

Fonds de dividendes

Date de création **Mai 2005**
Apparitions précédentes **2006, 2007, 2008, 2009, 2010**

Gestionnaires
**Miron, Brian • Swanson, Bob
Dupont, Daniel • Newman, Don**

RENSEIGNEMENTS GÉNÉRAUX (au 31 octobre 2010)

INVESTISSEMENT MINIMAL	**500 $**
FRÉQUENCE DES DISTRIBUTIONS	**Mensuelle**
VALEUR DE L'ACTIF (EN MILLIONS $)	**1168,4**
FRAIS DE COURTAGE	
STRUCTURE	**Frais à l'entrée**
RATIO	**2,08**
NUMÉRO ➤ ENTRÉE	**FID221**
INDICE DE RÉFÉRENCE	**S&P/TSX 60**

ANALYSE DU RENDEMENT

EFFICACITÉ FISCALE AVANT LIQUIDATION (3 ANS) . . **64,6**
ÉCART-TYPE 3 ANS (VOLATILITÉ) **14,3**

RENDEMENT

ANNÉE	RENDEMENT MOYEN DU FONDS (%)	QUARTILE	RENDEMENT MOYEN DE L'INDICE DE RÉFÉRENCE (%)
3 mois	4,8	3	7,0
6 mois	1,6	4	3,1
2009	**32,5**	1	31,9
2008	**-22,7**	1	-31,2
2007	5,2	1	11,1
2006	15,2	1	19,2
2005			
2004			
2003			
2002			
2001			
2000			

RENDEMENT ANNUEL COMPOSÉ

PÉRIODE	RENDEMENT ANNUEL COMPOSÉ DU FONDS (%)	QUARTILE	RENDEMENT ANNUEL COMPOSÉ DE L'INDICE DE RÉFÉRENCE (%)
Depuis sa création	8,8		
1 an	16,0	2	15,5
2 ans	15,3	1	14,3
3 ans	2,2	1	-2,3
4 ans	4,7	1	3,5
5 ans	7,7	1	7,0
10 ans			
15 ans			

COMMENTAIRES

La création de ce fonds remonte à mai 2005 ; depuis, sa supériorité ne s'est jamais démentie. Il fait d'ailleurs partie de mes recommandations pour une sixième année consécutive. Il serait difficile de l'exclure de mes choix, puisqu'il se classe dans le premier quartile sur 2, 3, 4 et 5 ans. En plus, au cours de la crise de 2008-2009, il a eu un comportement exemplaire : sa baisse a été moins importante que celle des autres fonds de sa catégorie.

L'actif sous gestion de ce fonds, qui est de plus de 1,1 milliard, a connu une hausse spectaculaire de plus de 100 % au cours des 12 derniers mois. Ces résultats s'expliquent par son rendement annualisé de 7,7 % sur 5 ans et par sa faible volatilité.

L'arrivée de Bob Swanson à la barre de ce fonds en septembre 2008 m'avait un peu inquiété. J'imaginais difficilement qu'il puisse faire mieux que Cecilia Mo, qui avait la responsabilité du produit jusqu'à ce moment-là. Finalement, son expertise a été un avantage. De plus, Mme Mo est demeurée partenaire de M. Swanson, et on a pu vérifier encore une fois le bien-fondé de l'adage suivant : deux têtes valent mieux qu'une !

Fonds de dividendes

Date de création	**Novembre 1996**	Gestionnaire
Apparitions précédentes	**1999, 2002, 2003, 2004, 2007, 2008**	**Bushell, Eric**

RENSEIGNEMENTS GÉNÉRAUX (au 31 octobre 2010)

INVESTISSEMENT MINIMAL	**500 $**
FRÉQUENCE DES DISTRIBUTIONS	**Mensuelle**
VALEUR DE L'ACTIF (EN MILLIONS $)	**1 500,5**
FRAIS DE COURTAGE	
STRUCTURE	**Entrée, sortie, réduit**
RATIO	**1,83**
NUMÉRO ➤ ENTRÉE	**CIG610**
➤ SORTIE	**CIG810**
➤ RÉDUIT	**CIG1810**
INDICE DE RÉFÉRENCE	**S&P/TSX 60**

ANALYSE DU RENDEMENT

EFFICACITÉ FISCALE AVANT LIQUIDATION (3 ANS) . . . .**ND**
ÉCART-TYPE 3 ANS (VOLATILITÉ) **14,2**

RENDEMENT

ANNÉE	RENDEMENT MOYEN DU FONDS (%)	QUARTILE	RENDEMENT MOYEN DE L'INDICE DE RÉFÉRENCE (%)
3 mois	4,4	4	7,0
6 mois	3,6	2	3,1
2009	32,1	1	31,9
2008	-23,0	1	-31,2
2007	-5,1	4	11,1
2006	10,8	3	19,2
2005	11,7	4	26,3
2004	9,6	4	13,8
2003	12,9	4	25,5
2002	-2,3	3	-14,0
2001	5,7	2	-14,8
2000	24,2	3	8,0

RENDEMENT ANNUEL COMPOSÉ

PÉRIODE	RENDEMENT ANNUEL COMPOSÉ DU FONDS (%)	QUARTILE	RENDEMENT ANNUEL COMPOSÉ DE L'INDICE DE RÉFÉRENCE (%)
Depuis sa création	6,4		
1 an	12,0	4	15,5
2 ans	15,1	1	14,3
3 ans	1,5	1	-2,3
4 ans	1,5	2	3,5
5 ans	3,4	3	7,0
10 ans	5,4	3	4,7
15 ans			

COMMENTAIRES

Ce fonds, qui fait pour une septième année partie de mes recommandations, n'a rien d'un lièvre. Au contraire, il est du type «tortue». Pourquoi inclure dans mon palmarès un produit qui rapporte à peine plus qu'un CPG ou qu'une obligation ? Parce que, quoi qu'on dise, il remplit bien son rôle et il correspond à un besoin réel chez les investisseurs.

Le choix de ce fonds, qui compte parmi les meilleurs de sa catégorie, s'explique aussi en grande partie par le fait que son gestionnaire est Eric Bushell. Cet habitué de mon palmarès gère plusieurs fonds de qualité pour la firme CI.

Ce produit ne se classe pas toujours dans le premier quartile : régulièrement, il se retrouve dans le deuxième, le troisième, voire le quatrième quartile, mais c'est tout à fait normal pour ce type de fonds. En effet, ici, on gère d'abord le risque, puis le rendement.

Pourquoi ce fonds a-t-il sa place parmi les meilleurs malgré son rendement modeste ? Parce que son portefeuille comprend plus de 40 % d'actions privilégiées et que, en raison de son degré de risque particulièrement bas, il compte parmi les deux ou trois fonds d'actions les moins volatils du Canada. Résultat : le risque est très faible, le rendement est imposé à 50 % de moins que les revenus d'intérêt des CPG ou des obligations, et le produit profite légèrement de la croissance du marché boursier par l'entremise de titres de première qualité.

FIDELITY DIVIDENDES PLUS

Fonds de dividendes

Date de création	**Mai 2005**	Gestionnaire	
Apparitions précédentes	**2009**	**Mo, Cecilia**	

RENSEIGNEMENTS GÉNÉRAUX (au 31 octobre 2010)

INVESTISSEMENT MINIMAL	**500 $**
FRÉQUENCE DES DISTRIBUTIONS	**Mensuelle**
VALEUR DE L'ACTIF (EN MILLIONS $)	**724,1**
FRAIS DE COURTAGE	
STRUCTURE	**Frais à l'entrée**
RATIO	**2,09**
NUMÉRO ➤ ENTRÉE	**FID223**
INDICE DE RÉFÉRENCE	**S&P/TSX 60**

ANALYSE DU RENDEMENT

EFFICACITÉ FISCALE AVANT LIQUIDATION (3 ANS) . . .**81,5**
ÉCART-TYPE 3 ANS (VOLATILITÉ) **16,3**

RENDEMENT

ANNÉE	RENDEMENT MOYEN DU FONDS (%)	QUARTILE	RENDEMENT MOYEN DE L'INDICE DE RÉFÉRENCE (%)
3 mois	10,5	3	7,0
6 mois	6,1	3	3,1
2009	**45,9**	1	31,9
2008	**-22,1**	1	-31,2
2007	5,4	4	11,1
2006	13,7	1	19,2
2005			
2004			
2003			
2002			
2001			
2000			

RENDEMENT ANNUEL COMPOSÉ

PÉRIODE	RENDEMENT ANNUEL COMPOSÉ DU FONDS (%)	QUARTILE	RENDEMENT ANNUEL COMPOSÉ DE L'INDICE DE RÉFÉRENCE (%)
Depuis sa création	13,8		
1 an	29,3	2	15,5
2 ans	23,6	1	14,3
3 ans	9,4	1	-2,3
4 ans	8,1	1	3,5
5 ans	12,4	1	7,0
10 ans			
15 ans			

COMMENTAIRES

Ce produit, qui s'appelait autrefois Fidelity Fiducies de revenu, a changé de nom en réponse aux nouvelles règles fiscales concernant les fiducies. À sa barre, on trouve toujours l'excellente gestionnaire Cecilia Mo, dont la réputation et les résultats font l'envie de beaucoup d'observateurs de l'industrie. La création du produit est plutôt récente (mai 2005). Depuis, celui-ci ne cesse de se démarquer.

L'actif des diverses versions de ce fonds est d'un peu plus de 724 millions. Les frais de gestion qui y sont associés sont de 2,09 %, contre une médiane de 2,30 % dans sa catégorie.

En date du 31 octobre dernier, le fonds était investi à 75 % dans des titres canadiens, à 8 % dans des titres américains et à près de 20 % en liquidités.

Sur 5 ans, le fonds a eu un rendement annualisé de 12,4 %, contre une médiane de 8,5 % dans sa catégorie. Au cours des 12 derniers mois, il a connu un rendement tout à fait exceptionnel de 29,3 %, contre une médiane de 27,8 %. Grâce à Cecilia Mo, gestionnaire-vedette, il réussit sans cesse à battre ses indices de référence et les autres fonds de sa catégorie.

Ce produit figure pour la deuxième fois dans ce palmarès des meilleurs fonds. Le travail de Mme Mo est vraiment exceptionnel !

BANQUE NATIONALE DIVIDENDES

Fonds de dividendes

Date de création	**Août 1992**		Gestionnaire
Apparitions précédentes	**2004, 2005, 2006, 2007, 2008, 2009, 2010**		**Équipe de gestion Natcan**

RENSEIGNEMENTS GÉNÉRAUX (au 31 octobre 2010)

INVESTISSEMENT MINIMAL	**500 $**
FRÉQUENCE DES DISTRIBUTIONS	**Annuelle**
VALEUR DE L'ACTIF (EN MILLIONS $)	**856,2**
FRAIS DE COURTAGE	
STRUCTURE	**Entrée, sortie, réduit**
RATIO	**1,73**
NUMÉRO ➤ ENTRÉE	**NBC426**
➤ SORTIE	**NBC626**
➤ SANS FRAIS	**NBC326**
INDICE DE RÉFÉRENCE	**S&P/TSX 60**

ANALYSE DU RENDEMENT

EFFICACITÉ FISCALE AVANT LIQUIDATION (3 ANS) . . . . **ND**
ÉCART-TYPE 3 ANS (VOLATILITÉ) **10,4**

RENDEMENT

ANNÉE	RENDEMENT MOYEN DU FONDS (%)	QUARTILE	RENDEMENT MOYEN DE L'INDICE DE RÉFÉRENCE (%)
3 mois	4,7	1	7,0
6 mois	5,9	1	3,1
2009	18,4	1	31,9
2008	-19,7	4	-31,2
2007	-1,6	4	11,1
2006	8,4	1	19,2
2005	12,3	1	26,3
2004	8,1	1	13,8
2003	12,6	1	25,5
2002	1,8	2	-14,0
2001	9,2	1	-14,8
2000	**18,6**	1	8,0

RENDEMENT ANNUEL COMPOSÉ

PÉRIODE	RENDEMENT ANNUEL COMPOSÉ DU FONDS (%)	QUARTILE	RENDEMENT ANNUEL COMPOSÉ DE L'INDICE DE RÉFÉRENCE (%)
Depuis sa création	6,9		
1 an	10,1	1	15,5
2 ans	9,0	3	14,3
3 ans	-0,2	4	-2,3
4 ans	0,4	4	3,5
5 ans	2,6	4	7,0
10 ans	5,4	1	4,7
15 ans	6,8	1	10,1

COMMENTAIRES

Ce fonds est un de mes préférés, même si certains investisseurs remettent ce choix en question. C'est la huitième année qu'il fait partie de mes recommandations. Sa création remonte à août 1992, et sa gestion a été confiée à l'équipe de Natcan, filiale de la Banque Nationale. Au moment où j'écris ces lignes, son actif sous gestion est d'un peu plus de 856 millions de dollars.

Mes choix de fonds reposent sur quelques critères empiriques, sur la qualité de la gestion et sur la constance. Au chapitre des critères empiriques, je tiens compte, notamment, du rapport risque-rendement. Le fonds Banque Nationale Dividendes est classé dans la catégorie des produits équilibrés canadiens à revenu fixe selon la firme Morningstar, mais je ne partage pas cet avis. Il se classe entre le premier et le quatrième quartile à court et à moyen terme, mais reprends sa place dans le premier ou le deuxième sur le long terme (10 ans et plus). Sur 3, 5, 10 et 15 ans, c'est un des produits qui comporte le moins de risque de sa catégorie; il est encore moins risqué que le fonds Dividendes Signature CI.

L'investisseur qui acquiert des unités de ce fonds ne doit pas s'attendre à battre les indices boursiers; ce n'est pas l'objectif. Son but doit plutôt être de profiter d'une croissance prudente du portefeuille, tout en réduisant le risque au minimum. L'actif du fonds est réparti équitablement entre les actions canadiennes, les actions privilégiées et les produits obligataires. C'est l'idéal pour l'investisseur au sommeil léger!

RBC CANADIEN DE DIVIDENDES

Fonds de dividendes

Date de création **Janvier 1993**
Apparitions précédentes **2007, 2008, 2009, 2010**

Gestionnaires
Raymond, Doug • Kedwell, Stuart

RENSEIGNEMENTS GÉNÉRAUX (au 31 octobre 2010)

INVESTISSEMENT MINIMAL	**500 $**
FRÉQUENCE DES DISTRIBUTIONS	**Trimestrielle**
VALEUR DE L'ACTIF (EN MILLIONS $)	**12 096,9**
FRAIS DE COURTAGE	
STRUCTURE	**Sans frais**
RATIO	**1,70**
NUMÉRO ➤ SANS FRAIS	**RBC266**
INDICE DE RÉFÉRENCE	**S&P/TSX 60**

ANALYSE DU RENDEMENT

EFFICACITÉ FISCALE AVANT LIQUIDATION (3 ANS) . . . . **ND**
ÉCART-TYPE 3 ANS (VOLATILITÉ) **16,5**

RENDEMENT

ANNÉE	RENDEMENT MOYEN DU FONDS (%)	QUARTILE	RENDEMENT MOYEN DE L'INDICE DE RÉFÉRENCE (%)
3 mois	4,9	3	7,0
6 mois	2,3	3	3,1
2009	27,3	2	31,9
2008	-27,0	3	-31,2
2007	3,0	2	11,1
2006	15,1	2	19,2
2005	21,1	2	26,3
2004	12,9	4	13,8
2003	23,5	1	25,5
2002	-0,5	2	-14,0
2001	4,4	3	-14,8
2000	28,3	2	8,0

RENDEMENT ANNUEL COMPOSÉ

PÉRIODE	RENDEMENT ANNUEL COMPOSÉ DU FONDS (%)	QUARTILE	RENDEMENT ANNUEL COMPOSÉ DE L'INDICE DE RÉFÉRENCE (%)
Depuis sa création	11,5		
1 an	14,7	3	15,5
2 ans	12,1	2	14,3
3 ans	-1,7	2	-2,3
4 ans	2,0	2	3,5
5 ans	5,3	2	7,0
10 ans	8,1	1	4,7
15 ans	11,7	1	10,1

COMMENTAIRES

Avec plus de 12 milliards d'actif sous gestion, c'est le plus gros fonds du Canada. Sous la supervision de l'excellent gestionnaire Doug Raymond et de Stuart Kedwell depuis avril 2007, il fait partie de mes recommandations pour une cinquième année. Sa création remonte à janvier 1993. Quoi qu'en pensent de nombreux observateurs, l'importance de l'actif n'est pas toujours un frein à l'excellence : ce produit se classe dans le premier quartile sur 10 et 15 ans.

Pour ce qui est du rendement annualisé, ce fonds a toujours réussi à faire mieux que la médiane de sa catégorie. Sur 10 ans, ce rendement est de 8,1 %, ce qui est beaucoup plus élevé que l'indice annualisé de la Bourse de Toronto (5,1 %) malgré une volatilité beaucoup plus faible.

Le mot « dividendes » apparaît dans l'appellation de ce fonds mais, dans les faits, celui-ci contient très peu de titres d'actions privilégiées. Il est constitué à 85 % de titres d'entreprises canadiennes de grande capitalisation : banques, pétrolières, entreprises des secteurs de l'assurance et du holding. Les détracteurs qui prétendent que les fonds ne peuvent battre les indices seront confondus par ce produit qui prouve le contraire !

LES FONDS D'ACTIONS CANADIENNES

Il est difficile pour un investisseur canadien d'ignorer ces produits, qui ne sont constitués, à toutes fins utiles, que de titres d'entreprises canadiennes. À plusieurs égards, ces fonds ressemblent aux fonds de dividendes, mais ils en diffèrent notamment par le fait qu'au lieu d'acquérir les titres privilégiés de grandes firmes le gestionnaire opte pour des actions ordinaires.

Les fonds d'actions canadiennes sont généralement plus volatils que les fonds de dividendes. À titre comparatif, leur volatilité moyenne est de 15 % sur 15 ans, alors que celle des fonds de dividendes ou de revenu est de 11,7 % sur la même période. Pour ce qui est de la performance, le rendement annualisé des fonds canadiens de revenu a été de 10,1 % sur 15 ans, alors que celui des fonds d'actions canadiennes a été de 9,9 % sur la même période. Bref, l'investisseur court un risque plus élevé, mais il est en général bien récompensé à long terme.

En moyenne, les frais de gestion de cette catégorie de fonds sont de 2,09 %. Pour de nombreux critiques, ils sont trop élevés, puisqu'une grande majorité des fonds d'actions canadiennes ne battent pas les indices de référence. Cette affirmation n'est pas tout à fait fausse ; cela dit, tous les gestionnaires n'ont pas pour objectif de battre ces indices. Pour certains, qu'il est facile d'identifier, c'est un objectif clair ; pour d'autres, la gestion du risque et la préservation du capital sont primordiales. L'important, c'est que chaque investisseur y trouve son compte. Donc, les frais de gestion sont-ils trop élevés ? Dans l'absolu, les investisseurs, à titre de payeurs, trouvent toujours que c'est le cas. Cependant, compte tenu de la forte compétitivité entre les nombreuses familles de fonds, je crois que le choix final appartient à l'investisseur. Au moment où j'écris ces lignes, les frais de gestion pour les fonds d'actions canadiennes varient de 0,31 % (pour des fonds indiciels d'actions canadiennes) à un peu plus de 5 %. À vous de choisir.

En moyenne, les fonds d'actions canadiennes offrent-ils une meilleure performance que les indices de référence? La réponse est non. Au 31 octobre 2010, l'indice de la Bourse de Toronto (le S&P/TSX composé) avait un rendement annualisé de 9,4 % sur 15 ans. Pour la même période, le rendement annualisé des fonds d'actions canadiennes était de 7,8 %. Par contre, le risque (ou écart-type) est plus élevé pour l'indice que pour la moyenne des fonds d'actions canadiennes. La différence est de l'ordre de 64 % sur 15 ans.

DYNAMIQUE VALEUR CANADIENNE

Fonds d'actions canadiennes

Date de création	**Juillet 1957**	Gestionnaire	
Apparitions précédentes	**2007, 2008, 2009, 2010**	**Taylor, David F.**	

RENSEIGNEMENTS GÉNÉRAUX (au 31 octobre 2010)

INVESTISSEMENT MINIMAL	**500 $**
FRÉQUENCE DES DISTRIBUTIONS	**Annuelle**
VALEUR DE L'ACTIF (EN MILLIONS $)	**1931,7**
FRAIS DE COURTAGE	
STRUCTURE	**Entrée, sortie, réduit**
RATIO	**2,34**
NUMÉRO ➤ ENTRÉE	**DYN040**
➤ SORTIE	**DYN740**
➤ RÉDUIT	**DYN640**
INDICE DE RÉFÉRENCE	**S&P/TSX**

ANALYSE DU RENDEMENT

EFFICACITÉ FISCALE AVANT LIQUIDATION (3 ANS) . . **63,6**
ÉCART-TYPE 3 ANS (VOLATILITÉ) **21,2**

RENDEMENT

ANNÉE	RENDEMENT MOYEN DU FONDS (%)	QUARTILE	RENDEMENT MOYEN DE L'INDICE DE RÉFÉRENCE (%)
3 mois	6,3	3	8,9
6 mois	3,2	2	5,3
2009	**43,0**	**1**	**35,1**
2008	**-28,2**	**2**	**-33,0**
2007	4,5	2	9,8
2006	26,5	1	17,3
2005	26,5	1	24,1
2004	22,4	1	14,5
2003	28,7	1	26,7
2002	-14,8	3	-12,4
2001	0,8	2	-12,6
2000	17,9	2	7,4

RENDEMENT ANNUEL COMPOSÉ

PÉRIODE	RENDEMENT ANNUEL COMPOSÉ DU FONDS (%)	QUARTILE	RENDEMENT ANNUEL COMPOSÉ DE L'INDICE DE RÉFÉRENCE (%)
Depuis sa création	11,6		
1 an	11,0	3	19,5
2 ans	20,8	1	17,6
3 ans	0,8	1	-1,7
4 ans	4,5	1	3,6
5 ans	10,1	1	7,0
10 ans	9,7	1	5,1
15 ans	10,1	1	9,4

COMMENTAIRES

La création de ce fonds remonte à juillet 1957 ; il a donc 53 ans d'histoire ! Son gestionnaire, l'excellent David F. Taylor, est en poste depuis janvier 2003 et ne semble pas vouloir céder sa place trop rapidement. Je qualifierais ce fonds d'excellent. Pour les intéressés, il a battu l'indice de référence de la Bourse de Toronto sur 2, 3, 5, 10, 15, 20 et 25 ans ! Que peut-on demander de plus ? Au cours de la dernière crise boursière, en 2008-2009, M. Taylor a su garder le cap : le fonds a diminué beaucoup moins que l'indice de référence. Au 31 octobre 2010, il avait, pour les trois dernières années, obtenu un rendement annualisé de 0,8 %, contre une médiane de -4,5 %.

Sur 15 ans, le fonds a eu un rendement annualisé de 10,1 %, alors que celui de l'indice de référence de la Bourse de Toronto était de 9,4 %. Sur 25 ans, ce produit a eu un rendement annualisé de 10 %.

Peut-on croire au produit miracle ? J'en doute... Son actif sous gestion est de 1,9 milliard de dollars, ce qui est peu compte tenu de son excellent rendement. L'investisseur qui désire acquérir des unités de ce fonds doit aussi savoir que le risque qui y est associé est légèrement plus élevé que celui de l'indice S&P/TSX composé. Dans le contexte, c'est tout à fait normal.

Fonds d'actions canadiennes

Date de création	**Mai 1998**	Gestionnaire
Apparitions précédentes	**2002, 2003, 2004, 2005, 2006, 2007, 2008, 2009, 2010**	**Bushell, Eric**

RENSEIGNEMENTS GÉNÉRAUX (au 31 octobre 2010)

INVESTISSEMENT MINIMAL	**500 $**
FRÉQUENCE DES DISTRIBUTIONS	**Annuelle**
VALEUR DE L'ACTIF (EN MILLIONS $)	**3 331,3**
FRAIS DE COURTAGE	
STRUCTURE	**Entrée, sortie, réduit**
RATIO	**2,38**
NUMÉRO ➤ ENTRÉE	**CIG677**
➤ SORTIE	**CIG777**
➤ RÉDUIT	**CIG1777**
INDICE DE RÉFÉRENCE	**S&P/TSX**

ANALYSE DU RENDEMENT

EFFICACITÉ FISCALE AVANT LIQUIDATION (3 ANS) . . . . **ND**
ÉCART-TYPE 3 ANS (VOLATILITÉ) **16,5**

RENDEMENT

ANNÉE	RENDEMENT MOYEN DU FONDS (%)	QUARTILE	RENDEMENT MOYEN DE L'INDICE DE RÉFÉRENCE (%)
3 mois	4,8	4	8,9
6 mois	0,8	3	5,3
2009	28,0	2	35,1
2008	-26,0	1	-33,0
2007	3,0	2	9,8
2006	21,0	1	17,3
2005	22,9	1	24,1
2004	12,9	2	14,5
2003	20,2	2	26,7
2002	-5,8	1	-12,4
2001	9,7	1	-12,6
2000	34,3	1	7,4

RENDEMENT ANNUEL COMPOSÉ

PÉRIODE	RENDEMENT ANNUEL COMPOSÉ DU FONDS (%)	QUARTILE	RENDEMENT ANNUEL COMPOSÉ DE L'INDICE DE RÉFÉRENCE (%)
Depuis sa création	10,3		
1 an	10,2	3	19,5
2 ans	13,0	2	17,6
3 ans	-1,8	1	-1,7
4 ans	1,8	1	3,6
5 ans	5,7	1	7,0
10 ans	8,3	1	5,1
15 ans			

COMMENTAIRES

Ce produit apparaît pour la 10e fois dans ce palmarès annuel. Son gestionnaire, Eric Bushell, qui en assume la direction depuis sa création en mai 1998, n'est pas étranger à cette situation. Ce fonds n'a pas pour objectif de battre des indices. M. Bushell préfère se concentrer sur la gestion du risque et la préservation du capital.

Sur 10 ans, le rendement annualisé du fonds a été de 8,3 %, alors que celui de l'indice S&P/TSX composé de la Bourse de Toronto n'a été que de 4,2 %. Ce produit récompense bien ses porteurs de parts, tant pour ce qui est du rendement qu'en ce qui a trait à la volatilité, qui est plus faible que celle de l'indice de référence.

En période de forte croissance, M. Bushell préfère accumuler des liquidités et profiter des corrections pour faire le plein de titres à faible coût. À long terme, ce fonds fait presque toujours partie du premier quartile. Toutefois, à court et à moyen terme, il n'est pas rare qu'il occupe le deuxième, le troisième, voire le quatrième quartile. En fait, M. Bushell aurait pu écrire la fable *Le lièvre et la tortue*, de Jean de La Fontaine. En tout cas, son fonds l'illustre à merveille !

Voilà un placement pour les investisseurs prudents et patients, qui n'ont pas tendance à remettre en doute leurs choix chaque mois.

CI PLACEMENTS CANADIENS

Fonds d'actions canadiennes

Date de création	**Novembre 1932**
Apparitions précédentes	**1998, 1999, 2000, 2001, 2002, 2003, 2004, 2005, 2006, 2007, 2008, 2009, 2010**

Gestionnaire
Bubis, Daniel A.

RENSEIGNEMENTS GÉNÉRAUX (au 31 octobre 2010)

INVESTISSEMENT MINIMAL	**500 $**
FRÉQUENCE DES DISTRIBUTIONS	**Annuelle**
VALEUR DE L'ACTIF (EN MILLIONS $)	**3 953,5**
FRAIS DE COURTAGE	
STRUCTURE	**Entrée, sortie, réduit**
RATIO	**2,32**
NUMÉRO ➤ ENTRÉE	**CIG7420**
➤ SORTIE	**CIG7425**
➤ RÉDUIT	**CIG1425**
INDICE DE RÉFÉRENCE	**S&P/TSX**

ANALYSE DU RENDEMENT

EFFICACITÉ FISCALE AVANT LIQUIDATION (3 ANS) . . . . **ND**
ÉCART-TYPE 3 ANS (VOLATILITÉ) **17,9**

RENDEMENT

ANNÉE	RENDEMENT MOYEN DU FONDS (%)	QUARTILE	RENDEMENT MOYEN DE L'INDICE DE RÉFÉRENCE (%)
3 mois	7,2	2	8,9
6 mois	3,4	2	5,3
2009	**27,6**	2	35,1
2008	-27,4	2	-33,0
2007	1,4	3	9,8
2006	14,2	3	17,3
2005	22,0	2	24,1
2004	15,2	2	14,5
2003	19,6	2	26,7
2002	0,0	1	-12,4
2001	8,9	1	-12,6
2000	18,0	2	7,4

RENDEMENT ANNUEL COMPOSÉ

PÉRIODE	RENDEMENT ANNUEL COMPOSÉ DU FONDS (%)	QUARTILE	RENDEMENT ANNUEL COMPOSÉ DE L'INDICE DE RÉFÉRENCE (%)
Depuis sa création	7,8		
1 an	13,9	2	19,5
2 ans	14,6	2	17,6
3 ans	-1,8	1	-1,7
4 ans	1,2	2	3,6
5 ans	4,5	1	7,0
10 ans	8,0	1	5,1
15 ans	10,5	1	9,4
20 ans	9,9	1	9,8

COMMENTAIRES

Il s'agit du doyen des fonds du Canada. Sa création remonte à novembre 1932 et, au moment où vous lisez ces lignes, le fonds entreprend sa 69e année! Et on ne parle pas encore de retraite... Son actif sous gestion est important: il dépasse 3,9 milliards de dollars.

Sur 5, 10 et 15 ans, le fonds a eu un rendement net (une fois les frais de gestion déduits) égal ou supérieur à celui de l'indice composé de la Bourse de Toronto. Sur 15 ans, son rendement annualisé a été de 10,5%, alors que celui de l'indice S&P/TSX s'est limité à 9,4%. Sur 20 ans, il a été de 9,9%, surpassant celui de l'indice, qui a obtenu 9,8% au cours de la même période.

Non seulement ce produit a-t-il des rendements comparables à ceux de l'indice de référence, mais il affiche aussi une volatilité moindre: son écart-type sur 15 ans est de 12,2%, contre 16,6% pour l'indice.

Son gestionnaire, Daniel A. Bubis, fait preuve d'une prudence exemplaire: il suit rarement les pics positifs et négatifs de l'indice de référence. À court et à moyen terme, le fonds se trouve régulièrement dans le troisième ou le quatrième quartile, mais à long terme, il conserve invariablement sa place parmi les meilleurs, soit dans le premier quartile. Ce produit est idéal pour les investisseurs prudents qui n'ont rien à prouver à court terme. On s'en souviendra: le placement est un marathon, pas un sprint!

CI HARBOUR

Fonds d'actions canadiennes

Date de création **Juin 1997**
Apparitions précédentes **2000, 2003, 2004, 2005, 2006, 2007, 2008, 2009, 2010**

Gestionnaires
Coleman, Gerald • Jenkins, Stephen

RENSEIGNEMENTS GÉNÉRAUX (au 31 octobre 2010)

INVESTISSEMENT MINIMAL	**500 $**
FRÉQUENCE DES DISTRIBUTIONS	**Annuelle**
VALEUR DE L'ACTIF (EN MILLIONS $)	**6 091,2**
FRAIS DE COURTAGE	
STRUCTURE	**Entrée, sortie, réduit**
RATIO	**2,38**
NUMÉRO ➤ ENTRÉE	**CIG690**
➤ SORTIE	**CIG890**
➤ RÉDUIT	**CIG1890**
INDICE DE RÉFÉRENCE	**S&P/TSX**

ANALYSE DU RENDEMENT

EFFICACITÉ FISCALE AVANT LIQUIDATION (3 ANS) . . . .**ND**
ÉCART-TYPE 3 ANS (VOLATILITÉ) **17,2**

RENDEMENT

ANNÉE	RENDEMENT MOYEN DU FONDS (%)	QUARTILE	RENDEMENT MOYEN DE L'INDICE DE RÉFÉRENCE (%)
3 mois	3,9	4	8,9
6 mois	-0,2	4	5,3
2009	26,9	2	35,1
2008	-24,5	1	-33,0
2007	6,2	1	9,8
2006	15,2	3	17,3
2005	23,5	1	24,1
2004	15,7	2	14,5
2003	10,6	4	26,7
2002	-0,9	1	-12,4
2001	7,3	1	-12,6
2000	18,4	2	7,4

RENDEMENT ANNUEL COMPOSÉ

PÉRIODE	RENDEMENT ANNUEL COMPOSÉ DU FONDS (%)	QUARTILE	RENDEMENT ANNUEL COMPOSÉ DE L'INDICE DE RÉFÉRENCE (%)
Depuis sa création	7,7		
1 an	7,1	4	19,5
2 ans	10,7	3	17,6
3 ans	-2,5	2	-1,7
4 ans	2,1	1	3,6
5 ans	5,1	1	7,0
10 ans	7,7	1	5,1
15 ans			

COMMENTAIRES

Ce produit, dont la création remonte à juin 1997, fait partie de mes recommandations pour une 10e année. Cela s'explique en grande partie par le fait que les gestionnaires d'expérience Gerald Coleman et Stephen Jenkins en tiennent la barre depuis les débuts. Cette équipe, très connue dans l'industrie canadienne du placement, n'a pas son égale au pays.

L'actif sous gestion, important, dépasse 6 milliards de dollars. Tant à moyen qu'à long terme, ce fonds est d'une constance étonnante : son rendement est nettement supérieur à la moyenne de sa catégorie (actions canadiennes à grande capitalisation) pour une volatilité bien moindre.

À court terme, le fonds de Coleman et Jenkins ne dame pas toujours le pion à ses compétiteurs, mais à moyen et à long terme, il se retrouve invariablement parmi les meilleurs de sa catégorie. Sur 10 ans, il obtient un rendement annualisé de 7,7 %, contre 5,1 % seulement pour l'indice composé de la Bourse de Toronto.

Ce produit illustre à merveille le dicton « lentement mais sûrement ». En effet, en période de croissance, il a tendance à avoir un rendement moindre que la moyenne des fonds de sa catégorie et que son indice de référence. Par contre, en période de décroissance, il s'en tire beaucoup mieux que ses compétiteurs. C'est un choix judicieux pour l'investisseur patient (la patience devrait d'ailleurs être la règle d'or de tous les investisseurs) qui désire profiter de la croissance boursière tout en assumant un risque modéré.

FIDELITY GRANDE CAPITALISATION CANADA

Fonds d'actions canadiennes

Date de création	**Février 1988**	Gestionnaire
Apparition précédente	**2010**	**Snow, Brandon**

RENSEIGNEMENTS GÉNÉRAUX (au 31 octobre 2010)

INVESTISSEMENT MINIMAL	**500 $**
FRÉQUENCE DES DISTRIBUTIONS	**Annuelle**
VALEUR DE L'ACTIF (EN MILLIONS $)	**534,7**
FRAIS DE COURTAGE	
STRUCTURE	**Frais à l'entrée**
RATIO	**2,22**
NUMÉRO ➤ ENTRÉE	**FID231**
INDICE DE RÉFÉRENCE	**S&P/TSX**

ANALYSE DU RENDEMENT

EFFICACITÉ FISCALE AVANT LIQUIDATION (3 ANS) . . . . **ND**
ÉCART-TYPE 3 ANS (VOLATILITÉ) **19,2**

RENDEMENT

ANNÉE	RENDEMENT MOYEN DU FONDS (%)	QUARTILE	RENDEMENT MOYEN DE L'INDICE DE RÉFÉRENCE (%)
3 mois	8,3	1	8,9
6 mois	5,9	1	5,3
2009	37,2	1	35,1
2008	-29,7	2	-33,0
2007	14,0	1	9,8
2006	9,4	4	17,3
2005	29,0	1	24,1
2004	12,5	2	14,5
2003	22,8	2	26,7
2002	-14,8	3	-12,4
2001	-7,2	4	-12,6
2000	21,7	1	7,4

RENDEMENT ANNUEL COMPOSÉ

PÉRIODE	RENDEMENT ANNUEL COMPOSÉ DU FONDS (%)	QUARTILE	RENDEMENT ANNUEL COMPOSÉ DE L'INDICE DE RÉFÉRENCE (%)
Depuis sa création	8,7		
1 an	18,0	1	19,5
2 ans	17,6	1	17,6
3 ans	0,4	1	-1,7
4 ans	5,9	1	3,6
5 ans	7,1	1	7,0
10 ans	6,3	1	5,1
15 ans	8,8	1	9,4
20 ans	8,9	2	9,8

COMMENTAIRES

Ce produit en est à sa deuxième année dans ma liste de recommandations. Il s'agit d'un excellent fonds, et ce, depuis de nombreuses années. En fait, c'est un des plus intéressants de la gamme Fidelity dans la catégorie des actions canadiennes. Sur 5, 10 et 15 ans, il a affiché une meilleure performance que l'indice composé de la Bourse de Toronto.

Ce fonds, dont la création remonte à février 1988, est sous la supervision de Brandon Snow depuis août 2007. Ses frais de gestion sont de 2,22 %, contre une médiane de 2,44 % dans sa catégorie.

Sur 1, 2, 3, 4, 5, 10 et 15 ans, ce produit est dans le premier quartile. Le marché des années 2008 et 2009 a été particulièrement difficile pour les gestionnaires, mais force est de constater que M. Snow a fait un excellent boulot : malgré la baisse du marché boursier, ce fonds a réussi à conserver son capital de façon beaucoup plus sécuritaire que l'ensemble des produits de sa catégorie.

Au 31 octobre 2010, on pouvait affirmer que, pour les trois dernières années, ce fonds avait eu un rendement nettement supérieur à ceux de sa catégorie et du marché boursier canadien : un rendement annualisé de 0,4 %, contre une médiane de -4,5 % dans sa catégorie.

Bref, c'est un fonds à part, destiné à l'investisseur patient et capable de surmonter les contrariétés à l'occasion.

Fonds d'actions canadiennes

Date de création	**Août 1985**
Apparitions précédentes	**2005, 2006, 2007, 2008, 2009, 2010**

Gestionnaire
Sehgal, Rohit

RENSEIGNEMENTS GÉNÉRAUX (au 31 octobre 2010)

INVESTISSEMENT MINIMAL	**500 $**
FRÉQUENCE DES DISTRIBUTIONS	**Annuelle**
VALEUR DE L'ACTIF (EN MILLIONS $)	**1846,6**
FRAIS DE COURTAGE	
STRUCTURE	**Entrée, sortie, réduit**
RATIO	**2,32**
NUMÉRO ➤ ENTRÉE	**DYN052**
➤ SORTIE	**DYN053**
➤ RÉDUIT	**DYN652**
INDICE DE RÉFÉRENCE	**S&P/TSX**

ANALYSE DU RENDEMENT

EFFICACITÉ FISCALE AVANT LIQUIDATION (3 ANS) . . . . **ND**
ÉCART-TYPE 3 ANS (VOLATILITÉ) **29,8**

RENDEMENT

ANNÉE	RENDEMENT MOYEN DU FONDS (%)	QUARTILE	RENDEMENT MOYEN DE L'INDICE DE RÉFÉRENCE (%)
3 mois	7,7	2	8,9
6 mois	0,5	4	5,3
2009	**54,9**	**1**	**35,1**
2008	-51,4	4	-33,0
2007	25,4	1	9,8
2006	25,6	1	17,3
2005	28,4	1	24,1
2004	16,7	1	14,5
2003	35,6	1	26,7
2002	-6,2	1	-12,4
2001	-13,2	4	-12,6
2000	12,0	3	7,4

RENDEMENT ANNUEL COMPOSÉ

PÉRIODE	RENDEMENT ANNUEL COMPOSÉ DU FONDS (%)	QUARTILE	RENDEMENT ANNUEL COMPOSÉ DE L'INDICE DE RÉFÉRENCE (%)
Depuis sa création	9,9		
1 an	16,7	1	19,5
2 ans	22,3	1	17,6
3 ans	-8,0	4	-1,7
4 ans	2,7	1	3,6
5 ans	6,3	1	7,0
10 ans	7,1	1	5,1
15 ans	10,3	1	9,4
20 ans	13,2	1	9,8

COMMENTAIRES

Comme le mot *power* l'indique, ce produit n'est pas destiné à tous les types d'investisseurs. C'est un excellent fonds : les résultats qu'il engendre sont à la hauteur des attentes, mais sa volatilité est une des plus élevées de sa catégorie. Son gestionnaire, Rohit Sehgal, de Goodman & Company (filiale des fonds Dynamique), est en charge du produit depuis janvier 1999.

Le produit se classe dans le premier quartile sur 5, 10 et 15 ans. Sur 15 ans, son rendement annualisé a été de 10,3 %, contre une médiane de 7,9 % dans sa catégorie. Au cours de la dernière année, le fonds, qui avait été touché par la récession de 2008, semble avoir retrouvé le chemin de l'excellence : il s'est hissé dans le premier quartile avec un rendement de 16,7 %, contre une médiane de 12,4 %.

Les investisseurs doivent être conscients que la volatilité ne s'applique pas seulement aux contextes difficiles ; elle demeure un fait même quand le marché boursier affiche une hausse. Cela dit, l'approche dynamique de l'équipe responsable de ce fonds demeure toujours payante pour les investisseurs au cœur solide. C'est ce qui est le plus important.

Fonds d'actions canadiennes

Date de création	**Septembre 1998**
Apparitions précédentes	**2001, 2002, 2003, 2004, 2005, 2006, 2007, 2008, 2009, 2010**

Gestionnaire
Marchese, Andrew

RENSEIGNEMENTS GÉNÉRAUX (au 31 octobre 2010)

INVESTISSEMENT MINIMAL	**500 $**
FRÉQUENCE DES DISTRIBUTIONS	**Annuelle**
VALEUR DE L'ACTIF (EN MILLIONS $)	**2940,9**
FRAIS DE COURTAGE	
STRUCTURE	**Frais à l'entrée**
RATIO	**2,21**
NUMÉRO ⪼ ENTRÉE	**FID224**
INDICE DE RÉFÉRENCE	**S&P/TSX**

ANALYSE DU RENDEMENT

EFFICACITÉ FISCALE AVANT LIQUIDATION (3 ANS) . . . . **ND**
ÉCART-TYPE 3 ANS (VOLATILITÉ) **21,6**

RENDEMENT

ANNÉE	RENDEMENT MOYEN DU FONDS (%)	QUARTILE	RENDEMENT MOYEN DE L'INDICE DE RÉFÉRENCE (%)
3 mois	9,1	1	8,9
6 mois	4,1	2	5,3
2009	39,1	1	35,1
2008	-35,6	3	-33,0
2007	13,2	1	9,8
2006	15,4	2	17,3
2005	25,4	1	24,1
2004	11,1	3	14,5
2003	26,5	1	26,7
2002	-8,8	1	-12,4
2001	-7,2	3	-12,6
2000	15,7	2	7,4

RENDEMENT ANNUEL COMPOSÉ

PÉRIODE	RENDEMENT ANNUEL COMPOSÉ DU FONDS (%)	QUARTILE	RENDEMENT ANNUEL COMPOSÉ DE L'INDICE DE RÉFÉRENCE (%)
Depuis sa création	11,8		
1 an	17,9	2	19,5
2 ans	18,7	1	17,6
3 ans	-2,0	1	-1,7
4 ans	3,9	1	3,6
5 ans	7,0	1	7,0
10 ans	6,5	1	5,1
15 ans			

COMMENTAIRES

Ce produit, dont la création remonte à septembre 1998, apparaît pour la 11e fois dans ma liste de recommandations. Il s'agit d'un fonds de grande capitalisation canadienne. Pendant de nombreuses années, il a été sous la supervision de Robert Haber, mais en mars 2009, Andrew Marchese en a pris la barre. Jusqu'à maintenant, celui-ci a fait un excellent travail, et je n'ai pas eu à remettre mon choix en question. Il est important de souligner que Fidelity maîtrise l'art de remplacer des gestionnaires et de former une relève compétente.

Ce produit fait partie des fonds dont la performance est supérieure à celle de l'indice composé de la Bourse de Toronto : sur 10 ans, son rendement annualisé est de 6,5 %, contre 5,1 % pour l'indice. Sur 3 ans, le risque encouru par l'investisseur est légèrement supérieur à celui de l'indice de la Bourse de Toronto, mais le fonds ne s'en classe pas moins dans le premier quartile sur 2, 3, 4, 5 et 10.

Ses frais de gestion sont en baisse : ils s'élèvent à 2,2 %, contre une médiane de 2,44 % dans son secteur. L'actif sous gestion de ce produit est très important : si on regroupe les diverses versions, il est de près de 3 milliards de dollars.

Fonds d'actions canadiennes

Date de création	**Septembre 1996**
Apparitions précédentes	**1998, 1999, 2000, 2001, 2002, 2003, 2004, 2009, 2010**

Gestionnaire
Lemieux, Maxime

RENSEIGNEMENTS GÉNÉRAUX (au 31 octobre 2010)

INVESTISSEMENT MINIMAL	**500 $**
FRÉQUENCE DES DISTRIBUTIONS	**Annuelle**
VALEUR DE L'ACTIF (EN MILLIONS $)	**5399,1**
FRAIS DE COURTAGE	
STRUCTURE	**Frais à l'entrée**
RATIO	**2,19**
NUMÉRO ➤ ENTRÉE	**FID225**
INDICE DE RÉFÉRENCE	**S&P/TSX**

ANALYSE DU RENDEMENT

EFFICACITÉ FISCALE AVANT LIQUIDATION (3 ANS) . . . . **ND**
ÉCART-TYPE 3 ANS (VOLATILITÉ) **20,3**

RENDEMENT

ANNÉE	RENDEMENT MOYEN DU FONDS (%)	QUARTILE	RENDEMENT MOYEN DE L'INDICE DE RÉFÉRENCE (%)
3 mois	6,9	3	8,9
6 mois	2,1	4	5,3
2009	**30,6**	**3**	**35,1**
2008	-34,4	3	-33,0
2007	12,8	1	9,8
2006	17,6	1	17,3
2005	23,6	1	24,1
2004	14,5	1	14,5
2003	20,7	3	26,7
2002	-13,3	3	-12,4
2001	-2,5	2	-12,6
2000	16,4	2	7,4

RENDEMENT ANNUEL COMPOSÉ

PÉRIODE	RENDEMENT ANNUEL COMPOSÉ DU FONDS (%)	QUARTILE	RENDEMENT ANNUEL COMPOSÉ DE L'INDICE DE RÉFÉRENCE (%)
Depuis sa création	9,4		
1 an	13,8	4	19,5
2 ans	13,0	3	17,6
3 ans	-4,5	3	-1,7
4 ans	1,8	2	3,6
5 ans	5,5	2	7,0
10 ans	5,5	2	5,1
15 ans			

COMMENTAIRES

Ce produit a perdu de son lustre au cours des dernières années. Actuellement, il semble un peu traîner de la patte dans son secteur d'activité. Cependant, grâce à l'arrivée, en novembre 2009, du gestionnaire-vedette de Fidelity Maxime Lemieux, il devrait commencer à donner des résultats dans un avenir proche. Certains investisseurs montrent des signes d'impatience, ce qui explique l'absence de nouveaux capitaux dans le fonds au cours des 12 derniers mois. Toutefois, avec un produit de plus de 5,3 milliards de dollars, il n'est pas nécessairement facile de renverser la vapeur, et le processus n'est pas toujours aussi rapide qu'on le voudrait. Comme la patience est la plus grande des vertus dans le monde du placement, on peut supposer avec confiance que les investisseurs finiront par être récompensés.

Les frais de gestion de ce fonds sont de 2,19 %, contre une moyenne de 2,28 % dans sa catégorie. Le produit se classe dans le deuxième quartile sur 10 ans, avec un rendement annualisé de 5,5 %, contre une médiane de 4,9 % dans sa catégorie. À moyen et à court terme, les résultats sont moins spectaculaires, mais le fonds se situe quand même dans le deuxième quartile sur 5 ans.

Sans être excessive, la volatilité du produit est plus élevée que la moyenne dans sa catégorie. Il n'y a cependant là rien d'anormal ou d'inquiétant.

Je conseille aux porteurs de parts de conserver ces dernières ; quant aux autres, je les assure que, s'ils font le saut, la récompense sera au rendez-vous. Maxime Lemieux est un excellent gestionnaire ; il faut seulement lui laisser le temps de prendre bien en main tous les actifs du fonds.

Fonds d'actions canadiennes

Date de création	**Avril 2007**		Gestionnaire
Apparitions précédentes	**2008, 2009, 2010**		**Schmehl, Mark**

RENSEIGNEMENTS GÉNÉRAUX (au 31 octobre 2010)

INVESTISSEMENT MINIMAL	**500 $**
FRÉQUENCE DES DISTRIBUTIONS	**Annuelle**
VALEUR DE L'ACTIF (EN MILLIONS $)	**349,7**
FRAIS DE COURTAGE	
STRUCTURE	**Frais à l'entrée**
RATIO	**2,30**
NUMÉRO ➤ ENTRÉE	**FID1298**
INDICE DE RÉFÉRENCE	**S&P/TSX**

ANALYSE DU RENDEMENT

EFFICACITÉ FISCALE AVANT LIQUIDATION (3 ANS) . . **98,9**
ÉCART-TYPE 3 ANS (VOLATILITÉ) **23,3**

RENDEMENT

ANNÉE	RENDEMENT MOYEN DU FONDS (%)	QUARTILE	RENDEMENT MOYEN DE L'INDICE DE RÉFÉRENCE (%)
3 mois	9,9	3	8,9
6 mois	1,3	3	5,3
2009	61,7	1	35,1
2008	-33,1	1	-33,0
2007			
2006			
2005			
2004			
2003			
2002			
2001			
2000			

RENDEMENT ANNUEL COMPOSÉ

PÉRIODE	RENDEMENT ANNUEL COMPOSÉ DU FONDS (%)	QUARTILE	RENDEMENT ANNUEL COMPOSÉ DE L'INDICE DE RÉFÉRENCE (%)
Depuis sa création	13,4		
1 an	19,5	3	19,5
2 ans	27,0	2	17,6
3 ans	7,2	1	-1,7
4 ans			
5 ans			
10 ans			
15 ans			

COMMENTAIRES

La création de ce fonds est plutôt récente. Malgré cela, il apparaît pour la quatrième fois dans mon palmarès. Mark Schmehl est à la barre du produit depuis sa création en 2007.

Au cours des 12 mois précédant le 31 octobre 2010, la situation a été un peu difficile pour le gestionnaire : le rendement de son produit a été de 19,5 %, contre une médiane de 20,8 %. Malgré cette performance modeste, le fonds se situe dans le premier quartile sur 3 ans. Sur 2 ans, son rendement annualisé a été de 27 %, contre une médiane de 24,6 %, alors que, sur 3 ans, il a été de 7,2 %, contre une médiane de -5,8 % dans sa catégorie. Finalement, le « tsunami » qui a secoué la planète boursière en 2008 a été positif pour M. Schmehl...

Le mandat de ce fonds peut être qualifié de très large. Le gestionnaire a pour objectif d'investir dans le marché canadien (petite et moyenne capitalisations), mais aussi chez nos voisins du Sud ou à l'étranger. Au moment où j'écris ces lignes, le fonds est investi à 44,5 % au Canada et à 54,7 % à l'étranger (à 36 % aux États-Unis).

L'actif sous gestion est en forte hausse : il se situe à près de 350 millions de dollars.

Ce fonds est relativement nouveau, mais son gestionnaire a de l'expérience. Les investisseurs audacieux seront entre bonnes mains avec M. Schmehl.

Fonds d'actions canadiennes

Date de création	**Novembre 2008**
Apparitions précédentes	**Nouveau**

Gestionnaires
Bousada, Tye • MacDonald, Geoff

RENSEIGNEMENTS GÉNÉRAUX (au 31 octobre 2010)

INVESTISSEMENT MINIMAL	**15 000 $**
FRÉQUENCE DES DISTRIBUTIONS	**Annuelle**
VALEUR DE L'ACTIF (EN MILLIONS $)	**ND**
FRAIS DE COURTAGE	
STRUCTURE	**Frais à l'entrée**
RATIO	**2,37**
NUMÉRO ➤ ENTRÉE	**EDG108**
INDICE DE RÉFÉRENCE	**S&P/TSX**

ANALYSE DU RENDEMENT

EFFICACITÉ FISCALE AVANT LIQUIDATION (3 ANS) . . . . **ND**
ÉCART-TYPE 3 ANS (VOLATILITÉ) . . . . **ND**

RENDEMENT

ANNÉE	RENDEMENT MOYEN DU FONDS (%)	QUARTILE	RENDEMENT MOYEN DE L'INDICE DE RÉFÉRENCE (%)
3 mois	6,1	4	8,9
6 mois	0,7	4	5,3
2009	50,2	1	35,1
2008			
2007			
2006			
2005			
2004			
2003			
2002			
2001			
2000			

RENDEMENT ANNUEL COMPOSÉ

PÉRIODE	RENDEMENT ANNUEL COMPOSÉ DU FONDS (%)	QUARTILE	RENDEMENT ANNUEL COMPOSÉ DE L'INDICE DE RÉFÉRENCE (%)
Depuis sa création	32,5		
1 an	20,1	1	19,5
2 ans			
3 ans			
4 ans			
5 ans			
10 ans			
15 ans			

COMMENTAIRES

La gamme de fonds EdgePoint a vu le jour récemment, en 2008, mais ses fondateurs-gestionnaires et les membres de l'équipe sont de vieux routiers de l'industrie. Ils ont entre 20 et 50 ans d'expérience dans le domaine de la gestion, particulièrement dans l'univers des fonds canadiens.

En fait, EdgePoint est le fruit de l'association de gestionnaires et d'actionnaires, dont le fondateur des fonds Trimark, M. Krembil. Un beau matin, ils ont décidé de bâtir une entreprise semblable à celle que Trimark était à ses débuts, avec la même philosophie : peu de fonds, des frais de gestion parmi les moins élevés de l'industrie, pas de dépenses inutiles (campagnes publicitaires ou autres). Cette philosophie d'investissement, claire et simple, est axée sur ce qui est le plus intéressant pour les investisseurs.

Les gestionnaires, Tye Bousada et Geoff MacDonald, ont de nombreuses années d'expérience, mais ce qu'on doit surtout retenir d'eux, c'est leur intégrité en ce qui concerne leur philosophie du placement. Ils font partie des rares gestionnaires qui n'ont pas acquis d'actions de Nortel au moment de la montée vertigineuse du titre à la fin des années 90. Malgré les pressions externes, ils ont su résister. À l'époque, il fallait beaucoup de rigueur pour le faire.

En date du 31 octobre 2010, ce produit se classait dans le premier quartile sur 1 an, avec un rendement de 20,1 %, contre une médiane de 16,4 % dans son secteur.

MANUVIE D'OCCASIONS DE CROISSANCE

Fonds d'actions canadiennes

Date de création	**Novembre 1998**
Apparitions précédentes	**2003, 2004, 2005, 2006, 2007**

Gestionnaire
Whitehead, Ted

RENSEIGNEMENTS GÉNÉRAUX (au 31 octobre 2010)

INVESTISSEMENT MINIMAL	**500 $**
FRÉQUENCE DES DISTRIBUTIONS	**Annuelle**
VALEUR DE L'ACTIF (EN MILLIONS $)	**748,5**
FRAIS DE COURTAGE	
STRUCTURE	**Entrée, sortie, réduit**
RATIO	**2,63**
NUMÉRO ➤ ENTRÉE	**EPL388**
➤ SORTIE	**EPL488**
➤ RÉDUIT	**EPL788**
INDICE DE RÉFÉRENCE	**S&P/TSX**

ANALYSE DU RENDEMENT

EFFICACITÉ FISCALE AVANT LIQUIDATION (3 ANS) . . . **90,7**
ÉCART-TYPE 3 ANS (VOLATILITÉ) **24,8**

RENDEMENT

ANNÉE	RENDEMENT MOYEN DU FONDS (%)	QUARTILE	RENDEMENT MOYEN DE L'INDICE DE RÉFÉRENCE (%)
3 mois	14,6	2	8,9
6 mois	7,9	2	5,3
2009	**57,6**	2	35,1
2008	-40,5	2	-33,0
2007	4,0	3	9,8
2006	9,8	3	17,3
2005	18,8	3	24,1
2004	18,3	2	14,5
2003	33,8	2	26,7
2002	9,5	1	-12,4
2001	17,4	2	-12,6
2000	21,7	1	7,4

RENDEMENT ANNUEL COMPOSÉ

PÉRIODE	RENDEMENT ANNUEL COMPOSÉ DU FONDS (%)	QUARTILE	RENDEMENT ANNUEL COMPOSÉ DE L'INDICE DE RÉFÉRENCE (%)
Depuis sa création	14,7		
1 an	31,1	2	19,5
2 ans	36,7	1	17,6
3 ans	1,2	2	-1,7
4 ans	4,8	2	3,6
5 ans	7,2	2	7,0
10 ans	11,7	2	5,1
15 ans			

COMMENTAIRES

Ce produit n'est pas fait pour tous les investisseurs. Sa volatilité est très élevée et, selon le marché boursier, ses rendements peuvent être les meilleurs ou les pires de sa catégorie. Résultat : certains investisseurs l'achètent quand le marché est en hausse et le liquident quand il est en baisse ! C'est exactement ce qu'on ne devrait jamais faire.

Son gestionnaire, Ted Whitehead, n'est pas un nouveau venu ; il est à la tête du fonds depuis sa création, en novembre 1998. L'année 2008 n'a pas été facile pour l'équipe, mais cette dernière a su maintenir le produit en meilleure position que les autres fonds de sa catégorie. En 2009 et en 2010, le gestionnaire a réussi à faire en sorte que le produit se classe de nouveau parmi les meilleurs. Au 31 octobre 2010, le rendement du fonds était de 31,1 %, contre une médiane de 29,1 %. Sur 2 ans, son rendement annualisé a été de 36,7 %, contre une médiane de seulement 29,1 % dans sa catégorie.

L'actif du fonds est actuellement de 748 millions de dollars. Avant la crise boursière de 2008, il était d'environ 400 millions de dollars. Le marché n'est plus dans un creux, mais certains investisseurs ne considèrent que le rendement des 12 ou des 24 derniers mois. Dommage !

Sur 10 ans, le rendement annualisé de ce produit est de 11,7 %, alors que la médiane de sa catégorie est de seulement 7,8 %. Par ailleurs, comme ce fonds comporte un risque qui est nettement au-dessus de la moyenne, il n'est pas indiqué pour les investisseurs qui aiment jouir d'un sommeil paisible.

RBC DE REVENU D'ACTIONS CANADIENNES

Fonds d'actions canadiennes

Date de création	**Août 2006**	Gestionnaire
Apparition précédente	**2010**	**McClelland, Jennifer**

RENSEIGNEMENTS GÉNÉRAUX (au 31 octobre 2010)

INVESTISSEMENT MINIMAL	**500 $**
FRÉQUENCE DES DISTRIBUTIONS	**Mensuelle**
VALEUR DE L'ACTIF (EN MILLIONS $)	**223,0**
FRAIS DE COURTAGE	
STRUCTURE	**Sans frais**
RATIO	**2,00**
NUMÉRO ➤ SANS FRAIS	**RBF591**
INDICE DE RÉFÉRENCE	**S&P/TSX**

ANALYSE DU RENDEMENT

EFFICACITÉ FISCALE AVANT LIQUIDATION (3 ANS) . . .**79,4**
ÉCART-TYPE 3 ANS (VOLATILITÉ) **18,9**

RENDEMENT

ANNÉE	RENDEMENT MOYEN DU FONDS (%)	QUARTILE	RENDEMENT MOYEN DE L'INDICE DE RÉFÉRENCE (%)
3 mois	12,1	1	8,9
6 mois	8,2	2	5,3
2009	**59,7**	1	35,1
2008	-18,8	1	-33,0
2007	9,5	2	9,8
2006			
2005			
2004			
2003			
2002			
2001			
2000			

RENDEMENT ANNUEL COMPOSÉ

PÉRIODE	RENDEMENT ANNUEL COMPOSÉ DU FONDS (%)	QUARTILE	RENDEMENT ANNUEL COMPOSÉ DE L'INDICE DE RÉFÉRENCE (%)
Depuis sa création	12,2		
1 an	28,3	2	19,5
2 ans	31,9	1	17,6
3 ans	14,7	1	-1,7
4 ans	12,6	1	3,6
5 ans			
10 ans			
15 ans			

COMMENTAIRES

Ce produit, qui portait autrefois le nom de Fonds diversifié de fiducies RBC, apparaît pour une deuxième fois à mon palmarès des meilleurs fonds. Comme les fiducies de revenu ont à toutes fins utiles disparu, il a été nécessaire de procéder à un changement de mandat. Toutes proportions gardées, il s'agit d'un petit fonds : son actif sous gestion, de plus de 200 millions de dollars, n'en a pas moins connu une hausse de plus de 400 % au cours des 12 derniers mois.

Ce produit vise à fournir des rentrées de fonds mensuelles élevées et des distributions mensuelles bénéficiant de traitements avantageux sur le plan fiscal.

En date du 31 octobre 2010, le fonds était investi à plus de 85 % dans des titres d'actions canadiennes, dont près de 25 % se rapportaient au secteur de l'énergie et autant au secteur des services financiers.

Au cours de la dernière année, le rendement de ce fonds a été de 28,3 %, contre une médiane de 27,8 % dans sa catégorie. Sur 3 ans, son rendement annualisé a été de 14,7 %, contre une médiane de seulement 5,5 %. C'est très élevé. Quant à la volatilité du fonds, elle demeure égale à celle de la moyenne des actions canadiennes. C'est une excellente nouvelle pour les investisseurs qui font preuve d'une certaine prudence.

La gestionnaire, Jennifer McClelland, a effectué un excellent travail avec ce produit depuis sa création en août 2006. Il s'agit d'un très bon choix pour les investisseurs désirant avoir une source de revenu régulière.

SPROTT D'ACTIONS CANADIENNES

Fonds d'actions canadiennes

Date de création	**Septembre 1997**	Gestionnaire
Apparitions précédentes	**2003, 2009, 2010**	**Sprott, Eric**

RENSEIGNEMENTS GÉNÉRAUX (au 31 octobre 2010)

INVESTISSEMENT MINIMAL	**1 000 $**
FRÉQUENCE DES DISTRIBUTIONS	**Annuelle**
VALEUR DE L'ACTIF (EN MILLIONS $)	**1676,6**
FRAIS DE COURTAGE	
STRUCTURE	**Frais à l'entrée**
RATIO	**2,90**
NUMÉRO ➤ ENTRÉE	**SPR001**
INDICE DE RÉFÉRENCE	**S&P/TSX**

ANALYSE DU RENDEMENT

EFFICACITÉ FISCALE AVANT LIQUIDATION (3 ANS) . . . .**ND**
ÉCART-TYPE 3 ANS (VOLATILITÉ) **28,5**

RENDEMENT

ANNÉE	RENDEMENT MOYEN DU FONDS (%)	QUARTILE	RENDEMENT MOYEN DE L'INDICE DE RÉFÉRENCE (%)
3 mois	31,8	1	8,9
6 mois	21,3	1	5,3
2009	36,0	4	35,1
2008	-43,7	2	-33,0
2007	13,8	2	9,8
2006	39,6	1	17,3
2005	13,2	4	24,1
2004	37,9	1	14,5
2003	30,0	2	26,7
2002	39,3	1	-12,4
2001	43,7	1	-12,6
2000	**44,0**	1	7,4

RENDEMENT ANNUEL COMPOSÉ

PÉRIODE	RENDEMENT ANNUEL COMPOSÉ DU FONDS (%)	QUARTILE	RENDEMENT ANNUEL COMPOSÉ DE L'INDICE DE RÉFÉRENCE (%)
Depuis sa création	20,9		
1 an	45,2	1	19,5
2 ans	34,7	2	17,6
3 ans	-1,6	2	-1,7
4 ans	6,1	2	3,6
5 ans	12,0	2	7,0
10 ans	19,3	1	5,1
15 ans			

COMMENTAIRES

Certains investisseurs et observateurs de l'industrie du placement ont cru, en 2008, pendant la débandade boursière, qu'Eric Sprott avait perdu sa petite «touche magique». D'autres ont pensé qu'il était devenu sénile quand il a annoncé que l'or s'en allait vers des sommets records. Aujourd'hui, il faut bien avouer que l'homme n'a rien perdu de ses moyens et que le prix de l'or a atteint de nouveaux sommets.

Au 31 octobre 2010, le fonds d'actions canadiennes Sprott avait obtenu, au cours des 12 derniers mois, un rendement de 45,2%, contre une médiane de 23,2% dans la catégorie ressources et de 19,5% pour l'ensemble des actions canadiennes. Sur 10 ans, le fonds a eu un rendement annualisé de 19,3%, ce qui en fait un des meilleurs du Canada. Cependant, malgré sa réputation enviable, M. Sprott n'a pas su prédire le crash de 2008. C'est tout à fait normal: il n'a rien d'un futurologue ou d'un diseur de bonne aventure. Son travail consiste à investir dans des entreprises ayant un potentiel de croissance, et il le fait fort bien.

La croissance de l'actif sous gestion a connu un ralentissement marqué au cours des deux dernières années (au 31 octobre 2010, cet actif dépassait tout de même 1,6 milliard de dollars), mais en raison des rendements de la dernière année, les investisseurs reviennent en force.

Il s'agit d'un excellent produit, destiné aux investisseurs dynamiques et patients qui ne cherchent pas à acquérir des fonds dont les frais de gestion sont des aubaines. En effet, ce n'est pas du tout le cas des fonds de la famille Sprott.

Fonds d'actions canadiennes

Date de création	**Juin 1988**	Gestionnaires
Apparitions précédentes	**2009**	**Smolinski, John • Levy, Ari**

RENSEIGNEMENTS GÉNÉRAUX (au 31 octobre 2010)

INVESTISSEMENT MINIMAL	**500 $**
FRÉQUENCE DES DISTRIBUTIONS	**Annuelle**
VALEUR DE L'ACTIF (EN MILLIONS $)	**3260,3**
FRAIS DE COURTAGE	
STRUCTURE	**Entrée, sortie, réduit, sans frais**
RATIO	**2,07**
NUMÉRO ➤ ENTRÉE	**TDB308**
➤ SORTIE	**TDB338**
➤ RÉDUIT	**TDB368**
➤ SANS FRAIS	**TDB161**
INDICE DE RÉFÉRENCE	**S&P/TSX**

ANALYSE DU RENDEMENT

EFFICACITÉ FISCALE AVANT LIQUIDATION (3 ANS) . . . . **ND**
ÉCART-TYPE 3 ANS (VOLATILITÉ) **25,8**

RENDEMENT

ANNÉE	RENDEMENT MOYEN DU FONDS (%)	QUARTILE	RENDEMENT MOYEN DE L'INDICE DE RÉFÉRENCE (%)
3 mois	9,6	1	8,9
6 mois	3,2	2	5,3
2009	47,2	1	35,1
2008	-42,2	4	-33,0
2007	10,5	1	9,8
2006	23,1	1	17,3
2005	26,2	1	24,1
2004	18,9	1	14,5
2003	23,7	1	26,7
2002	-15,6	4	-12,4
2001	-3,0	3	-12,6
2000	8,0	4	7,4

RENDEMENT ANNUEL COMPOSÉ

PÉRIODE	RENDEMENT ANNUEL COMPOSÉ DU FONDS (%)	QUARTILE	RENDEMENT ANNUEL COMPOSÉ DE L'INDICE DE RÉFÉRENCE (%)
Depuis sa création	8,9		
1 an	19,5	1	19,5
2 ans	20,1	1	17,6
3 ans	-3,5	2	-1,7
4 ans	1,9	1	3,6
5 ans	6,5	1	7,0
10 ans	6,5	1	5,1
15 ans	10,3	1	9,4
20 ans	10,1	1	9,8

COMMENTAIRES

Ce fonds est sous la responsabilité de l'excellent gestionnaire John Smolinski depuis juin 2001 et du gestionnaire Ari Levy depuis juillet 2009. Son actif sous gestion est très important : il dépasse 3,2 milliards de dollars.

Les gestionnaires ont fait du bon travail. Sur 10 ans, soit approximativement depuis l'arrivée de M. Smolinski, le rendement annualisé du fonds a été de 6,5 %, contre une médiane de 7,9 %. Au 31 octobre 2010, le rendement du produit était de 19,5 % sur 12 mois, contre une médiane de 12,4 % dans sa catégorie.

Il n'y a aucun doute dans mon esprit que ce fonds se classe parmi les meilleurs au chapitre du rendement. Cependant, il ne s'adresse pas à tous les types d'investisseurs, car sa volatilité est très élevée par comparaison avec celle des autres produits de sa catégorie. Les acquéreurs de parts doivent donc avoir une très bonne tolérance au risque. Après une année 2008 relativement difficile, les rendements du fonds devraient se démarquer au cours de la prochaine croissance boursière.

Le fonds d'actions canadiennes TD en est à sa deuxième présence dans mon palmarès annuel. Il mérite sa place, mais il n'en demeure pas moins un produit destiné aux investisseurs avertis.

FIDELITY POTENTIEL CANADA

Fonds d'actions canadiennes

Date de création	**Juillet 2000**
Apparitions précédentes	**2001, 2002, 2003, 2004, 2005, 2006, 2007, 2008, 2009, 2010**

Gestionnaire
Lavallée, Hugo

RENSEIGNEMENTS GÉNÉRAUX (au 31 octobre 2010)

INVESTISSEMENT MINIMAL	**500 $**
FRÉQUENCE DES DISTRIBUTIONS	**Annuelle**
VALEUR DE L'ACTIF (EN MILLIONS $)	**902,7**
FRAIS DE COURTAGE	
STRUCTURE	**Frais à l'entrée**
RATIO	**2,28**
NUMÉRO ➤ ENTRÉE	**FID215**
INDICE DE RÉFÉRENCE	**S&P/TSX**

ANALYSE DU RENDEMENT

EFFICACITÉ FISCALE AVANT LIQUIDATION (3 ANS) . . **88,9**
ÉCART-TYPE 3 ANS (VOLATILITÉ) **22,4**

RENDEMENT

ANNÉE	RENDEMENT MOYEN DU FONDS (%)	QUARTILE	RENDEMENT MOYEN DE L'INDICE DE RÉFÉRENCE (%)
3 mois	9,5	3	8,9
6 mois	6,5	3	5,3
2009	**60,7**	2	35,1
2008	**-36,5**	1	-33,0
2007	12,2	2	9,8
2006	9,1	3	17,3
2005	17,0	3	24,1
2004	16,4	3	14,5
2003	29,3	2	26,7
2002	-4,5	2	-12,4
2001	0,6	3	-12,6
2000			

RENDEMENT ANNUEL COMPOSÉ

PÉRIODE	RENDEMENT ANNUEL COMPOSÉ DU FONDS (%)	QUARTILE	RENDEMENT ANNUEL COMPOSÉ DE L'INDICE DE RÉFÉRENCE (%)
Depuis sa création	8,8		
1 an	23,8	3	19,5
2 ans	32,5	2	17,6
3 ans	5,0	1	-1,7
4 ans	8,0	1	3,6
5 ans	9,4	1	7,0
10 ans	9,0	2	5,1
15 ans			

COMMENTAIRES

Ce fonds, dont la création remonte à juillet 2000, a fait partie de mon palmarès annuel pour une 11ᵉ fois. Dès le départ, Maxime Lemieux en a pris la barre. Cela m'a plu, et quand Hugo Lavallée l'a remplacé en septembre 2008, j'ai continué à avoir une opinion favorable sur ce produit.

Hugo Lavallée est de plus en plus connu et respecté dans le milieu des fonds au Canada. Avant sa nomination à la tête du Fidelity Potentiel Canada, il a fait ses classes pendant quelques années comme analyste chez Fidelity et il a assisté Maxime Lemieux dans la gestion du fonds. Sa nomination a été tout à fait naturelle. Il a même apporté des atouts supplémentaires au produit, cela dit sans rien enlever au talent de son prédécesseur, qui est maintenant à la tête du Fidelity Frontière Nord. Tous deux sont originaires du Québec, diplômés de l'Université McGill et maintenant installés de façon permanente à Montréal.

À court terme, ce produit ne se classe pas toujours dans le premier ou le deuxième quartile mais, à moyen et à long terme, il trouve invariablement sa place parmi les meilleurs. Au 31 octobre 2010, son rendement annualisé sur 2 ans (soit depuis sa prise en charge par Hugo Lavallée) était de 32,5 %, contre une médiane de 29,1 % dans sa catégorie. Malgré ce rendement élevé, le risque associé à ce fonds est plus faible que celui qu'on observe en moyenne dans sa catégorie. Hugo Lavallée est un gestionnaire très prudent: tout en soutenant un objectif de rendement élevé, il donne priorité à la conservation du capital de ses investissements.

LES FONDS D'ACTIONS
CANADIENNES À PETITE CAPITALISATION

À long terme, ces fonds offrent aux investisseurs des rendements plus élevés que ceux à grande capitalisation. Évidemment, qui dit meilleur rendement dit volatilité accrue. Au 31 octobre 2010, les fonds d'actions canadiennes avaient eu en moyenne, sur 15 ans, un rendement annualisé de 8,3 %, alors que celui des fonds à petite capitalisation était de 10 %. Sur la même période, l'écart-type (ou risque) moyen des fonds d'actions canadiennes était de 15,3, et celui des fonds à petite capitalisation, de 19,2. Bref, le risque est plus élevé, mais l'investisseur est en général mieux récompensé.

En ce qui concerne les frais de gestion des fonds à petite capitalisation, ils sont plus élevés que ceux des produits à grande capitalisation. Pourquoi ? Parce que le travail d'un gestionnaire qui tente de dénicher les meilleurs titres à petite capitalisation est beaucoup plus ardu que celui d'un gestionnaire qui concentre son travail sur les fonds à grande capitalisation. En effet, ce dernier peut tout simplement choisir parmi les 60 titres canadiens à grande capitalisation les plus importants (ceux-ci sont généralement très bien suivis par de nombreux analystes). Dans le cas des fonds à petite capitalisation, le travail est plus difficile, car le nombre de titres offerts est beaucoup plus grand.

Ces frais sont de 2,10 % pour la moyenne des actions canadiennes et de 2,65 % pour celle des titres à petite capitalisation. La différence est importante, mais l'investisseur en a pour son argent, car les gestionnaires obtiennent généralement de meilleurs résultats. Pour de nombreux observateurs, le plus grand problème du monde des fonds communs de placement touche la difficulté, pour les gestionnaires, de proposer des titres plus rentables que le S&P/TSX composé, qui est l'indice de référence. Au 31 octobre 2010, cet indice avait obtenu, sur 15 ans (ce qui représente une période plus longue qu'un cycle économique moyen se situant entre 8 et 12 ans), un rendement annualisé de 9,4 %, alors que celui des fonds à petite capitalisation était de 10 %. Sur 20 ans, l'écart était encore plus important : le rendement annualisé de l'indice était de 9,8 %, alors que celui des titres à petite capitalisation était de 11,5 %.

Fonds d'actions canadiennes à petite capitalisation

Date de création	**Juin 1997**		Gestionnaires
Apparitions précédentes	**Nouveau**		**Belaiche, Oscar • Gibbs, Jason**

RENSEIGNEMENTS GÉNÉRAUX (au 31 octobre 2010)

INVESTISSEMENT MINIMAL	**500 $**
FRÉQUENCE DES DISTRIBUTIONS	**Mensuelle**
VALEUR DE L'ACTIF (EN MILLIONS $)	**241,9**
FRAIS DE COURTAGE	
STRUCTURE	**Entrée, sortie, réduit**
RATIO	**2,68**
NUMÉRO ➤ ENTRÉE	**DYN087**
➤ SORTIE	**DYN787**
➤ RÉDUIT	**DYN687**
INDICE DE RÉFÉRENCE	**BMO petite cap non pondéré**

ANALYSE DU RENDEMENT

EFFICACITÉ FISCALE AVANT LIQUIDATION (3 ANS) . . **86,5**
ÉCART-TYPE 3 ANS (VOLATILITÉ) **14,1**

RENDEMENT

ANNÉE	RENDEMENT MOYEN DU FONDS (%)	QUARTILE	RENDEMENT MOYEN DE L'INDICE DE RÉFÉRENCE (%)
3 mois	10,4	3	16,9
6 mois	8,5	2	8,9
2009	38,8	4	93,2
2008	-18,0	1	-49,7
2007	18,5	1	-0,4
2006	17,9	2	12,9
2005	24,9	2	13,7
2004	24,2	1	12,6
2003	50,6	1	46,3
2002	-19,8	4	-2,5
2001	-8,8	4	4,1
2000	-21,5	4	-4,3

RENDEMENT ANNUEL COMPOSÉ

PÉRIODE	RENDEMENT ANNUEL COMPOSÉ DU FONDS (%)	QUARTILE	RENDEMENT ANNUEL COMPOSÉ DE L'INDICE DE RÉFÉRENCE (%)
Depuis sa création	32,9		
1 an	29,6	2	38,8
2 ans	11,3	2	51,0
3 ans	13,1	1	3,6
4 ans	17,1	1	5,0
5 ans	10,3	1	8,3
10 ans			
15 ans			

COMMENTAIRES

Ce fonds, dont la création remonte à juin 1997, n'est plus le même depuis l'arrivée, en août 2002, d'Oscar Belaiche, de la firme Goodman. Jason Gibbs assiste ce dernier depuis mars 2007. Ce produit est un des meilleurs de sa catégorie. Le risque qui y est associé est près de deux fois moindre que celui qui prévaut dans la moyenne des fonds de ce type.

Oscar Belaiche n'est pas le premier venu. Il participe à la gestion d'une douzaine de fonds de la famille Dynamique, où il a fait son entrée en 1997. Il compte plus de 28 années d'expérience dans le monde du placement.

Malgré la tourmente qui a sévi ces dernières années dans les marchés boursiers et plus précisément dans le secteur des titres canadiens à petite capitalisation, ce fonds a tenu le coup et a fait mieux que ses semblables.

Pour le gestionnaire qui est à la barre de ce fonds, le prix d'acquisition d'un titre revêt une importance capitale. Il analyse des critères comme le versement de dividendes, la solidité financière de l'entreprise et sa place dans son secteur. Monsieur Belaiche est un gestionnaire très prudent qui, à une époque, gardait dans ses coffres plus de 30 % d'encaisse et de revenus fixes. Disons que ça explique en partie ses bons résultats.

Ce fonds permet de profiter pleinement d'un secteur ayant un fort potentiel de croissance.

Fonds d'actions canadiennes à petite capitalisation

Date de création **Mars 1997**
Apparitions précédentes **2004, 2005, 2006, 2007, 2008, 2009, 2010**

Gestionnaires
Cooke, Ian • Jugovic, Joe • Pullen, Leigh

RENSEIGNEMENTS GÉNÉRAUX (au 31 octobre 2010)

INVESTISSEMENT MINIMAL	**500 $**
FRÉQUENCE DES DISTRIBUTIONS	**Annuelle**
VALEUR DE L'ACTIF (EN MILLIONS $)	**383,6**
FRAIS DE COURTAGE	
STRUCTURE	**Entrée, sortie, réduit**
RATIO	**2,79**
NUMÉRO ➤ ENTRÉE	**CCM520**
➤ SORTIE	**CCM521**
➤ RÉDUIT	**CCM975**
INDICE DE RÉFÉRENCE	**BMO petite cap non pondéré**

ANALYSE DU RENDEMENT

EFFICACITÉ FISCALE AVANT LIQUIDATION (3 ANS) . . . .**ND**
ÉCART-TYPE 3 ANS (VOLATILITÉ) **19,1**

RENDEMENT

ANNÉE	RENDEMENT MOYEN DU FONDS (%)	QUARTILE	RENDEMENT MOYEN DE L'INDICE DE RÉFÉRENCE (%)
3 mois	5,5	4	16,9
6 mois	3,5	4	8,9
2009	**29,6**	**4**	**93,2**
2008	**-33,0**	**1**	**-49,7**
2007	8,9	2	-0,4
2006	9,7	3	12,9
2005	24,7	2	13,7
2004	17,6	3	12,6
2003	34,1	2	46,3
2002	25,7	1	-2,5
2001	26,7	1	4,1
2000	1,4	3	-4,3

RENDEMENT ANNUEL COMPOSÉ

PÉRIODE	RENDEMENT ANNUEL COMPOSÉ DU FONDS (%)	QUARTILE	RENDEMENT ANNUEL COMPOSÉ DE L'INDICE DE RÉFÉRENCE (%)
Depuis sa création	9,6		
1 an	14,8	4	38,8
2 ans	14,2	4	51,0
3 ans	-3,4	3	3,6
4 ans	1,0	3	5,0
5 ans	4,6	3	8,3
10 ans	13,5	1	
15 ans			

COMMENTAIRES

Ce produit fait régulièrement partie de mes recommandations en raison de son rendement et de l'excellence de son principal gestionnaire, Leigh Pullen, qui a plus de 37 années d'expérience dans l'industrie du placement. Ce dernier est à la barre du fonds depuis mars 1997. Il est accompagné dans sa tâche par Joe Jugovic depuis mars 2007 et par Ian Cooke depuis novembre 2008. Tous sont à l'emploi de la firme QV Investors Inc.

La situation actuelle n'est la meilleure pour M. Pullen, mais la patience d'un investisseur est souvent sa meilleure arme dans la tourmente. La bonne nouvelle, c'est que ce n'est pas la première fois que ce gestionnaire fait une traversée du désert. Chaque fois, il a su rebondir et reprendre sa place parmi les meilleurs de sa catégorie.

Au moment où j'écris ces lignes, le fonds se classe, selon les données du 31 octobre 2010, dans le premier quartile sur 10 ans; son rendement annualisé est de 13,5 %, contre une médiane de 7,8 % dans sa catégorie. Pour les périodes de moins de 10 ans, le fonds stagne dans le troisième et le quatrième quartiles.

Comme je l'ai dit plus haut, M. Pullen rebondit toujours après un passage à vide, et de façon spectaculaire. En conséquence, on devrait lui faire confiance quant aux titres qu'il choisit. Les investisseurs doivent se rappeler que la patience est souvent le meilleur gage de succès dans l'univers du placement.

NORDOUEST SPÉCIALISÉ CROISSANCE

Fonds d'actions canadiennes à petite capitalisation

Date de création	**Février 1987**
Apparitions précédentes	**1998, 2001, 2002, 2003, 2004, 2005, 2006, 2007, 2008, 2009, 2010**

Gestionnaire
Godin, Christian

RENSEIGNEMENTS GÉNÉRAUX (au 31 octobre 2010)

INVESTISSEMENT MINIMAL	**500 $**
FRÉQUENCE DES DISTRIBUTIONS	**Annuelle**
VALEUR DE L'ACTIF (EN MILLIONS $)	**115,7**
FRAIS DE COURTAGE	
STRUCTURE	**Entrée, sortie, réduit**
RATIO	**7,46**
NUMÉRO ➤ ENTRÉE	**NWT134**
➤ SORTIE	**NWT235**
➤ RÉDUIT	**NWT335**
INDICE DE RÉFÉRENCE	**BMO petite cap non pondéré**

ANALYSE DU RENDEMENT

EFFICACITÉ FISCALE AVANT LIQUIDATION (3 ANS) . . .**51,0**
ÉCART-TYPE 3 ANS (VOLATILITÉ) **19,5**

RENDEMENT

ANNÉE	RENDEMENT MOYEN DU FONDS (%)	QUARTILE	RENDEMENT MOYEN DE L'INDICE DE RÉFÉRENCE (%)
3 mois	9,7	3	16,9
6 mois	8,2	2	8,9
2009	48,2	3	93,2
2008	-33,6	1	-49,7
2007	12,0	2	-0,4
2006	6,5	4	12,9
2005	22,5	2	13,7
2004	20,5	2	12,6
2003	20,6	4	46,3
2002	-6,7	3	-2,5
2001	1,3	3	4,1
2000	8,7	2	-4,3

RENDEMENT ANNUEL COMPOSÉ

PÉRIODE	RENDEMENT ANNUEL COMPOSÉ DU FONDS (%)	QUARTILE	RENDEMENT ANNUEL COMPOSÉ DE L'INDICE DE RÉFÉRENCE (%)
Depuis sa création	7,8		
1 an	29,4	2	38,8
2 ans	30,3	2	51,0
3 ans	2,7	1	3,6
4 ans	6,9	1	5,0
5 ans	8,0	2	8,3
10 ans	8,1	2	8,8
15 ans	13,6	1	7,8
20 ans	16,8	1	9,5

COMMENTAIRES

Ce produit est sous la responsabilité de Christian Godin, de la firme de gestion Montrusco Bolton, depuis février 2004. Ce gestionnaire a été classé parmi les trois meilleurs analystes de titres canadiens à petite capitalisation par Brendan Wood, de Greenwich and Reuters, en 1998, en 1999 et en 2000. La création du fonds remonte à février 1987, ce qui en fait un des plus vieux du Canada.

Son actif est peu élevé : il atteint à peine 115 millions de dollars. Cependant, il a connu une hausse de 16 % au cours des 12 derniers mois. Le rendement de ce fonds et son ratio risque-rendement figurent parmi les meilleurs de sa catégorie. C'est la 12e fois que ce produit fait partie de mes recommandations annuelles. À l'origine, il était sous la responsabilité de Christine Décarie, mais cette excellente gestionnaire occupe maintenant un poste chez Investors.

Ce fonds est investi principalement dans des entreprises dont les activités sont situées au Québec et dont la capitalisation boursière peut être très variable. Il est tout indiqué pour les investisseurs qui cherchent la croissance dans un contexte de prudence et qui désirent encourager les entreprises du Québec.

Fonds d'actions canadiennes à petite capitalisation

Date de création	**Mars 1986**		Gestionnaire
Apparitions précédentes	**1998, 2001, 2002, 2003, 2004,**		**Godin, Christian**
	2005, 2006, 2007, 2008		

RENSEIGNEMENTS GÉNÉRAUX (au 31 octobre 2010)

INVESTISSEMENT MINIMAL	**500 $**
FRÉQUENCE DES DISTRIBUTIONS	**Annuelle**
VALEUR DE L'ACTIF (EN MILLIONS $)	**250,3**
FRAIS DE COURTAGE	
STRUCTURE	**Entrée, sortie, réduit**
RATIO	**2,53**
NUMÉRO ➤ ENTRÉE	**NWT10108**
➤ SORTIE	**NWT219**
➤ RÉDUIT	**NWT319**
INDICE DE RÉFÉRENCE	**BMO petite cap non pondéré**

ANALYSE DU RENDEMENT

EFFICACITÉ FISCALE AVANT LIQUIDATION (3 ANS) . . . . **ND**
ÉCART-TYPE 3 ANS (VOLATILITÉ) **24,4**

RENDEMENT

ANNÉE	RENDEMENT MOYEN DU FONDS (%)	QUARTILE	RENDEMENT MOYEN DE L'INDICE DE RÉFÉRENCE (%)
3 mois	13,0	2	16,9
6 mois	8,1	2	8,9
2009	**58,4**	2	93,2
2008	**-45,7**	3	-49,7
2007	19,2	1	-0,4
2006	11,0	3	12,9
2005	24,4	2	13,7
2004	19,7	2	12,6
2003	51,3	1	46,3
2002	28,4	1	-2,5
2001	23,6	1	4,1
2000	-5,0	4	-4,3

RENDEMENT ANNUEL COMPOSÉ

PÉRIODE	RENDEMENT ANNUEL COMPOSÉ DU FONDS (%)	QUARTILE	RENDEMENT ANNUEL COMPOSÉ DE L'INDICE DE RÉFÉRENCE (%)
Depuis sa création	12,5		
1 an	36,3	1	38,8
2 ans	35,0	2	51,0
3 ans	-1,1	2	3,6
4 ans	5,2	2	5,0
5 ans	7,9	2	8,3
10 ans	17,2	1	8,8
15 ans	11,3	2	7,8
20 ans	15,7	1	9,5

COMMENTAIRES

Tout comme le précédent, ce fonds est sous la responsabilité de Christian Godin, qui en assume la gestion depuis 2006. La différence entre ces deux produits est importante : celui qui est spécialisé dans la croissance est investi dans des titres à capitalisation variable, alors que l'autre est investi principalement dans des titres à capitalisation inférieure à 1,5 milliard de dollars.

L'actif, qui dépasse 250 millions de dollars, a connu une hausse de près de 15 % au cours des 12 derniers mois. Pour un fonds de petite capitalisation, c'est important. Le produit est assez stable : depuis sa création en mars 1986, il s'est, presque en tout temps, classé dans les deux premiers quartiles.

Au 31 octobre 2010, le fonds avait eu, au cours de la dernière année, un rendement de 36,3 %, contre une médiane de 27,7 % dans sa catégorie. Sur 10 ans, son rendement annualisé a été de 17,2 %, contre une médiane de seulement 7,8 %. Le produit occupe le premier quartile, pour un risque égal à la moyenne de sa catégorie et un rendement plus élevé.

LES FONDS MONDIAUX ET INTERNATIONAUX

L'annonce de l'élimination de la limite sur les biens étrangers dans le cadre du budget fédéral en 2005 a été une bonne nouvelle pour les investisseurs canadiens. Cette mesure a notamment eu pour effet d'éliminer les fonds clones, qui permettaient de déjouer la limite sur les biens étrangers mais qui, en raison de leur utilisation de produits dérivés, affichaient des frais de gestion plus élevés.

Il y avait déjà plusieurs années que l'industrie du placement exerçait des pressions pour éliminer la barrière de 30 % sur le contenu étranger. Cette limite, qui s'appliquait aux régimes enregistrés tels que les REER, les FERR et les CRI, n'avait tout simplement plus sa raison d'être. Pourquoi ? D'une part, parce qu'il était facile de contourner ce règlement et, d'autre part, parce que le gouvernement n'avait plus besoin d'attacher de force les investisseurs aux titres canadiens, la performance du marché national étant assez attrayante pour nous inciter à investir chez nous.

Considérons les performances boursières des 10 dernières années. Au 30 septembre 2010, l'indice canadien S&P/TSX avait eu un rendement annualisé de 4,1 % pour cette période. Par comparaison, l'indice MSCI Monde, qui couvre une multitude d'entreprises provenant principalement de pays industrialisés, avait obtenu un rendement annualisé de -2,5 % en dollars canadiens. Quant à l'indice américain S&P 500, il avait affiché un rendement annualisé de -4,2 %, toujours en dollars canadiens.

Visiblement, le marché boursier canadien n'a rien à envier aux marchés étrangers. Plusieurs secteurs de notre économie, tels que la finance, les ressources naturelles et les biens de consommation de base, ont une vitalité supérieure à celle observée dans certains pays industrialisés pour les mêmes domaines. C'est dommage pour les investisseurs qui ont profité de l'abolition de la limite pour faire le plein de titres étrangers !

La diversification

Les économies étant de plus en plus imbriquées les unes dans les autres, les mouvements boursiers sont de plus en plus similaires. En 2006, la corrélation du S&P/TSX avec le MSCI Monde était de 0,71 sur 10 ans et de 0,63 sur 3 ans ; dans le cas du S&P 500, elle était de 0,57 sur cette dernière période. Ces niveaux de corrélation étant relativement élevés, on a pu conclure à l'époque que l'investissement à l'étranger ne déboucherait plus sur une très grande diversification et que la répartition géographique, tant décriée, serait de plus en plus inutile. Est-ce toujours le cas ? Il semble que oui : selon les données du 30 septembre 2010, la corrélation entre le S&P/TSX et le MSCI Monde est de 0,69.

Il y a un autre aspect à considérer dans l'univers de l'investissement à l'étranger : le risque associé au taux de change. En effet, les fluctuations de ce taux entraînent un risque supplémentaire non négligeable lorsqu'on détient un fonds contenant des titres étrangers. La chute du billet vert survenue au cours des dernières années a montré à quel point ce facteur est important. Les placements à l'étranger sont loin d'avoir le même rendement selon la devise qui sert de point de référence.

Une chose est sûre : ceux qui sont tentés par l'investissement dans des fonds composés de titres étrangers ne devraient pas modifier rapidement la répartition géographique de leur portefeuille. Les changements de ce type doivent toujours se faire de façon graduelle et réfléchie.

En raison de rendements soutenus au cours des dernières années, le marché canadien demeure attrayant pour les investisseurs, surtout lorsqu'on le compare aux marchés internationaux. Cependant, le terrain fertile que représentent les actions canadiennes comporte un danger. En effet, la Bourse canadienne est fortement concentrée dans les secteurs des matériaux et de l'énergie, qui représentent à eux seuls près de 50 % de l'indice de référence canadien. Dans ce contexte, une baisse du prix du pétrole ne serait pas une bonne nouvelle pour le Canada, qui est un des producteurs d'or noir les plus importants du monde. Ce scénario n'est malheureusement pas à exclure…

Pour ne pas être pris au dépourvu, les investisseurs peuvent considérer la solution qui consiste à diversifier une partie de leur portefeuille dans les marchés étrangers. Comme je me plais à le dire, si la modération est d'une importance capitale, la diversification géographique demeure une nécessité. Voici quelques idées qui pourraient s'avérer intéressantes à long terme.

Les actions mondiales et internationales

Au 31 octobre 2010, le MSCI Monde affichait un rendement de -2,2 % sur 10 ans. Cet indice touche les fonds mondiaux, qui sont répartis partout sur la planète (y compris au Canada et aux États-Unis), et les fonds internationaux, qui excluent systématiquement l'Amérique du Nord. Je préfère les premiers, dont les gestionnaires ont toute la liberté nécessaire pour dénicher les meilleures occasions, peu importe le lieu. En raison du rendement anémique du MSCI Monde et de la force relative du dollar canadien, la période actuelle est excellente pour « faire le plein » à l'étranger, afin de profiter d'une future hausse de cycle.

Les actions américaines

Au 31 octobre 2010, le rendement de l'indice S&P 500 était, en dollars canadiens, de -4 % pour les 10 dernières années. Grâce à la montée du huard, le marché américain continue d'être attrayant pour les investisseurs canadiens. Évidemment, il ne faut pas s'y précipiter ; il faut y aller avec modération et se construire un bon programme d'achat.

Les actions européennes

Le marché européen, tout comme sa devise, est plutôt mal en point depuis quelques années. Au 31 octobre 2010, l'indice MSCI Europe avait un rendement annualisé de -0,1 % sur 10 ans. Ce n'est pas très excitant. Cependant, malgré la crise qui y sévit, l'Europe peut fournir de belles occasions d'investissement. La remontée significative n'est peut-être pas pour demain, mais l'investisseur prudent peut profiter de cette situation pour mettre en place un programme d'investissement à intervalles réguliers. Les baisses de marché constituent toujours d'excellentes occasions de placement à rabais.

DYNAMIQUE MONDIAL DE DÉCOUVERTE

Fonds d'actions mondiales et internationales

Date de création	**Novembre 2000**	Gestionnaire	
Apparition précédente	**2010**	**Fingold, David L.**	

RENSEIGNEMENTS GÉNÉRAUX (au 31 octobre 2010)

INVESTISSEMENT MINIMAL	**500 $**
FRÉQUENCE DES DISTRIBUTIONS	**Annuelle**
VALEUR DE L'ACTIF (EN MILLIONS $)	**679,7**
FRAIS DE COURTAGE	
STRUCTURE	**Entrée, sortie, réduit**
RATIO	**2,63**
NUMÉRO ➤ ENTRÉE	**DYN9154**
➤ SORTIE	**DYN9454**
➤ RÉDUIT	**DYN3154**
INDICE DE RÉFÉRENCE	**MSCI Monde**

ANALYSE DU RENDEMENT

EFFICACITÉ FISCALE AVANT LIQUIDATION (3 ANS) . . . .**ND**
ÉCART-TYPE 3 ANS (VOLATILITÉ) **16,1**

RENDEMENT

ANNÉE	RENDEMENT MOYEN DU FONDS (%)	QUARTILE	RENDEMENT MOYEN DE L'INDICE DE RÉFÉRENCE (%)
3 mois	9,0	1	8,0
6 mois	-0,4	4	3,8
2009	23,7	1	11,1
2008	-30,4	3	-25,4
2007	7,1	1	-7,1
2006	26,2	1	20,2
2005	27,9	1	7,3
2004	5,1	3	6,9
2003	13,0	2	9,4
2002	-10,2	1	-20,4
2001	1,9	1	-11,3
2000			

RENDEMENT ANNUEL COMPOSÉ

PÉRIODE	RENDEMENT ANNUEL COMPOSÉ DU FONDS (%)	QUARTILE	RENDEMENT ANNUEL COMPOSÉ DE L'INDICE DE RÉFÉRENCE (%)
Depuis sa création	5,7		
1 an	15,9	1	7,1
2 ans	15,4	1	6,3
3 ans	-3,8	1	-5,4
4 ans	0,9	1	-3,5
5 ans	5,8	1	0,1
10 ans			
15 ans			

COMMENTAIRES

Ce produit, qui appartient à la catégorie actions mondiales, fait partie de mon palmarès pour une deuxième année consécutive. Sa création remonte à novembre 2000 et, depuis septembre 2004, il est sous la responsabilité de David L. Fingold, de la firme de gestion Goodman & Company, Conseil en placements.

Au 31 octobre 2010, le rendement annualisé de ce fonds était de 5,8 % sur 5 ans, contre une médiane de 0,2 %. Sur 12 mois, son rendement a été de 15,9 %, contre une médiane de 8,3 %. C'est donc un des meilleurs produits de sa catégorie. Sur 3 ans et sur 5 ans, il a obtenu un rendement nettement au-dessus de la moyenne, pour un risque égal ou un peu plus faible. Surprenant.

Ce n'est ni un gros fonds ni un petit : son actif sous gestion est d'un peu plus de 679 millions de dollars. Il a connu une hausse d'un peu plus de 15 % au cours des 12 derniers mois. Au 31 octobre 2010, quelque 20 % du fonds était investi chez nos voisins du Sud, et le reste à l'international.

Fonds d'actions mondiales et internationales

Date de création	**Janvier 2001**	
Apparitions précédentes	**2008, 2009, 2010**	

Gestionnaire
Blackstein, Noah

RENSEIGNEMENTS GÉNÉRAUX (au 31 octobre 2010)

INVESTISSEMENT MINIMAL	**500 $**
FRÉQUENCE DES DISTRIBUTIONS	**Annuelle**
VALEUR DE L'ACTIF (EN MILLIONS $)	**515,0**
FRAIS DE COURTAGE	
STRUCTURE	**Entrée, sortie, réduit**
RATIO	**2,45**
NUMÉRO ➤ ENTRÉE	**DYN014**
➤ SORTIE	**DYN714**
➤ RÉDUIT	**DYN614**
INDICE DE RÉFÉRENCE	**MSCI Monde**

ANALYSE DU RENDEMENT

EFFICACITÉ FISCALE AVANT LIQUIDATION (3 ANS) . . . . **ND**
ÉCART-TYPE 3 ANS (VOLATILITÉ) **26,6**

RENDEMENT

ANNÉE	RENDEMENT MOYEN DU FONDS (%)	QUARTILE	RENDEMENT MOYEN DE L'INDICE DE RÉFÉRENCE (%)
3 mois	18,4	1	8,0
6 mois	21,2	1	3,8
2009	**30,0**	**1**	**11,1**
2008	-47,2	4	-25,4
2007	45,0	1	-7,1
2006	11,4	4	20,2
2005	15,6	1	7,3
2004	17,1	1	6,9
2003	20,3	1	9,4
2002	-21,8	3	-20,4
2001			
2000			

RENDEMENT ANNUEL COMPOSÉ

PÉRIODE	RENDEMENT ANNUEL COMPOSÉ DU FONDS (%)	QUARTILE	RENDEMENT ANNUEL COMPOSÉ DE L'INDICE DE RÉFÉRENCE (%)
Depuis sa création	5,1		
1 an	42,2	1	7,1
2 ans	20,0	1	6,3
3 ans	-3,7	1	-5,4
4 ans	7,6	1	-3,5
5 ans	8,2	1	0,1
10 ans			
15 ans			

COMMENTAIRES

Ce produit, qui est géré par Noah Blackstein depuis janvier 2001, a fait un bond spectaculaire de 42,2 % au cours de la dernière année, contre une médiane de 8,3 % dans sa catégorie. Comme tous les fonds d'appellation Power, il met à contribution un style de gestion d'approche croissance. Sur 5 ans, il a eu un rendement annualisé de 8,2 %, contre une médiane de 0,2 % dans sa catégorie.

L'année 2007 a été marquante pour ce fonds : son rendement a été de 45 %, alors que l'indice MSCI Monde affichait un recul de près de 5 %. Malheureusement, les choses se sont gâtées au cours de 2008, qui a été une année désastreuse pour le fonds. Ce genre de tableau est typique des produits Dynamique Power : les hausses de rendement sont extrêmes, mais les baisses le sont aussi.

Ce fonds ne contient que 20 titres, dont les 15 principaux forment 85 % de l'ensemble. Il est constitué presque à parts égales d'actions internationales et d'actions américaines.

Ce produit aux performances impressionnantes s'adresse uniquement aux investisseurs dotés de nerfs solides.

DYNAMIQUE VALEUR MONDIALE

Fonds d'actions mondiales et internationales

Date de création	**Août 1985**
Apparitions précédentes	**2006, 2007, 2008, 2009, 2010**

Gestionnaire
Wong, Chuk

RENSEIGNEMENTS GÉNÉRAUX (au 31 octobre 2010)

INVESTISSEMENT MINIMAL	**500 $**
FRÉQUENCE DES DISTRIBUTIONS	**Annuelle**
VALEUR DE L'ACTIF (EN MILLIONS $)	**875,1**
FRAIS DE COURTAGE	
STRUCTURE	**Entrée, sortie, réduit**
RATIO	**2,39**
NUMÉRO ➤ ENTRÉE	**DYN076**
➤ SORTIE	**DYN077**
➤ RÉDUIT	**DYN676**
INDICE DE RÉFÉRENCE	**MSCI Monde**

ANALYSE DU RENDEMENT

EFFICACITÉ FISCALE AVANT LIQUIDATION (3 ANS) . . . .**ND**
ÉCART-TYPE 3 ANS (VOLATILITÉ) **23,1**

RENDEMENT

ANNÉE	RENDEMENT MOYEN DU FONDS (%)	QUARTILE	RENDEMENT MOYEN DE L'INDICE DE RÉFÉRENCE (%)
3 mois	11,4	1	8,0
6 mois	6,9	1	3,8
2009	**47,3**	**1**	**11,1**
2008	-43,8	4	-25,4
2007	0,9	1	-7,1
2006	22,8	1	20,2
2005	22,7	1	7,3
2004	9,3	1	6,9
2003	13,9	2	9,4
2002	-17,5	2	-20,4
2001	-7,9	2	-11,3
2000	-14,7	4	-9,9

RENDEMENT ANNUEL COMPOSÉ

PÉRIODE	RENDEMENT ANNUEL COMPOSÉ DU FONDS (%)	QUARTILE	RENDEMENT ANNUEL COMPOSÉ DE L'INDICE DE RÉFÉRENCE (%)
Depuis sa création	6,6		
1 an	20,3	1	7,1
2 ans	30,5	1	6,3
3 ans	-3,6	1	-5,4
4 ans	0,6	1	-3,5
5 ans	4,8	1	0,1
10 ans	2,4	1	-2,2
15 ans	7,1	1	4,1
20 ans	8,2	1	6,5

COMMENTAIRES

Depuis février 1996, Chuk Wong assume la responsabilité de ce fonds, dont la création remonte à août 1985. La feuille de route du produit est longue, et son succès est indéniable depuis l'arrivée de M. Wong. Ce fonds vise la croissance à long terme par l'investissement dans des titres d'entreprises non canadiennes.

Malgré la baisse de plus de 40 % que le fonds a subie en 2008, son rendement annualisé est de 2,4 % sur 10 ans, contre une médiane de -2,1 % dans sa catégorie.

Le gestionnaire en place a su profiter pleinement de la reprise de 2009-2010. Au cours de la dernière année (selon les données du 31 octobre 2010), ce produit a enregistré une hausse de 20,3 %, contre une médiane de 8,3 % pour les fonds d'actions mondiales. Sur 2 ans, son rendement annualisé a été de 30,5 %, contre une médiane de 8,3 %.

L'actif du fonds est très diversifié : il comprend 120 titres américains, asiatiques, européens ; certains sont même issus de l'Amérique latine. Le produit se classe dans le premier quartile sur 1, 2, 3, 4, 5, 10, 15 et 20 ans. Comme sa volatilité est plus élevée que la moyenne, il est destiné aux investisseurs qui ont un horizon de placement à long terme.

Fonds d'actions mondiales et internationales

Date de création	**Novembre 2008**	Gestionnaires
Apparitions précédentes	**Nouveau**	**Bousada, Tye • MacDonald, Geoff**

RENSEIGNEMENTS GÉNÉRAUX (au 31 octobre 2010)

INVESTISSEMENT MINIMAL	**15 000 $**
FRÉQUENCE DES DISTRIBUTIONS	**Annuelle**
VALEUR DE L'ACTIF (EN MILLIONS $)	**500**
FRAIS DE COURTAGE	
STRUCTURE	**Frais à l'entrée**
RATIO	**1,80**
NUMÉRO ➤ ENTRÉE	**EDG100**
INDICE DE RÉFÉRENCE	**MSCI Monde**

ANALYSE DU RENDEMENT

EFFICACITÉ FISCALE AVANT LIQUIDATION (3 ANS) . . . .**ND**
ÉCART-TYPE 3 ANS (VOLATILITÉ) . . . .**ND**

RENDEMENT

ANNÉE	RENDEMENT MOYEN DU FONDS (%)	QUARTILE	RENDEMENT MOYEN DE L'INDICE DE RÉFÉRENCE (%)
3 mois	5,0	4	8,0
6 mois	-6,0	4	3,8
2009	**28,2**	1	11,1
2008			
2007			
2006			
2005			
2004			
2003			
2002			
2001			
2000			

RENDEMENT ANNUEL COMPOSÉ

PÉRIODE	RENDEMENT ANNUEL COMPOSÉ DU FONDS (%)	QUARTILE	RENDEMENT ANNUEL COMPOSÉ DE L'INDICE DE RÉFÉRENCE (%)
Depuis sa création	19,8		
1 an	4,6	4	7,1
2 ans			
3 ans			
4 ans			
5 ans			
10 ans			
15 ans			

COMMENTAIRES

Les produits de la famille EdgePoint sont accessibles depuis 2 ans au Canada, mais depuis à peine 12 mois au Québec. C'est une petite famille pour l'instant : elle ne comprend que quatre fonds, chacun offert en deux versions. Pourquoi ai-je choisi le Portefeuille mondial EdgePoint ? Parce que c'est un produit proposé par Robert Krembil, fondateur de l'excellente famille de fonds Trimark. Malheureusement, celle-ci n'est plus que l'ombre d'elle-même depuis que M. Krembil l'a vendue au groupe AIM, il y a plusieurs années déjà.

EdgePoint, ce n'est pas seulement M. Krembil ; c'est aussi une équipe de gestionnaires composée de Tye Bousada et de Geoff MacDonald, qui ont fait les beaux jours des fonds-vedettes Trimark pendant de nombreuses années.

Pour l'instant, EdgePoint propose un fonds d'actions canadiennes, un fonds équilibré canadien, un fonds équilibré mondial et un fonds d'actions mondiales. L'offre ressemble étrangement à celle de la famille Trimark à ses débuts et elle est plus que suffisante pour la presque totalité des investisseurs.

Dans le contexte actuel, le simple fait de lancer une famille de fonds au Canada demande de l'audace. Heureusement, M. Krembil s'y connaît : même s'il ne participera pas, à proprement parler, aux affaires quotidiennes de sa nouvelle entreprise, son expérience et son flair sont gages de succès. Au 31 octobre 2010, l'actif sous gestion de cette famille de fonds était assez faible : environ 500 millions de dollars. C'est toutefois suffisant pour garantir la rentabilité de ces produits. À environ 1,80 %, les frais de gestion figurent parmi les moins élevés de l'industrie. Pour ces raisons, ce fonds fait partie de mon portefeuille personnel depuis qu'il est offert au Québec.

FIDELITY ÉTOILE DU NORD

Fonds d'actions mondiales et internationales

Date de création **Octobre 2002**
Apparitions précédentes **2003, 2004, 2005, 2006, 2007, 2008, 2009, 2010**

Gestionnaires
Tillinghast, Joel C. • Mo, Cecilia
Goudie, Christopher

RENSEIGNEMENTS GÉNÉRAUX (au 31 octobre 2010)

INVESTISSEMENT MINIMAL	**500 $**
FRÉQUENCE DES DISTRIBUTIONS	**Annuelle**
VALEUR DE L'ACTIF (EN MILLIONS $)	**2736,8**
FRAIS DE COURTAGE	
STRUCTURE	**Frais à l'entrée**
RATIO	**2,28**
NUMÉRO ➤ ENTRÉE	**FID253**
INDICE DE RÉFÉRENCE	**MSCI Monde**

ANALYSE DU RENDEMENT

EFFICACITÉ FISCALE AVANT LIQUIDATION (3 ANS) . . . . **ND**
ÉCART-TYPE 3 ANS (VOLATILITÉ) **16,9**

RENDEMENT

ANNÉE	RENDEMENT MOYEN DU FONDS (%)	QUARTILE	RENDEMENT MOYEN DE L'INDICE DE RÉFÉRENCE (%)
3 mois	6,9	4	8,0
6 mois	-0,2	4	3,8
2009	**24,2**	1	11,1
2008	**-33,1**	3	-25,4
2007	-1,4	2	-7,1
2006	11,3	4	20,2
2005	9,2	2	7,3
2004	14,5	1	6,9
2003	19,0	1	9,4
2002			
2001			
2000			

RENDEMENT ANNUEL COMPOSÉ

PÉRIODE	RENDEMENT ANNUEL COMPOSÉ DU FONDS (%)	QUARTILE	RENDEMENT ANNUEL COMPOSÉ DE L'INDICE DE RÉFÉRENCE (%)
Depuis sa création	4,8		
1 an	11,5	1	7,1
2 ans	11,9	1	6,3
3 ans	-4,9	2	-5,4
4 ans	-2,0	2	-3,5
5 ans	0,5	2	0,1
10 ans			
15 ans			

COMMENTAIRES

L'attrait de ce fonds repose en grande partie sur la présence de Joel Tillinghast. Ce gestionnaire, très reconnu chez nos voisins américains, a notamment été nommé Stockpicker of the Decade en 2007 par le site MarketWatch.com. Aux États-Unis, il gère le Fidelity Low-Priced Stock Fund, un fonds composé de titres américains à moyenne capitalisation. Ce produit a eu un rendement annualisé de 10,6 % sur 10 ans, en dollars américains. C'est 6 % de plus que l'indice de référence.

Joel Tillinghast est épaulé dans son travail par Cecilia Mo, une gestionnaire réputée. Les deux associés sont libres d'aller chercher les meilleurs placements là où ils se trouvent. Ils ne sont soumis à aucune contrainte sur le plan de la répartition géographique ou sectorielle.

Au chapitre des performances, le Fidelity Étoile du Nord affiche un rendement annualisé de 4,8 % depuis sa création, en octobre 2002. Sur 5 ans, son rendement annualisé est de 0,5 %, contre une médiane de 0,2 % dans sa catégorie. Au 31 octobre 2010, l'actif du fonds était essentiellement constitué d'actions canadiennes (29 %) et d'actions américaines (37 %).

Étant donné la présence de deux gestionnaires de premier plan, ce produit est un fonds de choix pour qui veut diversifier son portefeuille de manière prudente.

Fonds d'actions mondiales et internationales

Date de création	**Octobre 1998**
Apparitions précédentes	**1998, 2002, 2003, 2004, 2005, 2006, 2007, 2008, 2009, 2010**

Gestionnaires
Massie, Andrew • Thompson, Jim

RENSEIGNEMENTS GÉNÉRAUX (au 31 octobre 2010)

INVESTISSEMENT MINIMAL	**500 $**
FRÉQUENCE DES DISTRIBUTIONS	**Annuelle**
VALEUR DE L'ACTIF (EN MILLIONS $)	**5490,0**
FRAIS DE COURTAGE	
STRUCTURE	**Entrée, sortie, réduit**
RATIO	**2,46**
NUMÉRO ➤ ENTRÉE	**MFC736**
➤ SORTIE	**MFC836**
➤ RÉDUIT	**MFC3180**
INDICE DE RÉFÉRENCE	**MSCI Monde**

ANALYSE DU RENDEMENT

EFFICACITÉ FISCALE AVANT LIQUIDATION (3 ANS) . . . . **ND**
ÉCART-TYPE 3 ANS (VOLATILITÉ) **17,1**

RENDEMENT

ANNÉE	RENDEMENT MOYEN DU FONDS (%)	QUARTILE	RENDEMENT MOYEN DE L'INDICE DE RÉFÉRENCE (%)
3 mois	5,2	4	8,0
6 mois	-2,0	4	3,8
2009	14,7	3	11,1
2008	-25,3	1	-25,4
2007	-2,0	2	-7,1
2006	9,4	4	20,2
2005	12,1	1	7,3
2004	11,9	1	6,9
2003	34,6	1	9,4
2002	-14,2	1	-20,4
2001	12,7	1	-11,3
2000	19,9	1	-9,9

RENDEMENT ANNUEL COMPOSÉ

PÉRIODE	RENDEMENT ANNUEL COMPOSÉ DU FONDS (%)	QUARTILE	RENDEMENT ANNUEL COMPOSÉ DE L'INDICE DE RÉFÉRENCE (%)
Depuis sa création	8,0		
1 an	7,1	3	7,1
2 ans	9,2	2	6,3
3 ans	-5,6	3	-5,4
4 ans	-2,6	2	-3,5
5 ans	-0,6	3	0,1
10 ans	4,4	1	-2,2
15 ans			

COMMENTAIRES

En décembre 2009, la version A de ce fonds a fêté sa 35e année d'existence. Peu de fonds peuvent se vanter d'un tel exploit. Ce produit porte toujours le nom de son créateur, le célèbre Peter Cundill. Ce dernier a quitté ses fonctions en 2009, mais l'équipe avec laquelle il travaillait est toujours en place, et la philosophie du fonds demeure la même.

Sur 10 ans, ce produit est dans le premier quartile. À moyen et à court terme, il accuse parfois un recul, mais il revient invariablement à l'avant-scène à long terme. L'année 2008-2009 n'a pas été de tout repos pour ce fonds mais, comme toujours dans de tels contextes, il s'en est mieux tiré que ses semblables.

La version A du fonds, dont la création remonte à décembre 1974, a obtenu un rendement annualisé de 13,5 % depuis ses débuts. Cette version constitue un des 20 fonds canadiens qui existent depuis plus de 25 ans.

Au 31 octobre 2010, l'actif de ce produit était en baisse pour une deuxième année consécutive, mais ce n'est pas la première fois que ce fonds connaît de fortes baisses ou de fortes hausses. Malheureusement, les investisseurs ont l'habitude du mauvais *timing*...

Sur 25 ans, lav ersion A de ce produit fait partie des trois meilleurs outils dans la catégorie fonds d'actions étrangères, aux côtés du célèbre fonds Trimark. Pour les versions A, B et C, son actif sous gestion dépasse 5,4 milliards de dollars ; c'est énorme. La philosophie de ses gestionnaires est toujours la même : acheter, pour une fraction de leur valeur, des actions d'excellentes entreprises, peu importe leur origine.

MACKENZIE CUNDILL RENAISSANCE

Fonds d'actions mondiales et internationales

Date de création **Octobre 1998**
Apparitions précédentes **2003 à 2010**

Gestionnaire
Morton, James

RENSEIGNEMENTS GÉNÉRAUX (au 31 octobre 2010)

INVESTISSEMENT MINIMAL	**500 $**
FRÉQUENCE DES DISTRIBUTIONS	**Annuelle**
VALEUR DE L'ACTIF (EN MILLIONS $)	**1610,1**
FRAIS DE COURTAGE	
STRUCTURE	**Entrée, sortie, réduit**
RATIO	**2,51**
NUMÉRO ➤ ENTRÉE	**MFC742**
➤ SORTIE	**MFC842**
➤ RÉDUIT	**MFC3161**
INDICE DE RÉFÉRENCE	**MSCI Monde**

ANALYSE DU RENDEMENT

EFFICACITÉ FISCALE AVANT LIQUIDATION (3 ANS) . . . .**ND**
ÉCART-TYPE 3 ANS (VOLATILITÉ) **29,2**

RENDEMENT

ANNÉE	RENDEMENT MOYEN DU FONDS (%)	QUARTILE	RENDEMENT MOYEN DE L'INDICE DE RÉFÉRENCE (%)
3 mois	11,2	2	8,0
6 mois	5,6	2	3,8
2009	**60,3**	1	11,1
2008	-53,8	4	-25,4
2007	27,1	1	-7,1
2006	23,3	2	20,2
2005	20,3	1	7,3
2004	11,3	3	6,9
2003	55,1	1	9,4
2002	1,7	1	-20,4
2001	6,6	2	-11,3
2000	6,7	2	-9,9

RENDEMENT ANNUEL COMPOSÉ

PÉRIODE	RENDEMENT ANNUEL COMPOSÉ DU FONDS (%)	QUARTILE	RENDEMENT ANNUEL COMPOSÉ DE L'INDICE DE RÉFÉRENCE (%)
Depuis sa création	12,1		
1 an	17,1	2	7,1
2 ans	30,0	1	6,3
3 ans	-6,2	3	-5,4
4 ans	3,1	1	-3,5
5 ans	7,9	1	0,1
10 ans	11,5	1	-2,2
15 ans			

COMMENTAIRES

Ce produit, qui s'inscrit dans ce palmarès annuel des meilleurs fonds pour une neuvième année, est géré par James Morton depuis mai 2001. C'est un fonds exceptionnel, différent de ceux de sa catégorie et fidèle à la philosophie de son créateur, Peter Cundill: acheter à bas prix des actions d'entreprises exceptionnelles qui vivent des situations difficiles, mais dont le potentiel de croissance est élevé. C'est plus facile à dire qu'à faire, mais l'équipe en place semble bien maîtriser la situation.

L'actif sous gestion, qui dépasse légèrement 1,6 milliard de dollars pour les différentes versions, connaît actuellement une baisse. Sur le plan géographique, il se répartit surtout en Asie et dans les pays émergents. Ce fonds se classe généralement dans le premier quartile sur les périodes de 1 à 10 ans, mais son principal atout réside dans les placements à moyen et à long terme. Depuis sa création, en septembre 1998, son rendement annualisé a été de 12,1 %, ce qui est assez exceptionnel étant donné les soubresauts qu'a connus le marché au cours des dernières années.

Le fonds a vécu une période très difficile en 2008, mais j'ai profité de la baisse des marchés boursiers pour en acquérir de nouvelles unités. Pourquoi? Parce que je sais que James Morton profite toujours des aléas pour «faire le plein» de titres à rabais !

Les investisseurs doivent savoir que, malgré sa feuille de route plus qu'intéressante, ce fonds est très volatil. Il comporte un risque beaucoup plus élevé que ses semblables, mais l'investisseur patient sera sans doute bien récompensé.

MACKENZIE IVY ACTIONS ÉTRANGÈRES

Fonds d'actions mondiales et internationales

Date de création	**Octobre 1992**	Gestionnaires
Apparitions précédentes	**1998, 1999, 2000, 2002, 2004, 2005, 2010**	**Arpin, David • Musson, Paul**

RENSEIGNEMENTS GÉNÉRAUX (au 31 octobre 2010)

INVESTISSEMENT MINIMAL	**500 $**
FRÉQUENCE DES DISTRIBUTIONS	**Annuelle**
VALEUR DE L'ACTIF (EN MILLIONS $)	**1944,3**
FRAIS DE COURTAGE	
STRUCTURE	**Entrée, sortie, réduit**
RATIO	**2,46**
NUMÉRO ➤ ENTRÉE	**MFC081**
➤ SORTIE	**MFC611**
➤ RÉDUIT	**MFC3158**
INDICE DE RÉFÉRENCE	**MSCI Monde**

ANALYSE DU RENDEMENT

EFFICACITÉ FISCALE AVANT LIQUIDATION (3 ANS) .**100,0**
ÉCART-TYPE 3 ANS (VOLATILITÉ) **11,5**

RENDEMENT

ANNÉE	RENDEMENT MOYEN DU FONDS (%)	QUARTILE	RENDEMENT MOYEN DE L'INDICE DE RÉFÉRENCE (%)
3 mois	7,4	3	8,0
6 mois	3,4	3	3,8
2009	5,8	4	11,1
2008	-6,7	1	-25,4
2007	-4,2	2	-7,1
2006	16,0	3	20,2
2005	3,2	4	7,3
2004	3,9	3	6,9
2003	-3,7	4	9,4
2002	-2,2	1	-20,4
2001	4,7	1	-11,3
2000	16,7	1	-9,9

RENDEMENT ANNUEL COMPOSÉ

PÉRIODE	RENDEMENT ANNUEL COMPOSÉ DU FONDS (%)	QUARTILE	RENDEMENT ANNUEL COMPOSÉ DE L'INDICE DE RÉFÉRENCE (%)
Depuis sa création	7,1		
1 an	4,6	4	7,1
2 ans	3,7	4	6,3
3 ans	1,6	1	-5,4
4 ans	0,3	1	-3,5
5 ans	3,1	1	0,1
10 ans	2,2	1	-2,2
15 ans	6,3	1	4,1

COMMENTAIRES

Les investisseurs qui ont fait confiance au premier gestionnaire de ce fonds, Jerry Javasky, n'ont sûrement pas regretté leur décision. En effet, ce produit est un de ceux qui ont le moins baissé au cours de la tourmente de l'année 2008. Par ailleurs, il a eu un rendement nettement supérieur à la moyenne en 2009 et en 2010.

Loin d'être un nouveau venu, ce fonds apparaît pour la huitième fois dans ce palmarès annuel. Au 31 octobre 2010, il était dans le premier quartile sur 3, 4, 5, 10 et 15 ans. Ces résultats sont surprenants, compte tenu du fait que ce produit est considéré comme «ordinaire». Sa volatilité est une des plus faibles de sa catégorie. Sur 15 ans, le fonds a affiché un rendement de 6,3 %, contre une médiane de seulement 2,9 % dans sa catégorie.

Malheureusement, Jerry Javasky n'est plus à la barre du fonds depuis mars 2009; il a cédé sa place à David Arpin et Paul Musson. Cela dit, mon opinion sur ce produit demeure la même pour l'instant.

Il ne s'agit pas d'un fonds très «excitant» mais, pour qui veut jouir d'un bon sommeil, il est difficile de demander mieux.

Fonds d'actions mondiales et internationales

Date de création	**Janvier 2001**
Apparitions précédentes	**2007, 2008, 2009, 2010**

Gestionnaires
Nisbet, Rodger • Henderson, Jane

RENSEIGNEMENTS GÉNÉRAUX (au 31 octobre 2010)

INVESTISSEMENT MINIMAL	**500 $**
FRÉQUENCE DES DISTRIBUTIONS	**Annuelle**
VALEUR DE L'ACTIF (EN MILLIONS $)	**65,3**
FRAIS DE COURTAGE	
STRUCTURE	**Entrée, sortie, réduit**
RATIO	**2,67**
NUMÉRO ➤ ENTRÉE	**ATL 1868**
➤ SORTIE	**ATL 1869**
➤ RÉDUIT	**ATL 2869**
INDICE DE RÉFÉRENCE	**MSCI Monde**

ANALYSE DU RENDEMENT

EFFICACITÉ FISCALE AVANT LIQUIDATION (3 ANS) . . . . **ND**
ÉCART-TYPE 3 ANS (VOLATILITÉ) **13,8**

RENDEMENT

ANNÉE	RENDEMENT MOYEN DU FONDS (%)	QUARTILE	RENDEMENT MOYEN DE L'INDICE DE RÉFÉRENCE (%)
3 mois	8,2	3	8,0
6 mois	5,0	3	3,8
2009	7,6	4	11,1
2008	-15,4	1	-25,4
2007	-2,4	2	-7,1
2006	22,7	3	20,2
2005	13,0	1	7,3
2004	5,8	4	6,9
2003	12,6	3	9,4
2002	-23,0	4	-20,4
2001			
2000			

RENDEMENT ANNUEL COMPOSÉ

PÉRIODE	RENDEMENT ANNUEL COMPOSÉ DU FONDS (%)	QUARTILE	RENDEMENT ANNUEL COMPOSÉ DE L'INDICE DE RÉFÉRENCE (%)
Depuis sa création	-0,2		
1 an	5,6	2	7,1
2 ans	6,6	3	6,3
3 ans	-2,5	1	-5,4
4 ans	0,3	1	-3,5
5 ans	4,0	1	0,1
10 ans			
15 ans			

COMMENTAIRES

Ce produit a une excellente feuille de route. Sur 5 ans, il a eu un rendement annualisé de 4 %, contre une médiane de -0,8 % dans sa catégorie. Il s'est particulièrement démarqué en 2008, où il a subi une baisse beaucoup moins importante que celle de son indice de référence. Il a en outre rebondi de façon spectaculaire au cours des deux années suivantes.

Ce fonds, qui a été créé en janvier 2001, est sous la responsabilité de Rodger Nisbet et de Jane Henderson, de Walter Scott & Partners, depuis 2004. Leur arrivée a été une très bonne nouvelle pour les porteurs de parts. Les titres du fonds proviennent essentiellement de sociétés étrangères situées en Europe, en Extrême-Orient et sur le littoral du Pacifique.

Au chapitre du risque, ce produit a une volatilité inférieure à la moyenne des fonds de même catégorie. Son ratio risque-rendement est très intéressant. Le portefeuille des gestionnaires comprend environ 50 titres différents.

Au 31 octobre 2010, ce fonds se classait dans le premier quartile sur 3, 4 et 5 ans. Son actif sous gestion, qui est seulement de 65 millions de dollars, a cependant connu une hausse de près de 25 % au cours des 12 derniers mois. Il s'agit d'un produit peu connu, et c'est bien dommage.

Fonds d'actions mondiales et internationales

Date de création	**Octobre 1999**	Gestionnaires
Apparitions précédentes	**1998, 1999, 2000, 2001, 2002, 2010**	**Love, Dana • Peirce, Heather**

RENSEIGNEMENTS GÉNÉRAUX (au 31 octobre 2010)

INVESTISSEMENT MINIMAL	**500 $**
FRÉQUENCE DES DISTRIBUTIONS	**Annuelle**
VALEUR DE L'ACTIF (EN MILLIONS $)	**2791,3**
FRAIS DE COURTAGE	
STRUCTURE	**Entrée, sortie, réduit**
RATIO	**2,62**
NUMÉRO ➤ ENTRÉE	**AIM6513**
➤ SORTIE	**AIM1511**
➤ RÉDUIT	**AIM1515**
INDICE DE RÉFÉRENCE	**MSCI Monde**

ANALYSE DU RENDEMENT

EFFICACITÉ FISCALE AVANT LIQUIDATION (3 ANS) . . . . **ND**
ÉCART-TYPE 3 ANS (VOLATILITÉ) **17,2**

RENDEMENT

ANNÉE	RENDEMENT MOYEN DU FONDS (%)	QUARTILE	RENDEMENT MOYEN DE L'INDICE DE RÉFÉRENCE (%)
3 mois	8,4	2	8,0
6 mois	3,5	2	3,8
2009	9,3	4	11,1
2008	-29,3	2	-25,4
2007	-10,4	4	-7,1
2006	25,8	1	20,2
2005	3,2	4	7,3
2004	3,5	4	6,9
2003	7,0	3	9,4
2002	-6,2	1	-20,4
2001	9,2	1	-11,3
2000	12,5	1	-9,9

RENDEMENT ANNUEL COMPOSÉ

PÉRIODE	RENDEMENT ANNUEL COMPOSÉ DU FONDS (%)	QUARTILE	RENDEMENT ANNUEL COMPOSÉ DE L'INDICE DE RÉFÉRENCE (%)
Depuis sa création	2,3		
1 an	4,9	4	7,1
2 ans	3,0	4	6,3
3 ans	-8,2	4	-5,4
4 ans	-6,2	4	-3,5
5 ans	-1,3	3	0,1
10 ans	0,5	1	-2,2
15 ans			

COMMENTAIRES

Ce produit, qui était un des plus connus et des plus appréciés par les porteurs de parts à une certaine époque, n'est plus ce qu'il était. La création de sa version originale remonte à septembre 1981. Robert Krembil, Tye Bousada et Geoff MacDonald ont fait les belles années de ce fonds. Les dernières années ont été difficiles, mais ce n'est pas le premier passage à vide pour ce fonds, qui a toujours su rebondir au moment où les investisseurs liquidaient massivement leurs unités. Ce produit est sous la responsabilité de Dana Love depuis mai 2004 et de Heather Peirce depuis août 2009.

L'actif sous gestion des diverses versions du Fonds Trimark est d'un peu moins de 3 milliards de dollars; il a connu une baisse de près de 16 % sur 1 an. Il est difficile de prévoir à quel moment le fonds va remonter. Ce qui est sûr, c'est que ses gestionnaires n'investissent jamais dans des secteurs où on observe des bulles spéculatives importantes, comme c'est le cas actuellement dans les domaines des ressources et de l'énergie. Dans le même ordre d'idées, les gestionnaires avaient évité le secteur technologique à la fin des années 90.

Étant donné cette ligne de conduite, le fonds ne peut profiter des hausses qu'on observe souvent dans les secteurs volatils, ce qui le pénalise par rapport à ses semblables en ce qui touche les investissements à court terme. Cependant, quand les bulles éclatent, il peut reprendre sa place rapidement.

Le Fonds Trimark s'intéresse aux actions mondiales de qualité, dont le cours est attrayant. Pour mieux constater le potentiel du produit, il convient de considérer le Fonds Trimark SC. Ce produit, créé en septembre 1981, est en fait la version originale du Fonds Trimark. On ne peut plus y faire d'investissement, mais les chiffres sont éloquents : sur 15 ans, ce produit affiche un rendement annualisé de 5,5 %, contre une médiane de 2,5 % dans sa catégorie.

LES FONDS SPÉCIALISÉS GÉOGRAPHIQUES

Ce ne sont pas mes fonds préférés. À moins de circonstances très particulières, je ne vois pas vraiment la pertinence, pour un investisseur, d'acquérir ces produits. D'abord, le mandat limite les possibilités de gain, car le gestionnaire ne peut investir que dans un cadre spécifique. Ensuite, la volatilité de ce type de fonds est généralement beaucoup plus élevée que celle des produits dont le gestionnaire a une plus grande marge de manœuvre. Mais bon, en voici quelques-uns qui me semblent parmi les plus intéressants.

Fonds spécialisés par zone géographique

Date de création	**Août 1979**	
Apparitions précédentes	**2005, 2006, 2010**	

Gestionnaire
Fingold, David L.

RENSEIGNEMENTS GÉNÉRAUX (au 31 octobre 2010)

INVESTISSEMENT MINIMAL	**500 $**
FRÉQUENCE DES DISTRIBUTIONS	**Annuelle**
VALEUR DE L'ACTIF (EN MILLIONS $)	**402,1**
FRAIS DE COURTAGE	
STRUCTURE	**Entrée, sortie, réduit**
RATIO	**2,37**
NUMÉRO ➤ ENTRÉE	**DYN041**
➤ SORTIE	**DYN741**
➤ RÉDUIT	**DYN641**
INDICE DE RÉFÉRENCE	**S&P 500**

ANALYSE DU RENDEMENT

EFFICACITÉ FISCALE AVANT LIQUIDATION (3 ANS) . . . .**ND**
ÉCART-TYPE 3 ANS (VOLATILITÉ) **14,9**

RENDEMENT

ANNÉE	RENDEMENT MOYEN DU FONDS (%)	QUARTILE	RENDEMENT MOYEN DE L'INDICE DE RÉFÉRENCE (%)
3 mois	5,1	4	6,9
6 mois	-3,3	4	1,5
2009	16,7	2	8,1
2008	-24,7	2	-21,9
2007	5,1	1	-10,5
2006	16,3	1	15,7
2005	11,4	1	1,6
2004	7,6	1	3,3
2003	8,3	2	5,2
2002	-22,6	2	-22,7
2001	-2,2	2	-6,4
2000	-1,1	2	-5,5

RENDEMENT ANNUEL COMPOSÉ

PÉRIODE	RENDEMENT ANNUEL COMPOSÉ DU FONDS (%)	QUARTILE	RENDEMENT ANNUEL COMPOSÉ DE L'INDICE DE RÉFÉRENCE (%)
Depuis sa création	9,7		
1 an	12,9	2	10,2
2 ans	10,5	1	3,5
3 ans	-2,9	1	-4,3
4 ans	-0,1	1	-4,0
5 ans	3,6	1	-1,2
10 ans	0,8	1	-4,0
15 ans	6,4	1	4,8
20 ans	7,4	1	8,5

COMMENTAIRES

C'est un des produits les plus vieux de sa catégorie : sa création remonte à août 1979. Par ailleurs, c'est un des fonds les plus intéressants de sa catégorie ; grâce à son doigté exceptionnel, le gestionnaire David L. Fingold, de la firme Goodman & Company (une filiale de Dynamique), fait un excellent travail. Depuis qu'il a la responsabilité de ce fonds, le risque associé a été nettement sous la moyenne, et le rendement, bien au-dessus.

Le fonds se classe dans le premier quartile sur 2, 3, 4, 5, 10, 15 et 20 ans. Il est difficile de demander mieux, surtout quand on sait que la volatilité du produit est une des moins élevées de la catégorie.

Sur 15 ans, le fonds a eu un rendement annualisé de 6,4 %, contre une médiane de 2,0 % dans sa catégorie. Sur 5 ans, ce rendement a été de 3,6 %, contre une médiane de -2,0 %.

Au 31 octobre 2010, l'actif sous gestion, qui dépasse 400 millions de dollars, avait connu une hausse d'un peu plus de 42 % au cours des 12 derniers mois. Les frais de gestion sont de 2,37 %, contre une médiane de 2,40 %.

Compte tenu de l'état actuel du marché et de la vigueur du dollar canadien face à la devise de nos voisins du Sud, il ne serait peut-être pas mauvais d'augmenter vos investissements aux États-Unis.

Fonds spécialisés par zone géographique

Date de création	**Novembre 1997**
Apparitions précédentes	**2007, 2008, 2009, 2010**

Gestionnaire
O'Shaughnessy, James

RENSEIGNEMENTS GÉNÉRAUX (au 31 octobre 2010)

INVESTISSEMENT MINIMAL	**500 $**
FRÉQUENCE DES DISTRIBUTIONS	**Trimestrielle**
VALEUR DE L'ACTIF (EN MILLIONS $)	**846,3**
FRAIS DE COURTAGE	
STRUCTURE	**Sans frais**
RATIO	**1,47**
NUMÉRO ➤ SANS FRAIS	**RBF552**
INDICE DE RÉFÉRENCE	**S&P 500**

ANALYSE DU RENDEMENT

EFFICACITÉ FISCALE AVANT LIQUIDATION (3 ANS) . . . .**ND**
ÉCART-TYPE 3 ANS (VOLATILITÉ) **26,2**

RENDEMENT

ANNÉE	RENDEMENT MOYEN DU FONDS (%)	QUARTILE	RENDEMENT MOYEN DE L'INDICE DE RÉFÉRENCE (%)
3 mois	8,6	1	6,9
6 mois	4,6	1	1,5
2009	24,8	1	8,1
2008	-44,0	4	-21,9
2007	-5,8	2	-10,5
2006	17,0	1	15,7
2005	1,2	3	1,6
2004	15,5	1	3,3
2003	26,2	1	5,2
2002	-5,9	1	-22,7
2001	5,7	1	-6,4
2000	9,4	1	-5,5

RENDEMENT ANNUEL COMPOSÉ

PÉRIODE	RENDEMENT ANNUEL COMPOSÉ DU FONDS (%)	QUARTILE	RENDEMENT ANNUEL COMPOSÉ DE L'INDICE DE RÉFÉRENCE (%)
Depuis sa création	3,3		
1 an	21,4	1	10,2
2 ans	14,0	1	3,5
3 ans	-10,1	4	-4,3
4 ans	-6,6	4	-4,0
5 ans	-2,5	3	-1,2
10 ans	3,0	1	-4,0
15 ans			

COMMENTAIRES

Ce produit figure pour la cinquième année consécutive dans ce palmarès annuel, et ce, malgré un passage à vide en 2007 et en 2008. Ces années ont fait très mal à ce fonds et à la réputation de M. O'Shaughnessy. Néanmoins, le produit est sur la bonne voie : il devrait bientôt reprendre sa place parmi les meilleurs de sa catégorie.

Le fonds est sous la responsabilité de James O'Shaughnessy, ou plutôt... de son dispositif de gestion systématique et rigoureux. En effet, il n'y a en principe aucune intervention humaine dans le choix des titres ou des positions.

Malgré cette méthode hors de l'ordinaire, James O'Shaughnessy demeure un gestionnaire exceptionnel, qui se distingue par ses techniques d'investissement. Sa méthode n'est cependant pas sans faille : selon les dires de son gestionnaire-concepteur, le succès n'est au rendez-vous que quatre années sur cinq. Étant donné que l'analyse des titres est effectuée par un dispositif filtrant, les frais de gestion de ce fonds sont peu élevés : 1,47 %, contre une moyenne de 2,40 % dans sa catégorie.

Par ailleurs, M. O'Shaughnessy se protège très bien contre les fluctuations du taux de change, ce qui lui a permis de se démarquer de ses concurrents à plusieurs occasions. En 2008 et en 2009, beaucoup d'investisseurs ont vendu leurs unités de ce fonds. Ça a été une erreur. En fait, ce produit est un excellent choix... si on sait être patient !

Fonds spécialisés par zone géographique

		Gestionnaire
Date de création	**Mai 1992**	
Apparitions précédentes	**2002, 2004, 2005, 2006, 2007, 2009, 2010**	**Shah, Parus**

RENSEIGNEMENTS GÉNÉRAUX (au 31 octobre 2010)

INVESTISSEMENT MINIMAL	**500 $**
FRÉQUENCE DES DISTRIBUTIONS	**Annuelle**
VALEUR DE L'ACTIF (EN MILLIONS $)	**558,9**
FRAIS DE COURTAGE	
STRUCTURE	**Frais à l'entrée**
RATIO	**2,33**
NUMÉRO ➤ ENTRÉE	**FID228**
INDICE DE RÉFÉRENCE	**MSCI Europe**

ANALYSE DU RENDEMENT

EFFICACITÉ FISCALE AVANT LIQUIDATION (3 ANS) . . . . **ND**
ÉCART-TYPE 3 ANS (VOLATILITÉ) **22,1**

RENDEMENT

ANNÉE	RENDEMENT MOYEN DU FONDS (%)	QUARTILE	RENDEMENT MOYEN DE L'INDICE DE RÉFÉRENCE (%)
3 mois	12,2	1	10,2
6 mois	11,3	1	9,4
2009	10,5	3	16,2
2008	-36,8	3	-32,6
2007	18,5	1	-3,0
2006	35,2	1	33,8
2005	11,6	1	7,2
2004	7,0	4	12,5
2003	7,6	4	13,8
2002	-27,8	4	-18,9
2001	-12,8	2	-14,6
2000	-7,7	4	-4,9

RENDEMENT ANNUEL COMPOSÉ

PÉRIODE	RENDEMENT ANNUEL COMPOSÉ DU FONDS (%)	QUARTILE	RENDEMENT ANNUEL COMPOSÉ DE L'INDICE DE RÉFÉRENCE (%)
Depuis sa création	6,5		
1 an	8,0	1	2,9
2 ans	8,5	1	8,2
3 ans	-8,0	1	-7,8
4 ans	-0,4	1	-3,9
5 ans	4,8	1	1,4
10 ans	-0,7	1	-0,1
15 ans	4,9	1	5,9

COMMENTAIRES

La meilleure année du fonds a été 2006, avec une montée de plus de 30 % ; la pire a été 2008, avec un recul du même ordre. Étant donné la volatilité de ce genre de produit, la personne qui désire y investir devrait avoir un horizon de placement à long terme. Il est également préférable qu'elle ait un sang-froid à toute épreuve, afin de résister à l'envie de liquider ses unités au mauvais moment.

Le Fidelity Europe, qui a été créé en mai 1992, possède un actif sous gestion de plus de 550 millions de dollars. Depuis ses débuts, son rendement annualisé a été de 6,5 %. Sur 15 ans, il s'élève à 4,9 %, contre une médiane de 4,1 % dans la catégorie des fonds d'actions européennes. Au 31 octobre 2010, le fonds avait eu un rendement de 8 % pour les 12 derniers mois, contre une médiane de 3,6 %.

Parus Shah est le gestionnaire de ce produit. Il veille à son évolution à partir des bureaux de Fidelity situés à Londres, au Royaume-Uni. Il est également le responsable du Fidelity European Special Situations Fund, qui est destiné en exclusivité aux investisseurs européens.

Le Fidelity Europe, qui peut compter sur l'expertise d'une grande équipe de recherche, propose des frais de gestion avantageux : 2,33 %, contre une médiane de 2,62 % pour l'ensemble des fonds européens.

Fonds spécialisés par zone géographique

Date de création	**Novembre 2002**	Gestionnaire
Apparition précédente	**2010**	**Musson, Paul**

RENSEIGNEMENTS GÉNÉRAUX (au 31 octobre 2010)

INVESTISSEMENT MINIMAL	**500 $**
FRÉQUENCE DES DISTRIBUTIONS	**Annuelle**
VALEUR DE L'ACTIF (EN MILLIONS $)	**32,1**
FRAIS DE COURTAGE	
STRUCTURE	**Entrée, sortie, réduit**
RATIO	**2,53**
NUMÉRO ➤ ENTRÉE	**MFC1565**
➤ SORTIE	**MFC1808**
➤ RÉDUIT	**MFC2165**
INDICE DE RÉFÉRENCE	**MSCI Europe**

ANALYSE DU RENDEMENT

EFFICACITÉ FISCALE AVANT LIQUIDATION (3 ANS) .**100,0**
ÉCART-TYPE 3 ANS (VOLATILITÉ) **12,5**

RENDEMENT

ANNÉE	RENDEMENT MOYEN DU FONDS (%)	QUARTILE	RENDEMENT MOYEN DE L'INDICE DE RÉFÉRENCE (%)
3 mois	9,0	3	10,2
6 mois	9,2	2	9,4
2009	7,6	4	16,2
2008	-8,2	1	-32,6
2007	-1,7	1	-3,0
2006	26,3	4	33,8
2005	-2,6	4	7,2
2004	9,0	3	12,5
2003	4,8	4	13,8
2002			
2001			
2000			

RENDEMENT ANNUEL COMPOSÉ

PÉRIODE	RENDEMENT ANNUEL COMPOSÉ DU FONDS (%)	QUARTILE	RENDEMENT ANNUEL COMPOSÉ DE L'INDICE DE RÉFÉRENCE (%)
Depuis sa création	4,5		
1 an	4,7	2	2,9
2 ans	6,6	2	8,2
3 ans	2,2	1	-7,8
4 ans	2,3	1	-3,9
5 ans	5,3	1	1,4
10 ans			
15 ans			

COMMENTAIRES

Quand on compare ce fonds à ses semblables, on pourrait croire que son gestionnaire, Paul Musson, a un petit quelque chose qui s'apparente à une «touche magique». Le rendement du produit est le meilleur de sa catégorie sur trois et cinq ans, pour une volatilité de très loin inférieure.

Paul Musson, qui gère ce fonds depuis janvier 2003, investit principalement dans des sociétés à forte capitalisation ayant leur siège social en Europe. Le portefeuille inclut notamment des titres de pays européens émergents.

Le produit s'est particulièrement distingué au cours des dernières années, marquant un recul nettement inférieur à celui de l'indice MSCI Europe pour l'année 2008 (8,2 % contre 32,6 %). Sur 3 ans, il a connu un rendement annualisé de 2,2 %, contre une médiane de -10,2 % dans sa catégorie. Sur 5 ans, son rendement annualisé s'est élevé à 5,3 %, contre une médiane de -0,5 %. Le style de gestion conservateur de l'équipe d'Ivy n'est certainement pas étranger à cette prestation.

Il s'agit d'un petit fonds : son actif sous gestion est légèrement en hausse, à près de 32 millions de dollars. Les investisseurs voulant diversifier leur portefeuille ont tout intérêt à découvrir ce produit, dont un des atouts les plus importants est sa volatilité peu élevée.

FIDELITY CHINE

Fonds spécialisés par zone géographique

Date de création	**Mai 2006**
Apparition précédente	**2010**

Gestionnaire
Wang, Martha

RENSEIGNEMENTS GÉNÉRAUX (au 31 octobre 2010)

INVESTISSEMENT MINIMAL	**500 $**
FRÉQUENCE DES DISTRIBUTIONS	**Annuelle**
VALEUR DE L'ACTIF (EN MILLIONS $)	**147,2**
FRAIS DE COURTAGE	
STRUCTURE	**Frais à l'entrée**
RATIO	**2,44**
NUMÉRO ➤ ENTRÉE	**FID1206**
INDICE DE RÉFÉRENCE	**MSCI Chine**

ANALYSE DU RENDEMENT

EFFICACITÉ FISCALE AVANT LIQUIDATION (3 ANS) . . . . **ND**
ÉCART-TYPE 3 ANS (VOLATILITÉ) **25,2**

RENDEMENT

ANNÉE	RENDEMENT MOYEN DU FONDS (%)	QUARTILE	RENDEMENT MOYEN DE L'INDICE DE RÉFÉRENCE (%)
3 mois	10,5	3	8,9
6 mois	13,5	1	10,8
2009	**44,7**	2	38,1
2008	**-37,5**	1	-38,5
2007	39,6	1	41,0
2006			
2005			
2004			
2003			
2002			
2001			
2000			

RENDEMENT ANNUEL COMPOSÉ

PÉRIODE	RENDEMENT ANNUEL COMPOSÉ DU FONDS (%)	QUARTILE	RENDEMENT ANNUEL COMPOSÉ DE L'INDICE DE RÉFÉRENCE (%)
Depuis sa création	15,9		
1 an	11,5	1	5,2
2 ans	32,7	1	30,4
3 ans	-4,8	1	-8,5
4 ans	15,4	1	13,5
5 ans			
10 ans			
15 ans			

COMMENTAIRES

De nos jours, il est difficile d'écrire un guide sur le monde du placement sans faire un petit détour par la Chine. Pour l'instant, l'offre de ce pays est assez limitée : il ne propose que 12 fonds aux investisseurs. Parmi ces produits, un des plus intéressants est le Fidelity Chine. Son rendement est un des meilleurs de sa catégorie pour un risque égal à la moyenne.

Pour certains, la Chine est le pays qui sauvera le système capitaliste. En effet, la consommation des Chinois est un des éléments qui pourraient faire la différence entre la stagnation ou la croissance de nos économies à l'avenir. On ne peut ni confirmer ni infirmer cette hypothèse pour l'instant, mais force est de constater que l'importance de la population chinoise et l'explosion de ses besoins de consommation pourraient bientôt jouer un rôle de premier plan dans la sphère économique. Il y a une dizaine d'années, tous avaient les yeux rivés sur le Japon ; maintenant, les regards se tournent vers la Chine et, dans une moindre mesure, sur l'Inde et sur certains pays d'Amérique du Sud.

Le fonds, qui est sous la responsabilité de Martha Wang, profite sans contredit de l'expérience de l'équipe de gestion de Fidelity dans cette région du globe. Si on tient compte des diverses versions du produit, son actif sous gestion est de 147,2 millions de dollars, ce qui est relativement modeste. Pour les 3 dernières années, le rendement du produit a été de -4,8 %, contre une médiane de -10,3 % dans son secteur. Cependant, au cours des 24 derniers mois, on a assisté à une hausse annualisée de l'ordre de 32,7 %, contre une médiane de 24 %.

Le marché boursier n'a pas toujours un comportement prévisible. Malgré la croissance importante de la Chine, la volatilité et le rendement de ses actions ne semblent obéir à aucune loi pour l'instant. Bref, ce fonds s'adresse uniquement aux investisseurs audacieux.

Fonds spécialisés par zone géographique

Date de création	**Mai 2006**	Gestionnaire
Apparitions précédentes	**2007, 2008, 2009, 2010**	**Bao, Robert**

RENSEIGNEMENTS GÉNÉRAUX (au 31 octobre 2010)

INVESTISSEMENT MINIMAL	**500 $**
FRÉQUENCE DES DISTRIBUTIONS	**Annuelle**
VALEUR DE L'ACTIF (EN MILLIONS $)	**141,2**
FRAIS DE COURTAGE	
STRUCTURE	**Frais à l'entrée**
RATIO	**2,42**
NUMÉRO ≻ ENTRÉE	**FID1208**
INDICE DE RÉFÉRENCE	**MSCI Pacifique**

ANALYSE DU RENDEMENT

EFFICACITÉ FISCALE AVANT LIQUIDATION (3 ANS) . . .**90,7**
ÉCART-TYPE 3 ANS (VOLATILITÉ) **14,6**

RENDEMENT

ANNÉE	RENDEMENT MOYEN DU FONDS (%)	QUARTILE	RENDEMENT MOYEN DE L'INDICE DE RÉFÉRENCE (%)
3 mois	16,6	1	6,5
6 mois	14,8	1	1,6
2009	**15,5**	3	5,6
2008	-18,4	1	-20,2
2007	6,5	1	-10,4
2006			
2005			
2004			
2003			
2002			
2001			
2000			

RENDEMENT ANNUEL COMPOSÉ

PÉRIODE	RENDEMENT ANNUEL COMPOSÉ DU FONDS (%)	QUARTILE	RENDEMENT ANNUEL COMPOSÉ DE L'INDICE DE RÉFÉRENCE (%)
Depuis sa création	5,8		
1 an	17,1	1	3,0
2 ans	18,0	1	8,3
3 ans	2,1	1	-5,2
4 ans	5,9	1	-3,8
5 ans			
10 ans			
15 ans			

COMMENTAIRES

Malgré sa jeunesse, ce produit fait partie de mes choix depuis sa création. Cela s'explique d'abord et avant tout par l'excellence de son premier gestionnaire, K. C. Lee, dont la réputation n'est plus à faire. Mais voilà, M. Lee n'est plus à la barre du fonds... Selon la rumeur, il est à la retraite. Quoi qu'il en soit, il a été remplacé par Robert Bao, qui faisait déjà partie de son équipe de gestionnaires.

Jusqu'à maintenant, le rendement de ce fonds demeure modeste. Toutefois, le produit se classe dans le premier quartile et est supérieur à la médiane de sa catégorie : c'est le principal. Le rendement, c'est bien, mais la préservation du capital, c'est encore mieux. Sur 3 ans, le fonds a eu un rendement annualisé de 2,1 % contre une médiane de -5,4 % dans sa catégorie et, au cours des 12 derniers mois, il a obtenu un rendement de 17,1 %, contre une médiane de 8,4 %. Il se classe donc dans le premier quartile.

Si vous cherchez les produits asiatiques dont les rendements sont les plus élevés, ce fonds n'est pas pour vous. Toutefois, si vous désirez profiter de la croissance économique de cette région du globe tout en adoptant un style de gestion prudent, il pourrait vous convenir.

Ce fonds n'est pas vieux : sa création ne remonte qu'à mai 2006. Son actif sous gestion n'est pas très élevé (moins de 150 millions de dollars) et il est demeuré relativement stable au cours des 12 derniers mois.

L'investisseur avisé s'intéressera à ce produit pour profiter de la forte croissance de l'Asie. De toute façon, il n'y laissera pas sa chemise et il ne courra pas de risque inutile.

Fonds spécialisés par zone géographique

Date de création	**Novembre 1994**
Apparition précédente	**2010**

Gestionnaires
**Piedrahita, Ana Cristina • Ali, Gaite
Piper, William Scott**

RENSEIGNEMENTS GÉNÉRAUX (au 31 octobre 2010)

INVESTISSEMENT MINIMAL	**500 $**
FRÉQUENCE DES DISTRIBUTIONS	**Annuelle**
VALEUR DE L'ACTIF (EN MILLIONS $)	**234,5**
FRAIS DE COURTAGE	
STRUCTURE	**Entrée, sortie, réduit, sans frais**
RATIO	**2,73**
NUMÉRO ➤ ENTRÉE	**TDB280**
➤ SORTIE	**TDB281**
➤ RÉDUIT	**TDB282**
➤ SANS FRAIS	**TDB651**
INDICE DE RÉFÉRENCE	**MSCI Amérique latine**

ANALYSE DU RENDEMENT

EFFICACITÉ FISCALE AVANT LIQUIDATION (3 ANS) . . . . **ND**
ÉCART-TYPE 3 ANS (VOLATILITÉ) **27,6**

RENDEMENT

ANNÉE	RENDEMENT MOYEN DU FONDS (%)	QUARTILE	RENDEMENT MOYEN DE L'INDICE DE RÉFÉRENCE (%)
3 mois	11,8	ND	10,2
6 mois	12,3	ND	10,9
2009	**68,9**	ND	73,4
2008	-44,0	ND	-39,1
2007	17,4	ND	27,8
2006	47,3	ND	42,9
2005	46,5	ND	46,7
2004	31,8	ND	29,5
2003	29,6	ND	42,0
2002	-22,7	ND	-23,3
2001	3,6	ND	5,9
2000	-14,3	ND	-13,7

RENDEMENT ANNUEL COMPOSÉ

PÉRIODE	RENDEMENT ANNUEL COMPOSÉ DU FONDS (%)	QUARTILE	RENDEMENT ANNUEL COMPOSÉ DE L'INDICE DE RÉFÉRENCE (%)
Depuis sa création	8,4		
1 an	16,8	ND	16,9
2 ans	33,8	ND	35,8
3 ans	-0,1	ND	4,4
4 ans	9,2	ND	14,6
5 ans	14,1	ND	17,8
10 ans	12,8	ND	15,7
15 ans	12,1	ND	14,3

COMMENTAIRES

La région latino-américaine couvre un très grand territoire. Malheureusement, elle est mal desservie par les gestionnaires et les familles de fonds, et ce, malgré un potentiel économique très important. Le fonds Croissance latino-américain TD fait partie des quelques produits qui ont su profiter de la croissance de cette région. Les titres sélectionnés viennent d'entreprises situées notamment au Mexique, en Argentine, au Brésil, au Chili et au Venezuela.

À la barre du fonds, on trouve trois gestionnaires issus de la firme Morgan Stanley : Ana Cristina Piedrahita, Gaite Ali et William Scott Piper. Au cours des dernières années, ce produit a connu une forte croissance. Au 31 octobre 2010, il avait eu, pour les 12 derniers mois, un rendement de 16,8 %. Sur 15 ans, son rendement annualisé a été de 12,1 %.

Par ailleurs, dans cette catégorie, il n'y a pas suffisamment de fonds pour qu'on puisse procéder à un classement par quartiles.

Il s'agit d'un excellent choix pour les investisseurs désirant profiter de la croissance des Bourses latino-américaines. Cependant, avec ce genre de produit, il faut s'attendre à une volatilité très élevée.

LES FONDS SPÉCIALISÉS SECTORIELS
ET LES FONDS ÉTHIQUES

Dans un guide comme celui-ci, j'aimerais parler de plus de sujets, servir davantage de mises en garde, donner plus d'exemples et commenter individuellement les milliers de fonds qui existent au Canada. Malheureusement, je dois faire des choix, ce qui limite mes interventions. Voici néanmoins certains produits que je trouve très intéressants : ils se spécialisent dans des secteurs qui ne conviennent pas à tous les types d'investisseurs, mais qui pourraient éveiller votre curiosité.

Fonds spécialisés par secteur

Date de création **Septembre 1997**
Apparitions précédentes **2003, 2004, 2009, 2010**

Gestionnaires
Boire, Shaun • Hirsch, Veronika

RENSEIGNEMENTS GÉNÉRAUX (au 31 octobre 2010)

INVESTISSEMENT MINIMAL	**150 000 $**
FRÉQUENCE DES DISTRIBUTIONS	**Annuelle**
VALEUR DE L'ACTIF (EN MILLIONS $)	**70,4**
FRAIS DE COURTAGE	
STRUCTURE	**Frais à l'entrée**
RATIO	**3,62**
NUMÉRO ≻ ENTRÉE	**BCC500**
INDICE DE RÉFÉRENCE	**S&P/TSX**

ANALYSE DU RENDEMENT

EFFICACITÉ FISCALE AVANT LIQUIDATION (3 ANS) . . . . **ND**
ÉCART-TYPE 3 ANS (VOLATILITÉ) **17,4**

RENDEMENT

ANNÉE	RENDEMENT MOYEN DU FONDS (%)	QUARTILE	RENDEMENT MOYEN DE L'INDICE DE RÉFÉRENCE (%)
3 mois	11,7	1	8,9
6 mois	8,4	1	5,3
2009	25,9	2	35,1
2008	-35,0	3	-33,0
2007	13,5	2	9,8
2006	9,8	3	17,3
2005	15,0	2	24,1
2004	12,7	3	14,5
2003	31,6	1	26,7
2002	10,1	1	-12,4
2001	20,2	2	-12,6
2000	14,5	3	7,4

RENDEMENT ANNUEL COMPOSÉ

PÉRIODE	RENDEMENT ANNUEL COMPOSÉ DU FONDS (%)	QUARTILE	RENDEMENT ANNUEL COMPOSÉ DE L'INDICE DE RÉFÉRENCE (%)
Depuis sa création	11,6		
1 an	24,4	1	19,5
2 ans	19,4	2	17,6
3 ans	-3,7	4	-1,7
4 ans	2,3	3	3,6
5 ans	4,6	3	7,0
10 ans	10,1	1	5,1
15 ans			

COMMENTAIRES

Veronika Hirsch a plus de 25 ans d'expérience dans l'industrie du placement, et il ne semble pas qu'elle soit prête à céder sa place. Elle est à la tête de ce produit depuis sa création, en septembre 1997. Shawn Boire l'épaule dans ses tâches depuis août 2007. J'ai inclus ce fonds dans mon palmarès pour deux raisons principales : l'expérience exceptionnelle de Mme Hirsch dans la gestion de titres canadiens, et les frais de gestion peu élevés. En fait, ce produit n'est soumis à ce genre de frais que si le rendement est positif. Si c'est le cas, l'investisseur verse 20 % de ses gains au gestionnaire comme prime à la performance.

Cette prime a-t-elle été bénéfique pour le fonds ? Depuis sa création en 1997, ce dernier a obtenu un rendement annualisé de 11,6 %. Sur 10 ans, le rendement annualisé s'est élevé à 10,1 %, contre une médiane de 6,7 % dans son secteur. Évidemment, le produit occupe une place dans le premier quartile. Par ailleurs, contrairement à la plupart des fonds, celui-ci a recours à l'effet de levier ainsi qu'aux positions courtes et longues.

Ce fonds sera ouvert jusqu'à ce que son actif atteigne 200 millions de dollars. On en est loin pour l'instant. Le placement minimal est de 25 000 $ pour les investisseurs accrédités et de 150 000 $ pour les investisseurs non accrédités. Ces montants s'appliquent en raison de la présence de stratégies propres aux fonds de couverture.

Fonds spécialisés par secteur

Date de création	**Janvier 1995**		Gestionnaire
Apparitions précédentes	**2008, 2009, 2010**		**Pullen, Leigh**

RENSEIGNEMENTS GÉNÉRAUX (au 31 octobre 2010)

INVESTISSEMENT MINIMAL	**5 000 $**
FRÉQUENCE DES DISTRIBUTIONS	**Annuelle**
VALEUR DE L'ACTIF (EN MILLIONS $)	**290,4**

FRAIS DE COURTAGE

STRUCTURE	**Entrée, sortie, réduit, sans frais**
RATIO	**2,74**
NUMÉRO ➤ ENTRÉE	**NWT067**
➤ SORTIE	**NWT167**
➤ RÉDUIT	**NWT10067**
➤ SANS FRAIS	**NWT267**
INDICE DE RÉFÉRENCE	**S&P/TSX**

ANALYSE DU RENDEMENT

EFFICACITÉ FISCALE AVANT LIQUIDATION (3 ANS) . . . . **ND**
ÉCART-TYPE 3 ANS (VOLATILITÉ) **19,0**

RENDEMENT

ANNÉE	RENDEMENT MOYEN DU FONDS (%)	QUARTILE	RENDEMENT MOYEN DE L'INDICE DE RÉFÉRENCE (%)
3 mois	5,5	4	8,9
6 mois	3,4	4	5,3
2009	29,6	4	35,1
2008	-32,6	1	-33,0
2007	8,5	2	9,8
2006	10,1	3	17,3
2005	24,8	2	24,1
2004	18,0	3	14,5
2003	36,4	2	26,7
2002	25,8	1	-12,4
2001	25,8	1	-12,6
2000	1,2	3	7,4

RENDEMENT ANNUEL COMPOSÉ

PÉRIODE	RENDEMENT ANNUEL COMPOSÉ DU FONDS (%)	QUARTILE	RENDEMENT ANNUEL COMPOSÉ DE L'INDICE DE RÉFÉRENCE (%)
Depuis sa création	11,0		
1 an	14,9	4	19,5
2 ans	13,7	4	17,6
3 ans	-3,5	3	-1,7
4 ans	1,1	3	3,6
5 ans	4,7	3	7,0
10 ans	13,7	1	5,1
15 ans	11,1	2	9,4

COMMENTAIRES

Ce produit est un des plus intéressants parmi les fonds socialement responsables, mais aussi parmi l'ensemble des fonds d'actions canadiennes à petite capitalisation. Il figure à ce palmarès annuel pour une quatrième année consécutive. Ce choix s'explique par les grandes qualités de son gestionnaire, Leigh Pullen, qui est à la barre du fonds depuis octobre 1997.

L'année 2008 n'a pas été facile pour ce produit. Ce n'est guère surprenant: la baisse des marchés boursiers a ébranlé la confiance des investisseurs. Malgré tout, au cours des 12 derniers mois, l'actif du fonds a connu une hausse de plus de 15 % ; au 31 octobre 2010, il dépassait 290 millions de dollars.

Ce produit fait partie de la famille Éthique, qui est de plus en plus appréciée par les gens pour qui les investissements doivent refléter les convictions sociales, mais aussi par ceux qui recherchent tout simplement de bons produits financiers.

Sur 10 ans, le rendement annualisé du fonds est de 13,7 %, contre une médiane de 7,8 % dans sa catégorie. Sur la même période, le produit n'est pas tellement loin du niveau optimal: pour le risque encouru, son rendement est maximal. En ce qui concerne la volatilité, elle est à peine plus élevée que la moyenne de sa catégorie. Seul point négatif: les frais de gestion sont de 2,74 %, contre une moyenne de 2,69 %.

Les trois dernières années n'ont pas été les plus glorieuses du fonds, mais on est loin de devoir lancer la serviette. Ce genre de situation peut se produire quand les gestionnaires font un mauvais choix de secteur pour une période donnée.

Fonds spécialisés par secteur

Date de création	**Mai 2008**
Apparitions précédentes	**Nouveau**

Gestionnaire
Hirsch, Veronika

RENSEIGNEMENTS GÉNÉRAUX (au 31 octobre 2010)

INVESTISSEMENT MINIMAL	**500 $**
FRÉQUENCE DES DISTRIBUTIONS	**Annuelle**
VALEUR DE L'ACTIF (EN MILLIONS $)	**120**
FRAIS DE COURTAGE	
STRUCTURE	**Entrée**
RATIO	**ND**
NUMÉRO ≻ ENTRÉE	**EXP100**
INDICE DE RÉFÉRENCE	**S&P/TSX**

ANALYSE DU RENDEMENT

EFFICACITÉ FISCALE AVANT LIQUIDATION (3 ANS) . . . .**ND**
ÉCART-TYPE 3 ANS (VOLATILITÉ) . . . .**ND**

RENDEMENT

ANNÉE	RENDEMENT MOYEN DU FONDS (%)	QUARTILE	RENDEMENT MOYEN DE L'INDICE DE RÉFÉRENCE (%)
3 mois	10,0	1	8,9
6 mois	7,6	1	5,3
2009	15,8	4	35,1
2008			
2007			
2006			
2005			
2004			
2003			
2002			
2001			
2000			

RENDEMENT ANNUEL COMPOSÉ

PÉRIODE	RENDEMENT ANNUEL COMPOSÉ DU FONDS (%)	QUARTILE	RENDEMENT ANNUEL COMPOSÉ DE L'INDICE DE RÉFÉRENCE (%)
Depuis sa création	14,4		
1 an	22,1	1	19,5
2 ans	15,7	2	17,6
3 ans			
4 ans			
5 ans			
10 ans			
15 ans			

COMMENTAIRES

Les fonds Exemplar, qui font partie de la famille BluMont Capital, ne sont pas très connus. Leur création ne remonte qu'à mai 2008. Leur gestionnaire, Veronika Hirsch, est quant à elle bien connue dans l'industrie du placement au Canada.

«Nous élaborons le portefeuille selon une approche qualitative, ascendante et fondée sur la recherche. Le portefeuille de base, constitué de positions longues, est choisi au sein de secteurs jugés appropriés pour chaque stade du cycle économique, puis est regroupé à la suite de négociations menées en fonction des événements», déclare Mme Hirsch.

Une des caractéristiques de ce fonds est qu'il contient des positions dites longues (ou achats de titres) et des positions courtes (ou vente à découvert), qui forment jusqu'à 20 % du portefeuille. Cette stratégie permet de réduire de beaucoup la volatilité du produit par comparaison avec les fonds axés uniquement sur l'acquisition de titres de participation.

L'actif sous gestion du fonds est relativement faible (près de 120 millions de dollars), mais il a joui d'une hausse de presque 40 % au cours des 12 derniers mois. Au 31 octobre 2010, le produit avait eu un rendement de 15,7 % durant les 2 années précédentes, contre une médiane de 14,9 % dans son secteur.

En raison de leur style et de la philosophie de leurs gestionnaires, les fonds Exemplar ne peuvent être vendus que par l'intermédiaire de conseillers de plein exercice.

Fonds spécialisés par secteur

Date de création	**Juillet 2007**
Apparitions précédentes	**2008, 2009, 2010**

Gestionnaires
Raymond, Doug • Kedwell, Stuart

RENSEIGNEMENTS GÉNÉRAUX (au 31 octobre 2010)

INVESTISSEMENT MINIMAL	**500 $**
FRÉQUENCE DES DISTRIBUTIONS	**Annuelle**
VALEUR DE L'ACTIF (EN MILLIONS $)	**29,8**
FRAIS DE COURTAGE	
STRUCTURE	**Sans frais**
RATIO	**2,00**
NUMÉRO ➤ SANS FRAIS	**RBF302**
INDICE DE RÉFÉRENCE	**S&P/TSX**

ANALYSE DU RENDEMENT

EFFICACITÉ FISCALE AVANT LIQUIDATION (3 ANS) . . . .**ND**
ÉCART-TYPE 3 ANS (VOLATILITÉ) **18,2**

RENDEMENT

ANNÉE	RENDEMENT MOYEN DU FONDS (%)	QUARTILE	RENDEMENT MOYEN DE L'INDICE DE RÉFÉRENCE (%)
3 mois	6,8	3	8,9
6 mois	3,4	2	5,3
2009	**33,7**	2	35,1
2008	**-31,9**	2	-33,0
2007			
2006			
2005			
2004			
2003			
2002			
2001			
2000			

RENDEMENT ANNUEL COMPOSÉ

PÉRIODE	RENDEMENT ANNUEL COMPOSÉ DU FONDS (%)	QUARTILE	RENDEMENT ANNUEL COMPOSÉ DE L'INDICE DE RÉFÉRENCE (%)
Depuis sa création	-0,5		
1 an	17,3	2	19,5
2 ans	16,6	2	17,6
3 ans	-2,0	1	-1,7
4 ans			
5 ans			
10 ans			
15 ans			

COMMENTAIRES

Ce produit, qu'on considère comme «éthique», apparaît pour la quatrième fois dans ce palmarès annuel. Il est sous la supervision de Doug Raymond et de Stuart Kedwell, en poste depuis mars 2008. Ces gestionnaires sont aussi responsables du fonds Revenu d'actions canadiennes RBC et du Fonds canadien de dividendes RBC. L'actif sous gestion de tous ces produits dépasse 16 milliards de dollars, ce qui est énorme pour le marché canadien.

La création du fonds Jantzi remonte à juillet 2007. Depuis sa fondation, M. Raymond et M. Kedwell ont montré qu'il était possible d'investir selon des règles d'éthique sans pour autant oublier la rentabilité.

Sur 3 ans, le fonds a eu un rendement annualisé de -2 % (premier quartile), contre une médiane de -3,3 %, alors que, sur 1 an, son rendement a été de 17,3 %, contre une médiane de 16,4 % dans sa catégorie.

RBC s'est associée à un homme bien connu, Michael Jantzi, pour produire sa gamme de fonds éthiques et responsables. M. Jantzi est président d'une firme qui sélectionne des titres d'entreprises reconnues pour leur respect de l'environnement.

Ce type de fonds n'est pas destiné aux «puristes» de l'environnement, mais bien à ceux qui cherchent à rentabiliser leur portefeuille tout en restant sensibles à l'éthique et à l'environnement. C'est beaucoup plus réaliste, dans le monde du placement!

Fonds spécialisés par secteur

Date de création	**Octobre 1988**
Apparition précédente	**2010**

Gestionnaire
Beer, Chris

RENSEIGNEMENTS GÉNÉRAUX (au 31 octobre 2010)

INVESTISSEMENT MINIMAL	**500 $**
FRÉQUENCE DES DISTRIBUTIONS	**Annuelle**
VALEUR DE L'ACTIF (EN MILLIONS $)	**1360,9**
FRAIS DE COURTAGE	
STRUCTURE	**Sans frais**
RATIO	**2,04**
NUMÉRO ➤ SANS FRAIS	**RBF468**
INDICE DE RÉFÉRENCE	**S&P/TSX plafonné or**

ANALYSE DU RENDEMENT

EFFICACITÉ FISCALE AVANT LIQUIDATION (3 ANS) . . .**97,2**
ÉCART-TYPE 3 ANS (VOLATILITÉ) **39,8**

RENDEMENT

ANNÉE	RENDEMENT MOYEN DU FONDS (%)	QUARTILE	RENDEMENT MOYEN DE L'INDICE DE RÉFÉRENCE (%)
3 mois	40,4	1	16,7
6 mois	33,4	1	13,1
2009	65,7	2	7,6
2008	-26,2	1	1,5
2007	9,0	1	-4,0
2006	52,4	3	29,7
2005	25,3	2	22,4
2004	-17,3	3	-8,5
2003	65,2	1	14,3
2002	153,1	1	43,6
2001	34,4	2	34,6
2000	-9,6	2	

RENDEMENT ANNUEL COMPOSÉ

PÉRIODE	RENDEMENT ANNUEL COMPOSÉ DU FONDS (%)	QUARTILE	RENDEMENT ANNUEL COMPOSÉ DE L'INDICE DE RÉFÉRENCE (%)
Depuis sa création	15,7		
1 an	76,5	1	28,3
2 ans	90,8	2	46,6
3 ans	19,5	1	8,3
4 ans	21,2	1	8,4
5 ans	29,4	1	14,3
10 ans	33,3	1	17,1
15 ans	18,5	1	
20 ans	17,5	1	

COMMENTAIRES

Il s'agit du fonds de métaux précieux le plus important du Canada. Son actif, qui dépasse 1,36 milliard de dollars, a connu une hausse de plus de 77 % au cours des 12 derniers mois (selon les données du 31 octobre 2010). Ce produit figure pour la deuxième fois dans ce palmarès annuel. Son gestionnaire, Chris Beer, n'est pas le dernier venu : sa grande expérience est un atout important pour les porteurs de parts de ce fonds, classé dans le premier quartile sur 1, 3, 4, 5, 10, 15 et 20 ans.

Ce produit fait partie des meilleurs de sa catégorie, mais c'est aussi le plus volatil sur 10 ans et plus. Depuis l'arrivée de M. Beer en mars 2003, le rendement des titres s'est maintenu au sommet ; chaque année, sauf une, le fonds a eu une meilleure performance que les indices de référence.

Sur 10 ans, son rendement annualisé est de 33,3 %, contre une médiane de 23,7 % dans son secteur. Au cours des 12 derniers mois, le produit a affiché un rendement de 76,5 %, contre une médiane de 53,5 %.

Le fonds est investi dans des actions de sociétés œuvrant dans les domaines de l'exploration, de l'extraction et de la production de métaux précieux (or, argent, platine).

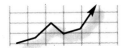

8 FONDS NÉGOCIÉS EN BOURSE QUI SE DÉMARQUENT

Cette section a été écrite avec la collaboration de Jean Martel,
conseiller en placements à la Financière Banque Nationale.

Le moins qu'on puisse dire, c'est que les FNB sont des produits financiers de plus en plus populaires. Toutefois, comme c'est le cas pour tous les produits financiers, ils ne sont pas parfaits. Ils répondent cependant aux besoins d'une catégorie précise d'investisseurs.

À la base, un FNB est relativement simple, mais les grands financiers de ce monde (tout comme les sociétés de fonds communs de placement d'ailleurs) ont réussi à le complexifier à un point tel que seul un expert peut maintenant s'y retrouver. L'offre est incroyable : plus de 121 FNB répertoriés sont offerts au Canada en 2010, représentant un actif total de 33,7 milliards de dollars, alors qu'il était de 17 milliards de dollars en 2006. Chez nos voisins du Sud, plus de 797 FNB sont offerts aux investisseurs américains, représentant un actif de 442 milliards de dollars, alors qu'il y en avait environ 250 sur le marché en 2005, pour un actif de 60 milliards de dollars.

Comme je préfère la simplicité, j'ai fait appel à Jean Martel, conseiller en placements à la Financière Banque Nationale, et ensemble, nous avons choisi huit FNB dont les objectifs de placement sont simples. Ces FNB comptent aussi parmi les plus populaires auprès des investisseurs. Nous avons choisi six FNB libellés en dollars canadiens et deux libellés en dollars américains.

Les FNB présentent plusieurs avantages, dont celui de reproduire presque fidèlement certains indices avec des frais extrêmement faibles. D'un point de vue fiscal, les FNB sont très avantageux si on les compare à certains fonds communs de placement, dont l'efficacité fiscale varie selon les activités d'achats et de ventes de leurs gestionnaires. Par contre, même si le FNB est considéré comme fiscalement avantageux, l'utilisation qu'en fera l'investisseur pourrait changer la donne. En effet, même si les frais de gestion des FNB sont très faibles, il faut savoir qu'il y a des frais de courtage à l'achat et à la vente. L'investisseur a donc avantage à réduire le plus possible ses transactions. À ce sujet, des études démontrent que les investisseurs qui gèrent eux-mêmes leurs portefeuilles font beaucoup plus de transactions que ceux qui investissent avec l'aide d'un conseiller, celui-ci sachant la plupart du temps tempérer les ardeurs d'achats et de ventes de son client. Les études montrent aussi que le rendement d'un portefeuille est inversement proportionnel aux nombres de transactions qu'effectue l'investisseur.

Deux mises en garde s'imposent pour les investisseurs qui désirent acquérir des FNB. La première concerne les frais de gestion. Bien sûr, ils sont très faibles, mais comme certains conseillers financiers facturent, eux, des frais très élevés, cela peut finalement équivaloir à des frais totaux parfois plus importants que ceux facturés par les meilleurs gestionnaires de fonds. La qualité, ça se paye, mais il y a quand même des limites à ne pas dépasser. La deuxième mise en garde concerne l'importance de l'erreur de réplication (écart de suivi), qui représente la différence entre le rendement du FNB et celui de son indice de référence. Les FNB obtiennent rarement les rendements de l'indice moins les frais de gestion : leurs résultats sont généralement beaucoup plus faibles et, dans certains cas, l'écart peut être très important. L'investisseur doit bien s'informer de l'erreur de réplication des FNB qu'il souhaite acquérir.

Pour le détail de la présentation des fiches, se référer à la section «Comment lire les fiches», page 155.

ISHARES CDN LARGECAP 60 INDEX (XIU)

Date de création **Septembre 1999**

RENSEIGNEMENTS GÉNÉRAUX (au 31 octobre 2010)

FRÉQUENCE DES DISTRIBUTIONS	**Trimestrielle**
VALEUR DE L'ACTIF (EN MILLIONS $)	**11 376**
FRAIS DE COURTAGE	
STRUCTURE	**Sans frais**
RATIO	**0,17**
NUMÉRO ➤ SANS FRAIS	**BGI160**
INDICE DE RÉFÉRENCE	**S&P/TSX 60**

ANALYSE DU RENDEMENT

ÉCART-TYPE 3 ANS (VOLATILITÉ) **20,3**

RENDEMENT

ANNÉE	RENDEMENT MOYEN DU FONDS (%)	QUARTILE	RENDEMENT MOYEN DE L'INDICE DE RÉFÉRENCE (%)
3 mois	6,9	3	7,0
6 mois	3,0	3	3,1
2009	**31,5**	3	31,9
2008	**-31,1**	1	-31,2
2007	10,9	2	11,1
2006	18,9	1	19,2
2005	25,9	1	26,3
2004	13,6	2	13,8
2003	25,2	2	25,5
2002	-14,1	3	-14,0
2001	-14,9	4	-14,8
2000	7,8	4	8,0

RENDEMENT ANNUEL COMPOSÉ

PÉRIODE	RENDEMENT ANNUEL COMPOSÉ DU FONDS (%)	QUARTILE	RENDEMENT ANNUEL COMPOSÉ DE L'INDICE DE RÉFÉRENCE (%)
Depuis sa création	7,4		
1 an	15,2	3	15,5
2 ans	14,0	3	14,3
3 ans	-2,4	2	-2,3
4 ans	3,4	1	3,5
5 ans	6,8	1	7,0
10 ans	4,6	3	4,7
15 ans			

COMMENTAIRES

Le FNB XIU est probablement le plus gros FNB au Canada, avec un actif géré de plus de 11,3 milliards de dollars (il était de 57,3 millions de dollars en octobre 2002). Il reproduit l'indice S&P/TSX 60. Son portefeuille inclut donc les 60 principaux titres qui composent l'indice phare de la Bourse de Toronto. Ces titres sont répartis de façon équilibrée dans les 10 secteurs de l'industrie. Les frais de gestion sont très faibles : 0,17 %.

ISHARES CDN DEX UNIVERSE BOND INDEX (XBB)

Date de création	**Novembre 2000**

RENSEIGNEMENTS GÉNÉRAUX (au 31 octobre 2010)

FRÉQUENCE DES DISTRIBUTIONS	**Mensuelle**
VALEUR DE L'ACTIF (EN MILLIONS $)	**1 600,5**
FRAIS DE COURTAGE	
STRUCTURE	**Sans frais**
RATIO	**0,3**
NUMÉRO ➤ SANS FRAIS	**BGIIG10**
INDICE DE RÉFÉRENCE	**ND**

ANALYSE DU RENDEMENT

ÉCART-TYPE 3 ANS (VOLATILITÉ) **3,7**

RENDEMENT

ANNÉE	RENDEMENT MOYEN DU FONDS (%)	QUARTILE	RENDEMENT MOYEN DE L'INDICE DE RÉFÉRENCE (%)
3 mois	2,8	2	
6 mois	6,3	1	
2009	5,0	3	
2008	6,1	1	
2007	3,3	1	
2006	3,8	1	
2005	6,1	1	
2004	8,0	1	
2003	6,2	2	
2002	9,9	1	
2001	5,7	4	
2000			

RENDEMENT ANNUEL COMPOSÉ

PÉRIODE	RENDEMENT ANNUEL COMPOSÉ DU FONDS (%)	QUARTILE	RENDEMENT ANNUEL COMPOSÉ DE L'INDICE DE RÉFÉRENCE (%)
Depuis sa création	6,1		
1 an	7,2	2	
2 ans	9,0	2	
3 ans	6,9	1	
4 ans	5,5	1	
5 ans	5,5	1	
10 ans			
15 ans			

COMMENTAIRES

Le iShares DEX Universe Bond Index Fund est un FNB composé de titres à revenu fixe et il est utilisé comme source de revenus. Il reproduit le plus fidèlement possible l'indice obligataire universel DEX. Cet indice est composé d'obligations canadiennes dans les catégories suivantes : obligations gouvernementales fédérales, provinciales et municipales, et obligations de sociétés. Les frais de gestion sont de 0,30 %, pour un actif géré de 1,6 milliard de dollars au 30 octobre 2010.

ISHARES CDN S&P 500 INDEX (XSP)

Date de création	**Mai 2001**

RENSEIGNEMENTS GÉNÉRAUX (au 31 octobre 2010)

FRÉQUENCE DES DISTRIBUTIONS	**Trimestrielle**
VALEUR DE L'ACTIF (EN MILLIONS $)	**1 404,2**
FRAIS DE COURTAGE	
STRUCTURE	**Sans frais**
RATIO	**0,24**
NUMÉRO ➤ SANS FRAIS	**BGII500R**
INDICE DE RÉFÉRENCE	**S&P 500**

ANALYSE DU RENDEMENT

ÉCART-TYPE 3 ANS (VOLATILITÉ) **22,9**

RENDEMENT

ANNÉE	RENDEMENT MOYEN DU FONDS (%)	QUARTILE	RENDEMENT MOYEN DE L'INDICE DE RÉFÉRENCE (%)
3 mois	7,6	2	8,0
6 mois	-0,3	3	0,7
2009	22,9	1	26,5
2008	-40,3	4	-37,0
2007	3,2	1	5,5
2006	14,3	2	15,8
2005	3,5	2	4,9
2004	2,3	2	10,9
2003	4,8	2	28,7
2002	-23,4	2	-22,1
2001			
2000			

RENDEMENT ANNUEL COMPOSÉ

PÉRIODE	RENDEMENT ANNUEL COMPOSÉ DU FONDS (%)	QUARTILE	RENDEMENT ANNUEL COMPOSÉ DE L'INDICE DE RÉFÉRENCE (%)
Depuis sa création	-3,2		
1 an	14,7	1	16,5
2 ans	10,5	1	13,1
3 ans	-9,5	4	-6,5
4 ans	-4,5	2	-1,6
5 ans	-0,7	1	1,7
10 ans			
15 ans			

COMMENTAIRES

Le FNB XSP reproduit l'indice S&P 500. Il est libellé en dollars canadiens et est négocié par l'entremise de la Bourse de Toronto. L'indice comprend les 500 plus importantes entreprises de l'activité boursière américaine, dont il est considéré comme le principal baromètre. La création de ce FNB remonte à mai 2001. Son actif géré est de 1,4 milliard de dollars, comparativement à 109 millions de dollars à la fin d'octobre 2002. Les frais de gestion sont de 0,24 %.

ISHARES CDN REIT SECTOR INDEX (XRE)

Date de création	**Octobre 2002**

RENSEIGNEMENTS GÉNÉRAUX (au 31 octobre 2010)

FRÉQUENCE DES DISTRIBUTIONS	**Mensuelle**
VALEUR DE L'ACTIF (EN MILLIONS $)	**1 092,6**
FRAIS DE COURTAGE	
STRUCTURE	**Sans frais**
RATIO	**0,55**
NUMÉRO ➤ SANS FRAIS	**BGIIREIT**
INDICE DE RÉFÉRENCE	**S&P/TSX plafonné REIT**

ANALYSE DU RENDEMENT

ÉCART-TYPE 3 ANS (VOLATILITÉ) **22,3**

RENDEMENT

ANNÉE	RENDEMENT MOYEN DU FONDS (%)	QUARTILE	RENDEMENT MOYEN DE L'INDICE DE RÉFÉRENCE (%)
3 mois	12,3	1	12,5
6 mois	18,4	1	18,8
2009	**53,3**	1	55,3
2008	-38,3	3	-38,3
2007	-6,0	2	-5,7
2006	23,8	4	24,7
2005	24,3	1	25,3
2004	13,1	4	14,0
2003	24,9	1	25,9
2002			
2001			
2000			

RENDEMENT ANNUEL COMPOSÉ

PÉRIODE	RENDEMENT ANNUEL COMPOSÉ DU FONDS (%)	QUARTILE	RENDEMENT ANNUEL COMPOSÉ DE L'INDICE DE RÉFÉRENCE (%)
Depuis sa création	11,8		
1 an	38,4	1	39,5
2 ans	30,7	1	31,9
3 ans	4,2	1	4,9
4 ans	3,9	1	4,5
5 ans	9,2	1	9,9
10 ans			
15 ans			

ISHARES CDN MSCI EAFE INDEX (XIN)

Date de création **Septembre 2001**

RENSEIGNEMENTS GÉNÉRAUX (au 31 octobre 2010)

FRÉQUENCE DES DISTRIBUTIONS	**Trimestrielle**
VALEUR DE L'ACTIF (EN MILLIONS $)	**1 033**
FRAIS DE COURTAGE	
STRUCTURE	**Sans frais**
RATIO	**0,153**
NUMÉRO ➤ SANS FRAIS	**BGIINTR**
INDICE DE RÉFÉRENCE	**MSCI EAEO**

ANALYSE DU RENDEMENT

ÉCART-TYPE 3 ANS (VOLATILITÉ) **22,1**

RENDEMENT

ANNÉE	RENDEMENT MOYEN DU FONDS (%)	QUARTILE	RENDEMENT MOYEN DE L'INDICE DE RÉFÉRENCE (%)
3 mois	22,1	4	9,0
6 mois	3,8	4	6,5
2009	-1,0	2	12,5
2008	**18,1**	**4**	**-28,8**
2007	-40,6	1	-5,3
2006	1,9	4	26,4
2005	16,7	2	11,2
2004	12,2	2	11,9
2003	9,8	2	13,8
2002	14,3	2	-16,5
2001	-17,0		-16,3
2000			

RENDEMENT ANNUEL COMPOSÉ

PÉRIODE	RENDEMENT ANNUEL COMPOSÉ DU FONDS (%)	QUARTILE	RENDEMENT ANNUEL COMPOSÉ DE L'INDICE DE RÉFÉRENCE (%)
Depuis sa création	0,6		
1 an	7,3	2	2,8
2 ans	7,8	3	8,1
3 ans	-13,0	4	-7,0
4 ans	-6,9	4	-3,9
5 ans	-2,0	4	0,8
10 ans			
15 ans			

COMMENTAIRES

Le XIN est un FNB qui sert à reproduire l'indice des activités boursières mondiales, le MSCI EAFE, un indice mis au point par Morgan Stanley Capital International. Cet indice suit les activités boursières de l'Europe, du Moyen-Orient, de l'Australie et de l'Asie. L'actif géré est d'un peu plus d'un milliard de dollars, alors qu'il se situait à peine à 51 millions de dollars en octobre 2002. Les frais de gestion de 0,5 % sont légèrement plus élevés que la moyenne. Ils sont également en hausse, puisqu'ils étaient de 0,35 % en 2002.

ISHARES CND CORPORATE BOND INDEX (XCB)

Date de création **Novembre 2006**

RENSEIGNEMENTS GÉNÉRAUX (au 31 octobre 2010)

FRÉQUENCE DES DISTRIBUTIONS	**Mensuelle**
VALEUR DE L'ACTIF (EN MILLIONS $)	**1 247**
FRAIS DE COURTAGE	
STRUCTURE	**Sans frais**
RATIO	**0,4**
NUMÉRO ➤ SANS FRAIS	**BGIIXCB**
INDICE DE RÉFÉRENCE	**ND**

ANALYSE DU RENDEMENT

ÉCART-TYPE 3 ANS (VOLATILITÉ) **3,7**

RENDEMENT

ANNÉE	RENDEMENT MOYEN DU FONDS (%)	QUARTILE	⁓ RENDEMENT MOYEN DE L'INDICE DE RÉFÉRENCE (%)
3 mois	2,7		
6 mois	5,6		
2009			
2008			
2007			
2006			
2005			
2004			
2003			
2002			
2001			
2000			

RENDEMENT ANNUEL COMPOSÉ

PÉRIODE	RENDEMENT ANNUEL COMPOSÉ DU FONDS (%)	QUARTILE	RENDEMENT ANNUEL COMPOSÉ DE L'INDICE DE RÉFÉRENCE (%)
Depuis sa création	5,7		
1 an	7,7		
2 ans			
3 ans	7,5		
4 ans			
5 ans			
10 ans			
15 ans			

COMMENTAIRES

Le XCB est un FNB libellé en dollars canadiens qui reproduit le plus fidèlement possible l'indice DEX, composé d'obligations de sociétés canadiennes dont l'échéance est de plus de un an. Son actif géré est d'un peu plus de 1,2 milliard de dollars, et les frais de gestion sont de 0,4 %. Au 30 octobre, le fonds était constitué de 396 obligations différentes.

ISHARES MSCI EAFE INDEX (EFA)

Date de création **Août 2001**

RENSEIGNEMENTS GÉNÉRAUX (au 31 octobre 2010)

FRÉQUENCE DES DISTRIBUTIONS	**Annuelle**
VALEUR DE L'ACTIF (EN MILLIONS $)	**36 500 ($US)**
FRAIS DE COURTAGE	
STRUCTURE	**Sans frais**
RATIO	**0,35**
NUMÉRO ➤ SANS FRAIS	**ND**
INDICE DE RÉFÉRENCE	**MSCI EAEO ($US)**

ANALYSE DU RENDEMENT

ÉCART-TYPE 3 ANS (VOLATILITÉ) **25,93**

RENDEMENT

ANNÉE	RENDEMENT MOYEN DU FONDS (%)	QUARTILE	RENDEMENT MOYEN DE L'INDICE DE RÉFÉRENCE (%)
3 mois	25,9		10,3
6 mois			6,0
2009	13,0		32,5
2008	31,3		-43,1
2007	-43,1		11,6
2006	-10,9		26,9
2005	26,0		14,0
2004	13,4		20,7
2003	19,7		39,2
2002	**38,4**		-15,7
2001			
2000			

RENDEMENT ANNUEL COMPOSÉ

PÉRIODE	RENDEMENT ANNUEL COMPOSÉ DU FONDS (%)	QUARTILE	RENDEMENT ANNUEL COMPOSÉ DE L'INDICE DE RÉFÉRENCE (%)
Depuis sa création	5,7		
1 an	5,4		8,8
2 ans			18,2
3 ans	-7,8		-9,1
4 ans			-1,5
5 ans	3,3		3,8
10 ans			
15 ans			

COMMENTAIRES

Le FNB EFA est libellé en dollars américains. Il est le pendant du FNB XIN, avec des titres sous-jacents de l'Europe, du Moyen-Orient, de l'Australie et de l'Asie. À 36 milliards de dollars, l'actif géré est relativement élevé. Les frais de gestion s'élèvent à 0,35 %.

SPDR S&P 500 ETF (SPY)

Date de création	**Janvier 1993**

COMMENTAIRES

Le FNB SPY est le pendant libellé en dollars américains du IVV, qui est lui libellé en dollars canadiens. Le FNB SP4 reproduit l'indice S&P 500. Il est négocié à la Bourse de New York et comprend les 500 plus importantes entreprises de l'activité boursière américaine.

RENSEIGNEMENTS GÉNÉRAUX (au 31 octobre 2010)

FRÉQUENCE DES DISTRIBUTIONS	**Trimestrielle**
VALEUR DE L'ACTIF (EN MILLIONS $)	**85 200 ($US)**
FRAIS DE COURTAGE	
STRUCTURE	**Sans frais**
RATIO	**0,09**
NUMÉRO ➤ SANS FRAIS	**ND**
INDICE DE RÉFÉRENCE	**S&P 500 ($US)**

ANALYSE DU RENDEMENT

ÉCART-TYPE 3 ANS (VOLATILITÉ) **21,79**

RENDEMENT

ANNÉE	RENDEMENT MOYEN DU FONDS (%)	QUARTILE	RENDEMENT MOYEN DE L'INDICE DE RÉFÉRENCE (%)
3 mois	11,2		8,0
6 mois			0,7
2009	26,4		26,5
2008	-36,9		-37,0
2007	5,4		5,5
2006	15,6		15,8
2005	4,8		4,9
2004	10,7		10,9
2003	**28,4**		28,7
2002			
2001			
2000			

RENDEMENT ANNUEL COMPOSÉ

PÉRIODE	RENDEMENT ANNUEL COMPOSÉ DU FONDS (%)	QUARTILE	RENDEMENT ANNUEL COMPOSÉ DE L'INDICE DE RÉFÉRENCE (%)
Depuis sa création	9,3		
1 an	12,4		16,5
2 ans			13,1
3 ans	-3,7		-6,5
4 ans			-1,6
5 ans	1,5		1,7
10 ans	0,5		-0,0
15 ans			

Annexes

Glossaire

Bibliographie

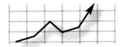

GLOSSAIRE

Acceptation bancaire Titre de crédit au porteur d'un montant déterminé pour lequel une banque engage sa signature au profit d'un client. Ce titre est vendu à escompte. Il fait partie du marché monétaire.

Achats périodiques par sommes fixes Placement d'un montant fixe à intervalles réguliers visant à réduire le coût moyen d'un fonds par l'acquisition de plus de parts quand les prix sont bas et de moins de parts quand les prix sont plus élevés.

Achat sur marge Achat d'une valeur mobilière réalisé en partie avec de l'argent emprunté.

Actif • Sur le plan comptable : élément de patrimoine ayant une valeur économique positive. • Sur le plan du placement : tout ce qui a une valeur commerciale ou d'échange, détenu par un individu ou une institution. L'actif est habituellement regroupé en catégories : court terme, actions ordinaires, obligations, hypothèques, immobilier, etc.

Actif à court terme Titres à revenus fixes dont l'échéance est inférieure à un an et dont la liquidité en fait des équivalents de la monnaie. Les principaux types d'actif à court terme sont les bons du Trésor, les acceptations bancaires, les papiers commerciaux et les certificats de dépôt.

Actif sans risque Actif dont le risque est réputé nul. Habituellement, on considère les bons du Trésor (émis par le gouvernement) comme un actif sans risque. On estime qu'il y a très peu de risque que l'emprunteur (le gouvernement) ne rembourse pas intégralement son prêt, particulièrement s'il s'agit d'un prêt pour une courte période.

Action ordinaire Titre de participation qui représente le droit de participer au partage des éléments d'actif d'une société, à sa dissolution ou à sa liquidation, et le droit de voter aux assemblées d'actionnaires.

Action privilégiée Type d'action accordant à son détenteur des droits particuliers : des dividendes à taux fixe, prioritaires par rapport à ceux des actionnaires réguliers, souvent cumulatifs, ainsi que des privilèges en cas de liquidation, etc. Ce type d'action peut compter des restrictions, particulièrement en ce qui concerne le droit de vote.

Analyse fondamentale Analyse d'un titre, d'un secteur industriel ou de l'ensemble du marché qui repose sur l'étude du contexte économique.

Analyse technique Analyse d'un titre ou de l'ensemble du marché qui repose exclusivement sur l'analyse des données publiques relatives à leur comportement antérieur, aux changements de prix, aux volumes de transactions, etc. On l'utilise pour prendre des décisions quant au choix du bon moment (quand entrer dans un marché ou quand en sortir ? quand vendre ou acheter un titre ? quels titres choisir ?) et quant à la sélection des titres. Ce type d'analyse fait notamment appel à différentes techniques graphiques.

Approche ascendante Style d'investissement qui accorde la priorité à la santé financière des entreprises considérées. L'environnement socioéconomique des entreprises à l'étude est secondaire.

Approche descendante Style d'investissement par lequel on tient compte en priorité de l'état général de l'économie pour déterminer les secteurs économiques susceptibles de bien performer, après quoi on fait le choix des entreprises qui peuvent constituer une partie ou la totalité d'un portefeuille.

Arbitrage Transaction par laquelle on achète et revend un titre, un bien ou une devise pour faire un profit en exploitant les différences de prix ou de taux d'intérêt dans deux marchés. L'arbitrage peut se réaliser dans l'espace (acheter à un endroit et vendre ailleurs) ou dans le temps (acheter immédiatement et vendre à terme, ou l'inverse).

Bénéfices par action Mesure obtenue en divisant les bénéfices nets d'une entreprise par le nombre de titres en circulation.

Bêta Cet indice du niveau de risque, ou de volatilité, est déterminé en comparant le rendement d'une part de fonds commun de placement avec celui de ses semblables ou avec des indices boursiers.

Bon de souscription Instrument financier donnant le droit d'acheter un ou plusieurs titres à un prix déterminé (le prix d'exercice) jusqu'à une date d'échéance.

Bon du Trésor Titre d'emprunt à court terme émis par l'État.

Bourse Organisme qui fournit un lieu, des installations ainsi qu'un soutien technique grâce auxquels des acheteurs et des vendeurs peuvent négocier, au moyen d'un mécanisme d'enchères, des titres dans le respect de certaines règles.

Capital Fonds disponibles pour l'investissement.

Capitalisation boursière Valeur totale des actions d'une entreprise cotée en Bourse.

Certificat de dépôt Titre à revenu émis par une banque, qui comporte un versement périodique d'intérêt, dont l'échéance dépasse rarement cinq ans et qui est habituellement remboursable avant l'échéance.

Certificat de dépôt garanti Titre à revenu émis par une banque, qui comporte un versement périodique d'intérêt, dont l'échéance varie de 30 jours à 5 ans et qui est habituellement non remboursable avant l'échéance.

Commission de suivi Paiement périodique que la famille de fonds verse au courtier pour ses services d'intermédiaire.

Conseiller financier Particulier qui vend ses conseils en placement.

Contrat à terme Contrat standardisé par lequel l'acheteur ou le vendeur s'engage à vendre ou à acheter une certaine quantité d'un bien à une date déterminée et à un prix fixé à l'avance.

Coupon Partie détachable d'un certificat d'obligation qui donne droit au porteur au paiement d'un montant d'intérêt spécifié, lorsqu'il est détaché et présenté à une banque à partir de sa date d'échéance.

Courbe des taux d'intérêt ou courbe de rendement Graphique permettant d'établir une relation entre le taux de rendement d'une obligation et son échéance. Il s'agit d'une représentation graphique de la structure à terme des taux d'intérêt.

Courbe inversée On parle de courbe inversée lorsque la courbe des taux de rendement à l'échéance est descendante, c'est-à-dire lorsque les taux à court terme sont plus élevés que les taux à moyen et à long terme.

Courbe normale de taux Habituellement, la courbe des taux de rendement à l'échéance est ascendante, les taux à court terme étant moins élevés que les taux à moyen et à long terme; on parle, alors, de courbe normale.

Cours Prix auquel une action ou une obligation se négocie.

Cours acheteur Le prix le plus élevé qu'un acheteur est disposé à payer pour un titre.

Cours vendeur Le prix le plus bas qu'un vendeur est disposé à accepter pour un titre.

Courtier en valeurs mobilières Mandataire qui agit soit à la vente, soit à l'achat de titres pour le compte de membres du public dont il reçoit les ordres. Il est normalement rémunéré par un courtage.

Crédit d'impôt Montant qui peut être déduit de l'impôt à payer.

Crédit d'impôt pour dividendes Crédit d'impôt accordé aux épargnants qui gagnent des revenus de dividendes provenant de sociétés à contrôle canadien.

Cycle boursier Période au cours de laquelle la valeur moyenne des titres d'un marché boursier, mesurée par le comportement d'un indice de référence à partir d'un creux, connaît une période de hausse, atteint un sommet, puis redescend.

Cycle économique Période au cours de laquelle l'activité économique mesurée par le produit national brut passe d'une période de creux à une période de reprise (expansion), de sommet, puis de ralentissement (récession).

Débenture Obligation qui n'est pas garantie par le nantissement de biens, mais par le crédit général de la société émettrice.

Dépositaire Établissement financier, habituellement une banque ou une société de fiducie, qui garde en sécurité les valeurs mobilières et l'argent comptant d'une société de placement.

Distribution Paiement versé par un fonds commun de placement, provenant du revenu ou des gains en capital réalisés à la vente des titres de portefeuille. Le détenteur choisit normalement soit de recevoir le versement de distributions au comptant, soit de le réinvestir dans des parts additionnelles du fonds. Si les distributions sont versées dans le cadre d'un régime enregistré, il faut les réinvestir.

Diversification Principe de gestion qui consiste à répartir les placements entre différentes catégories de titres, d'émetteurs, de régions ou d'échéances, afin de réduire le risque global du portefeuille. Une bonne diversification améliore le rapport risque-rendement. Autrement dit, elle permet de diminuer le degré de risque couru, pour un même niveau de rendement espéré.

Dividende Paiement versé aux actionnaires d'une société à l'égard d'actions qu'ils détiennent. Les dividendes peuvent être payés en espèces, sous forme d'actions additionnelles ou de biens.

Écart-type L'écart-type est une mesure statistique égale à la racine carrée de la variance. Il sert à mesurer la dispersion d'une série de rendements périodiques autour de leur moyenne. Dans le domaine du placement, il sert à mesurer le degré de risque d'un investissement; un écart-type élevé signifie que les fluctuations du rendement sont importantes.

Échéance Date à laquelle le remboursement d'un emprunt (titre de court terme, obligation, hypothèque, etc.) devient exigible et doit être honoré.

Effet de levier Possibilité offerte par certains produits ou certaines techniques financières de multiplier les possibilités de gains ou de pertes pour un même investissement initial. Les options et les contrats à terme offrent un grand effet de levier, de même que la vente à découvert ou l'achat sur marge.

Escompte (à) Titre vendu à un montant inférieur à sa valeur nominale, par exemple les bons du Trésor.

Facteur d'équivalence Ce facteur, qui est égal aux crédits de pension accumulés pendant l'année dans le cadre d'un régime de pension agréé ou d'un régime de participation différée aux bénéfices, contribue au calcul de la cotisation REER maximale du contribuable.

Fiduciaire Dans le cas d'une fiducie de fonds communs de placement, il s'agit de l'entité qui détient l'actif d'un tel fonds en fiducie pour le compte des porteurs de parts. Dans le cas d'un régime enregistré, il s'agit de l'entité qui détient l'actif d'un régime en fiducie pour le compte des bénéficiaires et qui est chargée d'administrer le régime conformément à ses directives et aux lois en vigueur.

Fiducie Acte par lequel une personne transfère des biens de son actif à une autre : le fiduciaire. Ce dernier s'oblige à détenir et à administrer ces biens pour le compte et à l'avantage d'un bénéficiaire désigné.

Fonds commun de placement Fonds constitué de sommes mises en commun par des épargnants en vue d'un placement collectif et dont la gestion est assurée par un tiers qui doit, sur demande, racheter les parts à leur valeur liquidative. La valeur des titres sous-jacents influe sur le prix courant des parts des fonds. Souvent appelé fonds mutuel.

Fonds commun de placement à capital fixe Fonds commun de placement qui émet un nombre fixe de parts.

Fonds commun de placement à capital variable Fonds commun de placement qui émet et rachète continuellement des parts, de sorte que le nombre de parts en circulation varie d'un jour à l'autre. La plupart des fonds sont à capital variable.

Fonds d'actions Fonds commun de placement composé essentiellement d'actions ordinaires.

Fonds de dividendes Fonds commun de placement investi dans les actions ordinaires de premier rang (qui rapportent en général des dividendes réguliers à des taux supérieurs à la moyenne) et dans des actions privilégiées.

Fonds de fiducies de revenu Fonds commun de placement investi dans des parts de fiducies de revenu. Il existe trois grandes catégories de fiducies de revenu : les fiducies de redevance (*royalty trust*), qui sont basées sur les redevances régulières que procurent des propriétés de ressources naturelles ; les fiducies immobilières (REIT), dont le revenu provient de la location de propriétés immobilières ; et les fiducies de longue durée (*business trust*), qui procurent des revenus en intérêts et dividendes provenant d'entreprises ayant des spécialités très diverses.

Fonds de placements hypothécaires Fonds commun de placement investi dans les prêts hypothécaires. Le portefeuille d'un fonds de cette catégorie est habituellement composé de prêts hypothécaires de premier rang sur des propriétés résidentielles au Canada, quoique certains fonds sont aussi investis dans des prêts hypothécaires commerciaux.

Fonds de placements immobiliers Fonds commun de placement composé essentiellement d'immeubles résidentiels ou commerciaux, ou des deux, afin de rapporter des revenus et des gains en capital.

Fonds de revenu Fonds commun de placement investi principalement dans des valeurs à revenu fixe telles que les obligations, les titres hypothécaires et les actions privilégiées. L'objectif principal est de générer un revenu tout en préservant le capital des investisseurs.

Fonds d'obligations Fonds commun de placement composé essentiellement d'obligations.

Fonds du marché monétaire Fonds commun de placement investi principalement dans les bons du Trésor et autres titres à court terme à faible risque.

Fonds enregistré de revenu de retraite (FERR) Une des possibilités offertes au titulaire d'un REER qui liquide son régime. Le FERR fournit un revenu annuel.

Fonds équilibré Fonds commun de placement dont la politique de placement vise à bâtir un portefeuille équilibré composé d'obligations et d'actions.

Fonds éthique Fonds tenant compte de facteurs sociaux et environnementaux lors des décisions d'investissement.

Fonds indiciel Fonds commun de placement dont le portefeuille est modelé sur celui d'un indice boursier particulier, l'objectif étant de reproduire le comportement général du marché où le fonds est investi.

Fonds international Fonds commun de placement investi dans les valeurs mobilières d'un certain nombre de pays.

Fonds spécialisé Fonds commun de placement dont les placements sont concentrés dans un secteur particulier de l'industrie ou de l'économie, ou encore dans une région choisie.

Frais d'acquisition Frais ajoutés au coût d'acquisition des parts de fonds communs de placement.

Frais de rachat Frais perçus lors de la rétrocession de parts d'un fonds commun de placement.

Frontière efficace Méthode mise au point par Markowitz pour déterminer les combinaisons de types d'actif qui produisent les meilleurs rapports risque-rendement.

Gain de capital Profit sur un investissement égal à la différence entre son prix de vente et son prix d'acquisition. Le gain de capital n'est réalisé qu'au moment de la vente. On peut l'estimer en faisant la différence entre la valeur marchande et le prix d'acquisition. On parle alors de l'appréciation du capital.

Indicateurs économiques Mesures statistiques établies pour estimer et prévoir l'évolution de l'activité économique.

Indice boursier Instrument de comparaison servant à mesurer l'évolution d'un marché de valeurs boursières.

Indice composé S&P/TSX Indice de la Bourse de Toronto, construit à partir de plus de 200 titres canadiens. C'est le principal indice de référence du marché boursier canadien.

Indice des prix à la consommation Instrument de comparaison mesurant l'évolution du coût de la vie pour les consommateurs. Il sert à mettre en lumière les hausses de prix, c'est-à-dire l'inflation.

Indice Dow Jones Moyenne des prix des 30 plus gros titres (*blue chips*) de la Bourse de New York. C'est le plus ancien indice connu ; il demeure l'un des indices les plus suivis du marché américain.

Indice NASDAQ composé Indice général du marché de gré à gré des titres américains négociés sur le réseau de la National Association of Securities Dealers. Il regroupe des titres importants du secteur de la haute technologie.

Indice Standard & Poor's 500 Indice constitué de 500 titres de la Bourse de New York. Ces titres représentent environ 75 % de la capitalisation totale de cette Bourse. Considéré comme l'indice le plus représentatif du marché américain, il est la principale référence pour mesurer la performance des gestionnaires dans ce marché.

Inflation Hausse du prix des biens et services. Au Canada, l'inflation est mesurée par l'indice des prix à la consommation ainsi que par de nombreux autres indices spécialisés.

Institut des fonds d'investissement du Canada (IFIC) Association professionnelle de l'industrie mise sur pied pour servir ses membres, pour coopérer avec les organismes de réglementation et pour protéger les intérêts du public qui place ses capitaux dans des fonds communs de placement.

Intérêt Paiement servi au prêteur par l'emprunteur pour l'usage de son argent. Une société par actions paie de l'intérêt aux détenteurs de ses obligations.

Investisseur à contre-courant (*contrarian*) Investisseur ou gestionnaire dont les décisions d'investissement et de placement sont contraires à la majorité des investisseurs et des gestionnaires.

Liquidité Propriété d'un titre de pouvoir être écoulé facilement et rapidement dans un marché sans variation significative de sa valeur.

Marché baissier (*bear market*) Période au cours de laquelle la valeur moyenne des titres d'un marché, mesurée par un indice de référence, est à la baisse. Habituellement, on considère baissière toute période de baisse d'au moins 20 % suffisamment prolongée.

Marché émergent Pays, ou groupe de pays, qui a récemment adopté une économie fondée sur la libre entreprise accessible aux investisseurs étrangers.

Marché haussier (*bull market*) Période au cours de laquelle la valeur moyenne des titres d'un marché, mesurée par un indice de référence, est à la hausse. Habituellement, on considère haussière toute période de hausse d'au moins 20 % suffisamment prolongée.

Marché monétaire Partie du marché des capitaux où se négocient les effets à court terme tels que les bons du Trésor, le papier commercial et les acceptations bancaires.

Marge Montant de couverture versé à un courtier par un client qui lui demande d'acheter pour lui des titres à crédit ou d'effectuer d'autres transactions financières (ventes à découvert, options, contrats à terme, etc.).

Mesure de Sharpe Ratio qui indique le rendement en fonction du risque. Plus la mesure de Sharpe est élevée, plus le risque a été récompensé.

Momentum (stratégie de) • Stratégie qui consiste à miser sur les titres qui ont connu les meilleurs rendements sur le marché à court terme. • Stratégie qui consiste à miser sur les entreprises qui ont connu la meilleure croissance des bénéfices par action. Dans le premier cas, on peut parler de stratégie de momentum des cours alors que, dans le deuxième, il est question de stratégie de momentum des bénéfices.

Obligation Titre qui représente un emprunt contracté par l'État ou par une société pour une durée et un montant déterminés.

Obligation à court terme Obligation dont l'échéance se situe entre 1 et 5 ans.

Obligation à coupons détachés Obligation qui ne rapporte aucun intérêt, mais qui est initialement vendue au-dessous du pair.

Obligation à long terme Obligation dont l'échéance est à plus de 10 ans.

Obligation à moyen terme Obligation dont l'échéance se situe entre 5 et 10 ans.

Option Contrat qui donne à son détenteur la possibilité d'acheter (*call*) ou de vendre (put) un bien ou un produit financier, à des conditions déterminées à l'avance, pendant une période donnée. Les options sont de type européen lorsqu'elles ne peuvent être exercées qu'à l'échéance, et de type américain lorsqu'elles peuvent l'être à tout moment jusqu'à l'échéance.

Papier commercial Placement à court terme non garanti émis par des sociétés financières et non financières. Les papiers commerciaux offrent généralement des taux plus élevés que les bons du Trésor, tout en étant plus risqués.

Perte en capital Perte résultant de la disposition d'un bien à un prix inférieur à son coût d'achat.

Point de base Un centième de un pour cent (0,01 %).

Politique budgétaire La politique que poursuit le gouvernement dans la gestion de l'économie en exerçant son pouvoir de dépenser et son pouvoir de taxer.

Portefeuille Regroupement de placements détenus par un particulier, par un établissement ou par un fonds commun de placement.

Prime de risque Compensation additionnelle demandée par un investisseur, au-dessus du taux sans risque, pour le risque encouru en investissant son capital. Plus le risque est élevé, plus la prime est élevée.

Produits dérivés Produits financiers dont la valeur est fondée sur celle d'un bien ou d'un titre sous-jacent. Les principaux produits dérivés sont les options et les contrats à terme.

Prospectus Document juridique qui présente de l'information importante que les investisseurs devraient connaître au sujet d'un fonds commun de placement avant d'y investir.

Prospectus simplifié Prospectus abrégé et simplifié distribué par les organismes de placement collectif aux acheteurs de parts.

Rapport annuel Rapport officiel envoyé par toute société de fonds communs de placement aux détenteurs, et qui fait part de la situation financière du fonds.

Ratio cours-bénéfice Ratio calculé en divisant le cours d'une action par le bénéfice courant par action. Pour calculer le bénéfice par action, on divise les bénéfices des 12 derniers mois par le nombre total d'actions ordinaires en circulation. Un plus haut ratio cours-bénéfice est le résultat d'une anticipation de croissance future élevée.

Ratio cours-marge brute Ratio calculé en divisant le cours d'une action par le flux des liquidités (*cash flow*). Le *cash flow* mesure les liquidités que génère une entreprise pour financer sa croissance, pour rembourser ses dettes ainsi que pour payer ses actionnaires.

Ratio cours-valeur comptable Ratio calculé en divisant le cours d'une action par la valeur comptable. La valeur comptable équivaut à l'actif total moins le passif total.

Ratio cours-vente Ratio calculé en divisant le cours d'une action par le total des ventes.

Ratio des frais de gestion Le ratio des frais de gestion correspond au total des frais de gestion et des frais d'exploitation imputables directement au fonds au cours du dernier exercice ; le ratio s'exprime en pourcentage de l'actif total moyen du fonds.

Ratio valeur comptable Rapport entre la valeur comptable et la valeur au marché (valeur marchande) d'un titre.

Régime enregistré d'épargne-études (REEE) Régime qui permet au cotisant d'accumuler des capitaux, en bénéficiant d'un report de l'impôt, afin que le bénéficiaire puisse couvrir les coûts de ses études postsecondaires.

Régime enregistré d'épargne-retraite (REER) Régime de retraite permettant à un particulier de différer le paiement d'impôts, jusqu'à l'âge de 71 ans, tout en lui facilitant le placement de sommes en vue de la retraite, sous réserve de certaines limites. Ces sommes sont déductibles du revenu imposable et peuvent croître grâce à l'accumulation des intérêts composés en franchise d'impôt.

Rendement des capitaux propres Ratio de rentabilité qu'on mesure en divisant le bénéfice net par les capitaux propres. Permet de mesurer l'efficacité de l'utilisation du capital des actions par l'entreprise pour générer des profits.

Rendement du dividende Indique le dividende annuel versé par une entreprise. Les rendements de dividende faibles sont associés aux titres croissance, tandis que les rendements de dividende élevés sont associés aux titres valeur conservateurs.

Rendement nominal Rendement qui ne tient pas compte de l'inflation.

Rendement réel Rendement dont on a enlevé l'effet de l'inflation.

Répartition de l'actif Répartition de l'allocation des fonds d'un portefeuille entre les différentes catégories d'actifs.

Risque Possibilité qu'un investisseur perde, en tout ou en partie, le capital investi et le revenu qu'il génère.

Société d'investissement à capital fixe Société de placement qui émet un nombre fixe de parts.

Société d'investissement à capital variable Société de fonds communs de placement qui émet et rachète continuellement des parts, de sorte que le nombre de parts en circulation varie d'un jour à l'autre. La plupart des fonds sont à capital variable.

Société de fonds communs de placement Société de placement collectif qui émet des actions non transférables et qui est tenue de les racheter à leur valeur liquidative lorsqu'un détenteur de parts le demande. Souvent appelée société de fonds mutuels.

Société de gestion Entité, au sein d'un fonds commun de placement, responsable des placements du fonds ou de la gestion du fonds, ou de ces deux aspects. La rémunération de la société est fondée sur un pourcentage de l'actif total du fonds.

Solvabilité Évaluation de la probabilité d'un emprunteur à respecter ses engagements financiers.

Taux d'escompte Taux auquel la Banque du Canada accorde des prêts à court terme aux banques à charte et aux autres établissements financiers.

Titre étranger Titre émis par un gouvernement étranger ou par une société constituée en vertu des lois du pays en question.

Tolérance au risque La capacité à supporter la volatilité de la valeur d'un placement. Le tempérament, l'horizon de placement et la situation financière déterminent la tolérance au risque.

Valeur intrinsèque La valeur intrinsèque d'un actif est sa valeur économique.

Valeur liquidative La valeur marchande totale de tout l'actif d'un fonds commun de placement moins son passif. Pour calculer la valeur par part, on divise la valeur liquidative par le nombre de parts que détiennent les investisseurs. La plupart des grands journaux publient le prix par part dans leur section portant sur les fonds communs de placement.

Valeur marchande Valeur d'un titre au prix du marché. La valeur marchande fluctue constamment et peut être différente de la valeur intrinsèque.

Vente à découvert Vente d'un titre que l'on ne possède pas (emprunté par l'intermédiaire d'un courtier) dans l'espoir que le prix chute.

BIBLIOGRAPHIE

FIDELITY INVESTMENTS. «Financez les études de votre enfant sans débourser d'argent... en investissant simplement les subventions gouvernementales», 2010. Consulté en octobre 2010: http://www.fidelity.ca/cs/Satellite/ doc/flyer_resp_grant_qesi_f.pdf

GUTHRIE, Louise. «Profiter au maximum de votre CELI», Investissements Manuvie, décembre 2008. Consulté en octobre 2010: http://solutionsmanuvie.ca/pdf/TMK681F_TFSA_TMS17-dec08.pdf

MACKENZIE. *Le professionnel,* novembre 2009, p. 9-11.

MACKENZIE. *Le professionnel,* mai 2010, p. 7.

MARKOWITZ, H.M. «Portfolio Selection», *The Journal of Finance,* mars 1952, vol. 7, n° 1, p. 77-91.